中国民族性研究与社会心理建设

沙莲香
纪念文集

中国人民大学社会心理学研究所
——
组编

中国人民大学出版社
·北京·

本成果受到中国人民大学 2024 年度

"中央高校建设世界一流大学（学科）和特色发展引导专项资金"

支持

20 世纪 50 年代大学期间的沙莲香

60 年代留校任教的沙莲香

90 年代的沙莲香

1992 年 7 月，沙莲香在国际社会学学会会议社会学分会上发言

1992 年 7 月，沙莲香在日本出席国际社会学学会会议

1993 年 5 月，沙莲香在日本仙台鲁迅雕像前留影

1995 年 8 月，沙莲香走访龙居村时与村里的孩子在一起

1995 年 9 月联合国第四次妇女大会在北京召开期间，
沙莲香（左三）与村委会主任贾俊乔（左四）合影

1996 年 1 月，沙莲香带领学生在龙居村考察妇女流动学校时与村民在一起

1997 年 10 月，沙莲香在龙居村考察农民果园时与村委会主任贾俊乔合影

1997 年 10 月，沙莲香出席第二届国际华人心理学家学术研讨会

1999 年 3 月，沙莲香在中国台湾出席"人文关怀与社会实践"系列学术研讨会

2004 年 6 月，沙莲香策划"我心目中的北京"展览，图为她坐在长凳上欣赏展览

2007 年 10 月，沙莲香一行在中国台湾与杨国枢先生合影
（中间者为杨国枢先生）

2011 年 10 月，沙莲香在台北与辅仁大学心理学系系主任夏林清合影

2014 年 4 月，沙莲香与学生们聚会

2014 年 4 月，沙莲香出
席北京市民公共行为文
明指数调查研讨会

2014 年 11 月，沙莲香在南京出席中国社会心理学会年会，荣获"终身成就奖"

2015 年 12 月，沙莲香教授 80 寿辰

2018 年 5 月 27 日，沙莲香出席"相遇'我们'自由谈——
中国人民大学社会心理学四十年"交流会

2018 年 5 月 27 日，沙莲香出席"相遇'我们'自由谈——
中国人民大学社会心理学四十年"交流会

代序：每忆前晤似昨日

——怀念沙莲香教授

周晓虹*

在中国社会心理学界的前辈学者里，除了我自己的硕士研究生导师孔令智教授，我最熟悉也最亲近的是沙莲香教授。沙老师晚年曾组织过一些学术活动，她每次都想请我前去助兴，但又怕我由南至北舟车劳顿，所以常常会欲言又止，一直到下一次我去北京探望她时才忍不住告诉我。每每这时，我总会对沙老师说："下次喊上我，我也是'沙门'的。"

我进"沙门"，说起来纯属"误打误撞"。记得 1990 年年初，我从教育部申请到了平生第一项基金项目"现代社会心理学史"，开始动手撰写一系列与社会心理学理论和历史相关的著述。当时在国内比较成熟的社会心理学著述，除了吴江霖先生的那篇题为《马克思主义社会心理学的展望》的长文外，就是从日本留学归来不久的沙莲香教授发表在《中国社会科学》上的《论社会心理学的理论基础和总体框架》一文。那时的我 30 岁冒头，用后来的话说"正是好高骛远、激扬文字的年龄"[1]，做人做事自然也不免唐突。项目甫一立项，我就撰写了《关于社会心理学研究对象的理论探讨》一文，文章分析了西方尤其是美国社会心理学家的文献长短，也自然涉及了吴江霖和沙莲香两位老师的主张[2]。记得当年 8 月中国

* 周晓虹，南京大学学术委员会副主任、人文社会科学资深教授，曾任中国社会心理学会会长（2014—2016 年）、中国社会学会副会长（2014—2020 年）。

[1] 周晓虹. 社会心理学家是一种生活方式//周晓虹. 中国社会心理学文选：1919～2019. 北京：社会科学文献出版社，2022：序言 3.

[2] 几十年后，当我梳理 1982 年中国社会心理学重建以来的文献时，依旧将吴江霖和沙莲香两位教授的文章，放在重建第一阶段（1981—2000 年）文献的前列：吴江霖的《马克思主义社会心理学的展望》、沙莲香的《论社会心理学的理论基础和总体框架》。参见：周晓虹. 中国社会心理学文选：1919～2019. 北京：社会科学文献出版社，2022：365 - 405.

社会心理学会在南开大学举办第四次年会，那天上午是开幕式，午饭后孔令智老师叫上我，与她一起陪同沙莲香、时蓉华两位教授在南开校园里走一走。当时，她们三人都是中国社会心理学会的副会长，彼此间的关系也挺融洽。走到南广场周恩来总理雕塑前，我和三位老师还合照了张照片。结果到了下午讲演时，我就将刚写完不久的论文"抛了"出来。虽说论文就事论事，并没有不敬之处，"涉事"的内容也不多，但还是把孔令智教授"惊得不轻"。虽说我三年前已经毕业，到了南京大学任教，论文的撰写也完全由自己独自谋划，但我毕竟是她的学生，加之一两个小时前大家还有说有笑，此时的气氛就多少有些尴尬。

从台上下来，我自己还懵懂无察，但休息的时候孔老师忙把我拉到沙老师的面前，批评我撰写此文考虑不周。本来会前我与沙老师未曾谋面，写作的时候也仅考虑学理探讨的必要，并未觉不妥，但此时既已相识，又经导师"敲打"，自己也有些局促不安。不过，沙老师并未介意，反复说"不要紧"，还和我讨论哪些地方还有修改的余地①。如此一来，我紧张的心舒缓下来，不知不觉间与第一次见面的沙老师变得亲近起来。我想，我大概就是从这时走进"沙门"的。

一入"沙门"，情深似海。这似套话，但绝非虚情。我前面说过，那时我承担了"现代社会心理学史"的课题，为完成这一课题，我受沙老师中国民族性研究的影响，想起她所说她自己的课题有"两个相互衔接的'出发'点：从历史上有关中国人研究的资料及观点出发，同时又离开历史研究原点走向现实生活和当代的我们"，为此她在撰写自己的著作《中国民族性（二）》前，先编了一本《中国民族性（一）》文集，收录了70余位中外学者有关中国民族性的论述②。这一思路给了我启发，我动手时也拟先编一本《现代社会心理学名著菁华》，以反映现代社会心理学80年来的进展，同时也为当时除了教科书外总体荒芜但又引人入胜的社会心理

---

① 后来，这篇文章顺利发表在中国社会心理学会主办的内部刊物《社会心理研究》1990年第4期上，不久后正式刊于《南开学报（哲学社会科学版）》[周晓虹. 关于社会心理学研究对象的理论探讨. 南开学报（哲学社会科学版），1991（2）]。

② 被收入这本文集的文献跨度为1849—1986年，其中包括我们民族的先哲孙中山、梁启超、鲁迅、陈独秀、费孝通，也包括西方大师爱德华·罗斯、杜威和罗素（参见：沙莲香. 中国民族性：一. 北京：中国人民大学出版社，1989）。

学及初学者提供一本可供阅读的课外资料。那时不似现在，没有网络，英文资料除了北京图书馆，一般大学或地方图书馆此前也很少收录，于是我就动了利用暑假去北京图书馆查阅复印的念头。我将这一计划告知沙老师，希望获得沙老师的帮助，她很快回复我，并答应担任主审，同时将自己的研究生悉数唤出。我记得有刘世能、彭泗清、罗毅、陈喜生、袁阿庆、袁方、贺刚、张萍和孙德娴等人，其中有些人后来也成了我一直交往的好友。

我记得是 1991 年暑假去的北京。当时因为经费有限，住不起好一些的酒店，甚至时间长一些也住不起学校的招待所，而我的工作确实短期完成不了。为此，沙老师帮我和自己的同学、时任中国人民大学副校长的郑杭生教授联系。郑老师正好分管外事，就帮我安排住学校的留学生楼，一间房子四张床，暑期只有我一个人，房费每晚 5 元。我从 7 月中旬一直住到 10 月初，带着"沙门"的众多学生一起翻译编撰《现代社会心理学名著菁华》一书①，真正像一位"师兄"，所以我说"我也是'沙门'的"并非虚词。记得在北京的那两三个月内遇到了很多事：大事或者说国际大事包括 1991 年 8 月 19 日苏东剧变；小事但也最感亲切的事是，我快离开北京之时，沙老师说找几位朋友一起到她在中国人民大学林园的家里坐坐，算是为我送行。她请来了时任中国社会心理学会秘书长李庆善教授，帮助我编译《现代社会心理学名著菁华》的两位研究生彭泗清和袁方，还有后来创建了当当网、当时刚从北京大学社会学系毕业、在国务院发展研究中心工作的李国庆。也是那天，我们在沙老师家吃了简餐，聊了很多，沙老师还热情地帮我们拍了一张她自己不在其中的照片。

从那以后，一直到沙老师去世前，我和她都保持着比较密切的联系。记得 20 世纪 90 年代每次去北京，中国人民大学都是我必去的地方。当时我研究生时期的同班同学景跃进、张静夫妇也住在林园，我常常是去完他们住的红楼 1 栋就去 7 栋看沙老师。沙老师做的研究，无论是民族性研究、社会心理学研究还是传播学研究，也都是我所关心的主题，所以我们

---

① 周晓虹. 现代社会心理学名著菁华. 南京：南京大学出版社，1992. 本书第二版 2007 年由社会科学文献出版社出版，近期第三版易名为《西方社会心理学文选》，将继续由社会科学文献出版社出版。

1991 年相聚在中国人民大学林园 7 栋 44 号沙宅
（自左至右为袁方、彭泗清、李庆善、周晓虹、李国庆，沙莲香摄）

经常有谈不完的话题，而沙老师为我上面提及的课题的最终成果——《现代社会心理学史》的出版，也向中国人民大学出版社做了热情的推荐。有意思的是，这本著作的责任编辑潘宇也因此对社会心理学产生了兴趣，几年以后她也追随沙老师获得了博士学位。

我最后与沙老师的密集交流是为了编撰《重建中国社会学：40 位社会学家口述实录（1979—2019）》一书。2019 年，正逢中国社会学重建 40 周年，为了反映这一曲折而充满生机的历史过程，此前一年我即将这项工作列入我所主持的南京大学双一流建设"卓越研究计划"之"社会学理论与中国研究"的系列之中，并将之置于作为两大子课题之一的"新中国人物群像口述史"的首位。在开始筹划时，记得在 2018 年 11 月 9 日，我应时任中国人民大学社会与人口学院院长冯仕政教授邀请，去中国人民大学讲演。沙老师知道我要来人大，当月 1 日就给我发了微信："晓虹好！知道你北上讲演。我想知道你讲演之前或之后，有无时间，我去看你，很久不见啦，想之念之。"我本来想去沙老师家拜访她，但她说家离人大太远，执意要在人大见我，请我吃饭。那天的讲演安排在下午，中午 82 岁高龄的沙老师一个人乘地铁从建国门附近她晚年居住的世贸天阶公寓赶了过来，还叮嘱我叫上我在北京电视台当主持人的外甥女刘婧（她从小跟我去北京时，都会见到沙奶奶），沙老师则叫上了干春松教授和潘宇博士夫妇，还有北师大出版社的编辑周益群（益群是陈璞君译的勒庞的《群氓心理学》一书的责任编辑，而我那天的讲演主题正好是"群氓动力学：勒庞与大革命的余悸"）作陪。我们在人大校园里的汇贤食府吃了饭，那里离林园不远，自然也让我想起了许多难以忘却的往事。

这次见面，我和沙老师约定第二年找个机会访谈她，但为了我方便，她希望自己先写个初稿。记得第二年社会学家口述史项目推进时，我想到沙老师年事已高，下半年就委托曾追随她攻读硕士学位的北京大学光华管理学院的彭泗清教授担任主访，巧的是刘婧此时正跟随彭泗清教授攻读高级管理人员工商管理硕士（EMBA），她十分乐意作为助手协助彭泗清教授去做"师奶奶"的口述史。

编辑这部书稿时，沙老师的口述史除了与中国人的民族性和社会心理学有关的学术研究外，给我留下最深印象的是两个方面：其一是十年"文革"浩劫给她留下的痛楚记忆；其二是1982—1984年她"留学东瀛"，在东京大学度过的两年安静的学术岁月。如果说前者使她"痛心疾首，肝裂肠断"，或者说"'文革'中的人是我想不到的，既复杂又无法捉摸"，由此想"了解'人'，研究'人'"是她后来从事民族性研究的动因；那么，在日本追随社会心理学家辻村明和南博两位教授，则是她最终能够顺利实现自己学术理想的基础。所以在口述史中，沙老师强调"这种学术关切，和'文革'结束后的反思有关，也和我在日本的留学与讲学经历分不开"①。众所周知，日本的国民性研究确实有着比较长久的渊源，不仅鲁迅的国民性研究受到过日本国民性研究的直接影响，而且"几乎可以断定'国民性'是日语对译英语 nationality 或 national character 一词的'汉语'形态"。这一大致等于国民性情或国民精神的概念出现在19世纪末20世纪初，到1907年芳贺矢一出版《国民性十论》时，在日语语境中已经被使用得相当普遍，尽管它最终的学术渊薮确实还是英

---

① 沙莲香. 探索中国民族性的变迁轨迹//周晓虹. 重建中国社会学：40位社会学家口述实录（1979—2019）. 北京：商务印书馆，2021：596-597，605.

语世界。①

《重建中国社会学：40 位社会学家口述实录（1979—2019）》的口述史著作是在 2021 年 5 月中旬出版的，其中 30 位大陆社会学家除了苏驼教授生于 1928 年，沙莲香教授生于 1936 年，苏国勋教授生于 1942 年，并且都在"文革"前完成了自己的大学学业，其余 27 位社会学家都生于 20 世纪 40 年代后期至 1960 年间，所以他们三位最为年长。因为苏国勋教授逝于 2021 年 2 月 1 日，他走前没有见到书的出版，所以我就格外希望书能够早一些出版，让更多年长的亲历者看到，也少留一些遗憾。记得我最初拿到样书时，在 5 月 17 日的新书发布会前没有给团队里的任何老师和学生，但却在 5 月 14 日给沙老师、苏驼老师和苏国勋老师的夫人各寄了两套。两天后沙老师收到了书，当天就乘地铁去了中国人民大学，将书送给自己的爱徒潘宇，但她却没注意这套书分上下两卷，于是单将此书上卷送给了潘宇，以致后来我告诉她后，她一直抱怨自己"糊涂"了——给了潘宇一本没有自己的口述实录的上卷。其实，时年 85 岁的她还能自己坐地铁，头脑依旧清楚万分，所以我知道，她是太高兴了！而这也成了我报答一生中无数次提携和帮衬我的沙老师的唯一机会。我为此深感庆幸！

沙老师最终还是走了。那个在我成长的岁月里给了我教诲和希望的老师走了，让我们不仅在学术上倍感孤独，而且在情感上同样备受折磨。回想起从 1990 年夏天见到沙老师后 30 多年中的每一次交往，我的头脑里都像放电影一样，所有的细节和她温暖的呵护都历历在目。中国社会学界和社会心理学界少了一位重要的、有影响力和思想性的大家，而我们能做的，就是接过沙老师手中的笔，像她一样，终生思考、不舍昼夜。

是为序。

2024 年 10 月 18 日

写于南京东郊寓所

---

① 李冬木．国民性．南京：江苏人民出版社，2023：56 - 69.

目　录

第一编　自述与简谱

中国民族性研究回顾 ……………………………………………（3）

沙莲香教授学术简谱 ……………………………………………（13）

第二编　对白与独白

见证与诠释：中国民族性变迁 30 年

　　——沙莲香教授访谈录 …………………………………（19）

探索中国民族性的变迁轨迹 ……………………………………（40）

第三编　探索与发现

充满人文情怀的学问之旅

　　——《中国民族性（一）》再读有感 …………… 刘军奎（67）

重读《中国民族性（二）》 ………………………… 彭泗清（72）

重读《中国民族性（三）》 ………………………… 姚建平（84）

众声喧哗中重新探问国民素质

　　——重读《中国人素质研究》有感 ………………… 祖　霞（89）

重读《中国人素质研究》 ………………………… 张向东（99）

文化自觉的践行者
　　——重读《外国人看中国人 100 年》 …………… 王君柏（108）
何在：卅年回望《中国人百年》有感 …………… 周秀平（117）
从"茧房"再窥现代青少年社会观念的形塑影响
　　——以《传播学》一书为解释 …………… 梁　昕（125）
促进变革的社会教育：《一个贫困村的变迁——龙居
　　的昨天·今天和明天》 …………… 孙庆忠（132）

第四编　追忆与缅怀

追思沙莲香老师 …………………………………… 胡鸿保（143）
怀念沙老师 ………………………………………… 杨宜音（147）
忆沙莲 ……………………………………………… 黄蔼明（151）
沙老师的三堂课 …………………………………… 彭泗清（152）
老师，来生再见 …………………………………… 罗　新（158）
灿若夏荷，馨芳永续 ……………………………… 王彦斌（167）
师恩难忘，风范长存
　　——怀念敬爱的沙老师 …………… 刘世能（173）
忆恩师 ……………………………………………… 路　红（176）
跟随导师做学问亦学做人 ………………………… 裴　蓉（181）
中通外直，不蔓不枝
　　——沙莲香教授的学思追忆 ……… 潘　宇　干春松（186）
中国妈妈 …………………………………………… 成海政树（197）
与沙老师接触的日子点滴 ………………………… 郭玉锦（201）
我想活成您的模样 ………………………………… 王　欢（206）
深切怀念恩师沙莲香先生 ………………………… 梁丽萍（211）
师恩永念　香伴我心
　　——忆和沙莲香老师二十余载师生情 …… 吴娅民（213）
沙莲香教授提出的"间性思维" ………………… 王君柏（218）

忆恩师 ……………………………………………… 姚建平（223）

记忆不老
　　——追念恩师沙莲香教授 ………………………… 孙庆忠（226）

和老师在一起的一些事 ……………………… 张向东（235）

念师恩　包容了一颗不安分的心 ……………… 欧阳海燕（239）

在中国幸福生活的 20 多年 …………………… 金泰用（248）

谢谢，沙莲香老师
　　——《中国民族性》翻译后记 ……………… 津田量（253）

未竟约　未了情
　　——追忆博导沙莲香教授 ………………………… 周秀平（258）

沙莲香教授与北京奥运 …………… 尹学龙　孙　平　李建国（270）

师恩难忘，一生的财富
　　——追思恩师沙莲香教授 ………………………… 亓圣华（286）

在大灾难面前，研究社会学的人一定要到现场
　　——2008 年 6 月 11 日陪同沙老师亲临汶川地震
　　　　现场纪实 ………………………………… 刘　敏（291）

想念您 ……………………………………………… 梁　昕（299）

人间"至善"的践行者
　　——怀念恩师沙莲香教授 ………………………… 曹　丽（301）

生命中的那缕光
　　——写在恩师离世的第 113 天 ………………… 祖　霞（305）

为学、为人、为事：沿着老师足迹稳步前行 ………… 杨　震（310）

感怀"103"课堂 ………………………………… 刘军奎（314）

行者无疆
　　——记沙莲香老师 ………………………………… 龚尤倩（318）

附录　追思沙莲香教授（根据录音整理） ………………………（324）

第一编

自述与简谱

中国民族性研究回顾 *

对于中国民族性展开研究，大概是我"人到中年"的际遇。

研究中国民族性，我不曾想到，更无预设，但生活的堆积沉重到了一种限度，也许就有可能对那些"刻骨铭心"的事件不时地突发奇想。

大学生活

1956 年，我进入中国人民大学哲学系学习。这是一个充满"冲突"的学生年代。亦喜亦惊，亦乐亦惧。

1956 级哲学系学生是中国人民大学在高校统一招生之前大约一个月的时候提前考试录取的，据说落榜者尚可参加全国统一考试。哲学系当年录取了 200 人，分 7 个班。每个班，考分首屈一指者任班长，这也是一种威风和快活的事。7 个班长中没有女生。事实上，女生亦相当优秀，但在文雅风下含蓄着，那是彬彬有礼的一代文才女子。怀念那个年代的女大学生风貌。

1956 年入学的时候，恰逢"读书"的时光。何思敬当时任哲学系主任（后来的系主任为齐一、方华、马奇、吴江等诸位学识渊博的前辈）。当时为我们这批首届本科学生构筑了即便是现在看来亦属上乘的授课老师阵容，数学有关肇直，逻辑学有王方名，物理学有林万和，心理学有彭飞，中外哲学史有石峻、尹明和苗力田等著名学者，给学子奠定了极好的知识结构。后来证明，这批学子是一个非常出色的群体。不幸的是，在接踵而至的政治运动中，这个群体受到了极大的伤害。

1957 年春夏之际，在大家始料不及之下，来了反右派运动。被打成

---

　　* 本文摘自：沙莲香. 沿着中庸的美与丑：中国民族性研究随笔. 北京：中国人民大学出版社，2019. 有删改。

"右派"的同学在毕业时都被分配到了工厂或农村进行"改造"。潘世元和刘达孝在门头沟煤矿劳动"改造"。潘世元是来自上海的秀才，很会独立思考，有着直言不讳的率性，对待同学善言善交，是一位善心厚重的同学；刘达孝是贵州来的高中毕业生，年少英俊，才华横溢，聪慧且耿直。在"劳改"中，这两位同学吃尽了苦头。被打成"右派"的李德、吴汝文、于云鹏等同学后来一生坎坷，尤其于云鹏几次被批判，流离失所以至于乞讨求生、露宿街头，最后捡了一条硬骨头性命。

反右派运动之后是"三面红旗"（社会主义建设总路线、"大跃进"、人民公社）运动，很多学生都下乡。我是在北京郊区的西黄村，住在一对无儿无女的老人家里。在大炼钢铁高潮中，我眼看着两位老人把家里的铜镜、铜盆，以及家里所有的铁器都拿出来炼钢炼铁了。回想起来，自己在那个时候无动于衷，没有惋惜过，而是被裹在"大跃进"的巨流洪水中，感到两位老人响应号召、顾全大局，是"革命"举动。

"三面红旗"运动之后有个思想改造运动，运动中大学生人人检查思想、"向党交心"，以至于公开自己的日记。这个思想改造实际上使每个人像剥皮一样把自己剥了个精光，检查深刻的则作为典型，被抬出来"现身说法"。毕业时，十年大学同窗带着种种迷惘各走他乡去经历、去适应。

大学生活所遭遇的人性之殇，或许成为我日后对"中庸"比较敏感的一个早期因素。

从此教师爷

教师常被叫作"教师爷"，但实际上是"书匠"，以书为主要工具，带领并教育学生读书与行事，在这个语意下，教师爷则是教师这个职业的代称。我一生教书为业，几近"匠人"，深爱而不悔。

人大哲学系首届本科是五年制。到了20世纪60年代初，学校提前调出一些学生当了教师，被称为青年教师，直到"文化大革命"爆发，这批人仍被称为青年教师。这批青年教师也就成了校园里的一种参与力量，因此，他们更多地体验到了校园里的这场"大革命"。"文化大革命"的"革命大联合"结束后，教师下去参加劳动锻炼。人大教师的大队人马去了江西的鹰潭，躲过了血吸虫病区，躲过了病患的隐匿威胁。

1970年10月，中国人民大学被解散。我被分配去了清华大学，一去八年。

清华大学八年

到了清华大学之后，我的家由中国人民大学搬到了清华大学附属中学院内的职工宿舍楼，距离清华大学的中心地带比较偏远，但我对清华附中学生的一些课上课下生活却逐渐熟悉了。我的女儿时为四岁多的小儿，常常观看中学生在这个宿舍楼一层大房间里的体育课，时间长了就和中学生们熟络起来，一次还把几位中学生请到家里吃糖果，年轻的邻居看到了，为她叫好。小女接触了淘气的中学生，好像也学到了些什么。一次，送她去幼儿园路上我对她说："早晨喝那么多粥要上厕所的。"她乐呵呵地说："我憋着。"一次，女儿把我刚送给她的红蓝铅笔用尽气力掰成了两段，说是要看看笔的两头怎么会是两种颜色的呢。那时，学生苗少霞常来我这个偏僻一隅，和我的小女"混"在一起"打闹"。这是在那些令人紧张不安的日子里从后辈的单纯和快活中得到的"人之初"安慰。

粉碎"四人帮"之后，清华大学的教师在会上会下表示要"寻找归宿"，并且各种课程如同百花争艳般在清华园"开放"。"复课"的气象很快地壮观起来，连我这样的文科人士也去听课：听周远清老师的计算机课最投入，那时学会了"二进制"编码；听基础课老师的高等数学课、脑科学课和高能物理课也很上心。当时清华教师发出的"寻找归宿"的呼声也感染到了我。

我曾经感叹，原在人大哲学系学习时的授课安排让我在清华大学喜欢上了理工科的一些课程。回首清华大学时期的所学，竟成了我后来社会心理学（包括传播学）研究的一种准备。也在那个时候，我想改行研究心理学，由"人性"之问推进到研究中国人，其间请教了清华大学心理学家李卓宝教授。我与李教授谈到"文革"中的人是我想象不到的复杂而且无法捉摸，表示想由哲学转向心理学，了解人，研究人。她介绍我去找北京大学的孟昭兰和姜德珍两位心理学家。我去拜访了两位女教授，她们又告诉我心理学有一些课程已经开讲。我又陆续去听了王甦老师、邵郊老师等的各门心理学课程，并好奇地观看了沈政老师的动物实验室，去邵郊老师家观看他用于观察和实验的各种小鸟"走迷宫"。这在实际上为我东渡日本学习社会心理学做了知识准备。

这八年的经历，行行重行行。我在"大批判"和"追查政治谣言"中遭遇过"人性之问"，在日常生活和复课授课中遇到"人性复苏"，有了生活上的真实感和学问上的追寻。"人性"这个概念和对这个概念的思虑，时起时伏。当时外子被学校派往四川绵阳清华大学分校教书，我和小女隐于一隅，却也有了多样的人际接触，并和小女一起观看了清华附中学生的少年世界。这八年，我不仅深刻地遭遇了"人性"之问，也与多样生活对僵死思想的"激活"相遇。

东京大学留学

1978 年 9 月中国人民大学复校，我由清华大学回到了中国人民大学哲学系。不久，适逢教育部派遣留学生赴世界各地学习。1982 年 4 月，我东渡扶桑，去了东京大学文学部社会科进修社会心理学兼传播学。

赴日前我拜访了费孝通先生，费老让我带上他的书信去见日本社会学元老福武直先生。到日本后我立即拜访了福武先生，当时在场的有他的学生若林敬子女士，从此若林成了我在日本的终身挚友。之后，福武先生欲将他的藏书赠送给费孝通先生所在的中国社会科学院社会学研究所，我往返于福武先生与中国驻日使馆文化参赞之间，最后福武先生的赠书心愿达成，中国社会科学院社会学研究所为此设立"福武直文库"以为纪念，这是中日两国老一代社会学家的学术胸怀。在日期间，福武先生经常叫上若林敬子和我一起就餐，向我介绍日本在第二次世界大战后的变化和日中社会学的情况，我受益极多。

后来，我在日本的几次访学中先后结识了诸多学者和朋友：东京地区的山本武利先生、阿部幸夫先生、太田喜晟先生、今野健一先生、吉田民人先生、古岛和雄先生和他的夫人古岛琴子女士、荒川孝先生、小林泰先生、小松贞子女士、西真平先生和他的夫人西富喜子女士，关西地区的万成博先生、远藤葱一先生、津金泽聪广先生、川久保美智子女士、真锅一史先生、鸟越皓之先生、船本弘毅先生、泽谷敏行先生、春木绅辅先生，仙台地区的杉山晃一先生、山田俊先生和他的夫人山田里香女士、中岛隆藏先生。

除了学术交往，尚有许多学者的友好往来，有成蹊大学法学部宇野重昭教授，一桥大学社会学三谷孝教授，圣心女子大学教授、日本社会心理学会理事长岛田一男先生，神户女子大学盐原勉先生和他的夫人盐原洋子女士，长野县岗谷市的社会活动家萨摩正先生一家、林裕藏先生一家，以及仙台市小牛町涩谷政一夫妇和尾形夫妇。除此之外，还有许多在访问中结识的学者和朋友，有 NHK 综合放送文化研究所主任研究员藤竹晓先生，一桥大学岩崎允胤先生，神户大学扑木佳绪留女士，武藏野女子大学古谷妙子女士，东京女子大学柳洋子女士、伊藤虎丸先生，会社社长宇佐美昭三先生，社会活动家网野仲子和网野幸子两位女士，取手市冈田丰先生，北海道大门玉泉女士，等等。他们是日中友好的积极力量，是我生命旅途中不期而又遇却又融入了我的学术生命的重要助力。他们的坦诚相助，筑成了至今不渝的交流通道和长久友谊。

赴日前我结识了和我一起学习日语的杨中强女士，她比我早些时候去了东京，我去东京之后在她的引荐下认识了日中学院的创始人、负责人片冈公正先生。片冈先生会中文又乐于助人，几次见面，我和中强都听他讲述了日本的"天南海北"，相谈甚欢。我先于杨中强回国，片冈先生送了我满满一大箱各式各样的大小开本的工具书，我一直保存至今，并且在心里怀念着片冈先生的风貌。

1982 年 4 月 24 日至 1984 年 4 月 24 日，我在东京大学进修，实实在在地读了两年书，没有各种会议，没有人际纠缠，一下子感到轻松多了，拼命地读书，在书海中广泛阅读并兑现了研究中国人的想法。同时，在东京大学访学并非十分轻松。从理工科的中国留学人员那里知道，中国学者在东京大学开始时有个与指导教授相互了解的认同过程，只有在自己的实验获得学术成果之后方能得到指导教授的看重，而在实际上，这些改革开放后首批出国的留学人员，大多是"文革"前毕业的大学生，专业基础是扎实的，不少人在东京大学取得了专业研究方面的显著成就。

我的指导教授是辻村明先生。辻村先生是社会学出身的社会心理学家，他热心地介绍我认识心理学出身的水原泰介先生。这是东京大学社会心理学研究室的两位领衔教授，体现了社会心理学分属于社会学和心理学的特点。两位指导教授是我在日本直接请教的社会心理学引导者，这在实际上也让我自己对知识有了更多的要求：除了阅读两位教授的著作、在两位教授的课堂上听课，还在心理学部大山正先生那里听心理学课并参加一些实验，去新闻研究所冈部庆三等诸位先生那里听传播学课程。

我在东京的住处是位于文京区巢鸭附近的本驹込 2 - 12 - 13 亚洲文化会馆的分馆。分馆是距离亚洲文化会馆本馆只有百米距离的木制小楼，独为一个小庭院，楼下四室、楼上一室，是我和在此前后入住的其他留学人员在日本的"家"。楼下住的有刘明华（在上智大学留学），有倪玉（在御茶水女子大学留学），有李惠春（先在爱知大学后在东京大学留学），有我（在东京大学留学），楼上住的是王明娥（在东京大学留学）。五个人都是早出晚归，奔波在求学和求知的留学生活里，闲暇时又同欢乐共分享，心心相印。

亚洲文化会馆是穗积五郎所创设的。20 世纪 70 年代末，穗积五郎先生在向日本文部省争取中国留学生福祉的绝食运动中亡故。穗积五郎先生的儿媳穗积晃子女士是中国人民大学复校后首批来校讲授日语的专家，我在赴日之前就结识了晃子女士和她的丈夫穗积一成先生及他们的小女儿瑶子。赴日之后，我们住在亚洲文化会馆分馆，晃子女士及其一家以及亚洲文化会馆的负责人田井先生、小木曾先生、工藤正司先生等对中国来的留学人员十分关心。留学人员去穗积府上做客是常事，让刚刚出国的我们感到温暖和亲切。我去日本之后，穗积一成先生和夫人晃子女士带我去东京迪士尼，让我对迪士尼留下了深刻的印象。

穗积五郎先生的夫人穗积文子女士当时已年近七旬。她曾留学德国，是一位高贵文雅的钢琴家，她的高贵伴有慈爱和眷顾。我去东京大学进修不久，穗积夫人便来到了分馆。我在 1982 年 5 月 3 日的日记中曾经写道：

> 下午三时许，穗积夫人来分室①，带来一盒礼物。稍息之后，穗积夫人带着分室五个人去了"六义圆"公园、"上野"公园，一起拍了许多照片。穗积夫人又为每人购买了不忍池弁天堂的"御守"（护身符）。在游览了"上野"公园之后，穗积夫人带着大家去了"东天红"中华料理，席间共饮"札幌啤酒"。夜幕下，穗积夫人和大家一起回到文化会馆分室，请大家小吃哈密瓜。那真是充满亲情的东京生活，每个人都是兴致勃勃的。

其后，在东京的两年里，对于穗积先生一家，我始终有着深深的情感和敬意，他们成为我始终不忘的亲切的友人。

穗积一成的叔父穗积七郎先生是位社会活动家，他那里也是我们的常去之地。有时候是我一个人去听他"讲故事"，坐在他的对面听他讲述日本社会变迁中的激昂与沉浮。他总是笑眯眯的，却又有着社会活动家的声色言辞和感人魅力。他的夫人穗积万亀子女士总是忙着准备饮食，待人接

---

① 即亚洲文化会馆分馆。——编者注

物谦卑有礼，用深情来温暖我们的心。我深深地受到她的感染，她谦卑中充满温情，温情中有着稳重和礼节，温柔的语音中透出和蔼可亲。时间长了，我从中意识到了教养是怎么回事。大概可以这样来说，教养是内心的温情脉脉，是行为的节制和沿着节制生成的惯习，教养在潜移默化之中养成；教养很厚重，是看不见的"质量感"，而不是轻飘飘的。

一段生活，一生友情。回国之后，每次再去日本讲学，只要有可能，我就要去看望穗积一家。如今，我年事已高，仍在心中深深地回忆着那些日子里的一桩桩一幕幕。

在东京大学两年，我最早出现的危机感是知识颠倒所带来的冲击和焦虑。在那里，我常常看到一些在国内遭受过"批判"的人物（比如心理学家冯特、社会学家布哈林等）却有着不朽的学术贡献，感到已有的知识在不少方面被颠覆以及新知识的贫乏。到了东京大学，我半年没去向辻村先生请教。我向辻村先生表示，自己先去看书、先了解日本，有了想法之后再请教先生。我几乎是一头扎在东大图书馆，常常中午在图书馆吃便餐（不少人如此完成午餐）。东大图书馆的旧书多得让人目不暇接，新书是和世界主要国家几乎同步上架的。我用了差不多半年的时间读完了岩波书店20世纪50年代至80年代的《思想》杂志、哲学和社会学方面的著作，大致掌握了日本第二次世界大战后思想界的理论脉络，其间还阅读了辻村先生的著作，进而了解了他的知识人道路。辻村先生为人谦和，有着良好的师生对话和师生闲暇活动，时不时在他横滨的宅舍召集学生举办"家庭聚会"（home party）。和蔼善良的师母，每次聚会都热心准备，我每次都受到师母无微不至的关照。

南博先生是我进入社会心理学的另一位引导者。他是第二次世界大战后从美国回到日本开创日本社会心理学的第一人。南先生的夫人、著名演员东惠美子是日本青年剧座首席演员、日本文化大奖获得者。南先生和夫人没有子女，但却有着深厚的爱心与童心。他们家的一角，像是童话世界，玩具堆积成了一座座小山岗，有着学者和艺人共有的审美意识和审美生活。我常常去南先生的心理学研究所阅览。后来，南先生给了我一个绰号叫"书虫"（书呆子）。当他知道我研究中国人的时候，很快把一本由东亚同文书院印制的日文版《中国人的精神结构研究》复印并精装之后送我，那本书汇集了西方人对中国人一百多年来的研究文章，后来成为我和学生编写《中国民族性（一）》的重要资料来源。南先生喜欢中国，多次赴华并和中国学生交流，是人大社会心理学研究生的尊师。

我爱逛街，爱逛书店，爱逛景色，常常一个人逛东京大学后门对着的上野公园旁的"不忍池"。在"不忍池"的边角地带，常常可以看到"浪人"即流浪者在那里结伴饮酒。走过"不忍池"和上野一条街，可以到达神田书店街，街上书店林立，图书满目。我常去那里，有时候驻足翻书阅读，觉得像是走进了书海。1984年回国前我在那里买了不少书，被阿部幸夫先生看见。阿部先生是我在日本结识的朋友，是夏衍研究专家，一位极有文采和审美意趣的学者。阿部先生看到我买书，回去便送了我许多有关女性和国民性研究的书，我高兴极了。阿部先生是中国的常客，常来中国。他能说一口流利的中文。他也是人大社会心理学研究生的尊师。阿部先生喜欢和学生谈天说地，笑声朗朗。他曾和1986级、1987级研究生一起去圆明园野游并午餐。时至今日，当时的场景仍历历在目，难以忘却，我一直深深地怀念并感激阿部幸夫先生。

步入社会心理学学科

东渡扶桑的直接目的是去进修社会心理学。当时是20世纪80年代之初，国内在京津沪等地开始有社会心理学的学术活动，鲁玉老师、孙昌龄老师、孔令智老师、时蓉华老师等多位前辈，是最早的学术引导力量。

1982年我去东京大学进修社会心理学，虽然是出于自己对于社会心理学的执着与钟情，然而我对社会心理学却知之甚少。这个先天不足的状况要求我必须在社会心理学上狠下功夫。因此，我于在东京大学的两年里用了相当多的力量，用心阅读有关社会学、心理学和社会心理学的著作。

1984年回国上课，与当时的哲学系学生讨论社会心理问题；成为研究生指导教师之后，又必须竭力指导学生完成培养方案。然而，大学教师是必须进行科学研究的，要通过自己的研究不断提升研究能力和对学生论文写作的指导能力。指导教师进行一定的写作并发表一定数量的文章也就成了一种必需而不是可有可无的东西。

本书①中收录的附文主要是30来年教师生涯以降所写作与发表的部分

---

① 指《沿着中庸的美与丑：中国民族性研究随笔》一书。——编者注

文章。多年之后阅读这些文字，感到文字背后的"思境"是其时其思之下的东西，若在"当下"是再也写不出来的。其中的早期文章因为没有保存在个人电脑中，是通过网络搜索下载的，因此，这里的下载稿件在文体或语句构成上和原稿是有所脱节的。此外，每篇文章都省略了关键词和参考文献。

这些文章大致包括两方面内容：一是关于社会心理学基础理论的思考，以及对社会心理现象的量化研究；二是关于中国文化与中国人的研究。

相遇"我們"自由談

中国人民大学社会心理学四十年活动安排

北京·中国人民大学
二〇一八年五月二十六日至二十七日

自画像

生在海滨大连，直至1956年到了北京；在中国人民大学哲学系学哲学，并在母校成为"教师爷"。

1956年的"反右"、1966—1976年的"文革"，牵动了我对"人性"的思考。哲学出身所奠定的"思辨"性能，引发了我对中国人的研究志愿。

1982—1984年东渡东京大学，研究社会心理学和中国人性格。回国后，到今日，沉浸于中国人研究几乎是我生命中的不堪承受之重，因为国人的民族性格实属"寂然与复杂"，然而，却刺戟并训练着研究者"自己"。

退而休在孤独中，孤独在不孤独中，幸哉福哉！

沙莲香

相遇四十载 依依繁花

沙莲香

1987年，三位硕士研究生入门人大社会心理学，是全国高校首批社会心理学方向研究生。那个年代，人大社会学研究所，设有理论社会学、国外社会学和社会心理学，三个研究方向和三位国外留学回来的硕导（郑老师、贾老师和我），成为人大社会学的三支柱和三互补。

1987年，有来自清华大学的袁方、中国人民大学的许风海、贵州大学的唐顺益；次年，1988年，有来自清华大学的彭泗清、北京大学的罗新、济南大学的苗少波、柳州的谭震军（惜震军入学后体验未能如愿以偿）。相遇少波，缘自我在清华大学八年里的学生苗少霞，她将弟弟少波推荐来，这才有了少波在《中国民族性（二）》一书中对量化研究给出的公式及说明；1987—1988年，清华大学连续两年有人大社会心理学考生，推荐人皆为清华大学的沈原老师，感谢沈原老师为自己的优秀学子推荐过来并成为中国民族性研究的主力。

在有博士研究生的20世纪90年代，张建明教授将自己的学生唐杰送到社会心理学这里。自此，唐杰担负着我们这里的诸多联系，在千丝万缕中筑起这里的"亲密"，感谢建明对社会心理学的支持和帮助。

在连续两年有清华考生的境况下，泗清说，我会凭借成绩来这里的，后来，泗清的入考成绩是第一名。这一来，在几近神明的天幕之下，80年代即启开了我们这里的中国人研究，前两届研究生，是天然的承担者，是中国民族性研究的功臣。

在有了课题项目之后，所有的量化设计和量的表述都完成在一届届学人的努力之中；最不忘却的是姜磊和丁建略在问卷调查后的数据分析过程中，两个人，手机沟通，通宵达旦，建略次日在教室摔了跤，姜磊手指僵硬得难以握弄。姜磊和建略为课题的跟踪研究奠定了基础。

课题研究的最深刻收获，是用数据验证了中庸的正态分布形式，而最早中庸明确为近于黄金率的是王卫东博士；用课题数据验证正态分布的量近于黄金分割率的是刘颖博士。从而，课题揭示出通常称谓的"多数"有了大约0.618这个量的规定，集中在正态分布"中线"周围而成"钟"形，成为后来项目执行中的基本"模式"。沿着这个基本理路，曹丽博士、祖震博士、梁昕博士为后来的跟踪调查报告做了无与伦比的贡献。直至今日，这个调查研究，在与廖菲博士的合作中完善着。

四十年里，社会心理学学人，几相遇不相离，相继钻研中国人自己，铸就了近百年中国人研究的一块丰碑。

感念这四十载相逢，花有花开花落又一春。

二〇一八年二月九日

沙莲香教授学术简谱

沙莲香教授 1936 年 12 月生于辽宁省大连市。1956 年考入中国人民大学哲学系,1960 年毕业留校任教。1970 年中国人民大学被解散,1971—1978 年在清华大学共同课教研室工作,其间旁听了清华大学理工科的一些课程,并在北京大学学习心理学,关注人和人性问题,为后来研究社会心理学和传播学做了相关准备。中国人民大学复校之后,1978—1982 年回人大哲学系任教。1982—1984 年,留学日本东京大学文学部社会科,研修社会心理学及传播学。1984 年回国后调入中国人民大学社会学研究所工作,参与创建中国人民大学社会学学科,在《中国社会科学》《社会学研究》等杂志发表论文,阐释社会心理学的理论基础和总体框架,对中国社会心理学的学科建设具有重要的贡献。沙莲香于 1985 年启动中国人研究项目。1987 年开始招收社会心理学专业研究生,出版《社会心理学》(三次再版,1987—2015 年)。1989 年开始致力于中国民族性研究,坚持从积极正面、动态发展的视角进行学术调查和研究,并把对人的关切、对中国现代化之人格力量的探寻贯穿于自己学术历程的始终,先后出版、再版《中国民族性》三卷本、《外国人看中国人 100 年》(1999 年)、《中国人百年》(2001 年)、《中国人素质研究》(2001 年)、《中国社会心理分析》(2004 年)等十多部中国民族性研究的里程碑式著作。1990 年沙莲香晋升为教授、博士研究生导师,并在日本一桥大学社会学部、关西学院大学社会学部任客座教授。1993 年,创办中国人民大学社会心理学研究所。1994 年,创建中国人民大学女性研究中心。在深入河北省满城县龙居村进行调研期间,沙莲香带领人大多名师生全程参与龙居村的扶贫帮困、村民教育和产业建设,引进社会资源帮助龙居村开展小尾寒羊的养殖和乡村旅游,给当地带来了很大变化。在此基础上,主编了《一个贫困村的变迁——龙居的昨天·今天和明天》。

作为改革开放以后中国民族性研究的开拓者，沙莲香先后承担国家社科基金重点项目"中国传统文化与中国人民族性格研究""我国城镇社会失业承受力研究""对北京奥运会的社会期待及社会心理研究"等对中国民族性开展的长达30多年的系统研究。同时，在实践层面，沙莲香的研究成果为新时代民族性格的重塑与国民素质的提升提供了扎实的理论支持。她长期担任中国社会心理学会副会长，2014年，荣获中国社会心理学会"终身成就奖"。

沙莲香专著目录

1. 主编《社会心理学》（三次再版），中国人民大学出版社，1987—2015年。

2. 主编《人格的健康与治疗手册》，中国人民大学出版社，1988年。

3. 主编《中国民族性（一）》《中国民族性（二）》，中国人民大学出版社，1989—1990年。《中国民族性（一）》和《中国民族性（二）》，2012年再版。《中国民族性（三）》，中国人民大学出版社，2012年。该系列作品还由香港三联书店出版繁体字版（2013年）、日本科学文化出版社出版日文版（2017年）。

4. 主编《传播学》，中国人民大学出版社，1990年。

5. 主编译《现代社会学——基本内容及评析》，中国人民大学出版社，1994年。

6. 主编《中国女性角色发展与角色冲突》，民族出版社，1995年。

7. 主编《一个贫困村的变迁——龙居的昨天·今天和明天》，中国人民大学出版社，1997年。

8. 主编《中国国情丛书——百县市经济社会调查：镇平卷》，中国大百科全书出版社，1998年。

9. 著《社会学家的沉思：中国社会文化心理》，中国社会出版社，1998年。

10. 主编《外国人看中国人100年》，山西教育出版社，1999年。

11. 著《中国人百年》，新华出版社，2001年。

12. 著《中国人素质研究》，河南人民出版社，2001年。

13. 著《中国社会心理分析》，辽宁教育出版社，2004年。

14. 主编《奥林匹克与北京奥运：2008期待与责任》，新华出版社，

2007 年。

15. 著《沿着中庸的美与丑：中国民族性研究随笔》，中国人民大学出版社，2019 年。

16.《中国消费革命》（合，日文）。

17.《中日企业发展》（合，日文）。

沙莲香文章目录

1. 沙莲香：《人之所以为人——人的本质初探》，《心理学探新》，1982 （3）。

2. 沙莲香：《论社会心理学的理论基础和总体框架》，《中国社会科学》，1986（5）。

3. 沙莲香：《二次战后美国社会心理学的发展与我国社会心理学建设》，《社会学研究》，1986（6）。

4. 沙莲香：《关于民族性格重新组合的几个问题》，《社会学研究》，1989（4）。

5. 沙莲香：《中日集团主义之比较》，《哲学动态》，1995（1）。

6. 沙莲香：《"求学妹"现象及其社会意义》，《妇女研究论丛》，1994（1）。

7. 沙莲香、邓春黎：《"求学妹"的出现及其社会意义》，《妇女研究论丛》，1995（1）。

8. 沙莲香、干春松：《国民素质的结构分析》，《开放时代》，1995（3）。

9. 沙莲香：《企业成熟与企业理性——企业文化与管理的基础研究》，《浙江学刊》，2000（2）。

10. 沙莲香：《"己"的结构位置——对"己"的一种释义》，《社会学研究》，2000（3）。

11. 沙莲香：《论中国人的素质构成与社会发展》，《教学与研究》，2000（7）。

12. 沙莲香：《中国人在"文化大革命"期间》，《中国国情国力》，2000（10）。

13. 沙莲香：《经济与心理——与马克斯·韦伯的心理学对话》，《中国人民大学学报》，2002（4）。

14. 沙莲香：《"非典"临场下社会功能的民间运作特点——对突发事

件的一种社会学思考》，《河北学刊》，2003（5）。

15. 沙莲香：《北京人文环境与城市文化氛围》，《北京社会科学》，2004（1）。

16. 沙莲香：《危机心理的预警功能》，《河南社会科学》，2004（1）。

17. 沙莲香：《中华文化的危机适应性研究——以华北"非典"疫区民众的"非典心态"为例》，《浙江学刊》，2004（3）。

18. 沙莲香、刘颖、王卫东、陈禹：《复杂适应系统理论对危机时期民众心态的分析与模拟——重大突发事件应对措施研究》，《河南社会科学》，2005（3）。

19. 沙莲香：《国人公共文明中的"小事"误区》，《中国社会报》，2006－07－19。

20. 沙莲香：《"创造性精神"鼓励与文明传播》，《新闻与传播研究》，2007（1）。

21. 沙莲香：《北京市民公共行为文明指数研究的主导观念——兼说民族性建设》，《中国农业大学学报（社会科学版）》，2007（1）。

22. 沙莲香、廉如鉴：《〈论语〉中的"角色期待"思想新探》，《河北学刊》，2007（3）。

23. 沙莲香、刘颖、王卫东、陈禹：《社会心理现象计算机模拟及其方法论意义》，《社会学研究》，2007（6）。

24. 沙莲香：《"中庸"的中心功能在"最佳选择"——中国民族性变迁研究笔记》，《河北学刊》，2008（1）。

25. 沙莲香：《耻感作为一种心理现象》，《道德与文明》，2008（1）。

26. 沙莲香：《站在孩子社会看孩子——"人性善"养成的社会意义》，《当代青年研究》，2008（6）。

27. 沙莲香：《社会心理变化中的负现象析——民族性变迁研究》，《河南社会科学》，2008（5）。

28. 沙莲香：《"北京市民公共行为"的理论核心和研究思路》，《北京社会科学》，2010（4）。

29. 沙莲香：《"站而不止"于其中的"诠释"——认知"80 后"》，《当代青年研究》，2011（11）。

30. 沙莲香、孙庆忠：《见证与诠释：中国民族性变迁 30 年——沙莲香教授访谈录》，《中国农业大学学报（社会科学版）》，2013，30（1）。

第二编

对白与独白

见证与诠释：中国民族性变迁 30 年

——沙莲香教授访谈录*

沙莲香：中国人民大学社会学系教授、博士生导师，中国社会学重建之后颇具声望的社会心理学家

孙庆忠：中国农业大学社会学系教授

题记：20 世纪是中国人认识自己、改变自己和发展自己的历史时期，在"人看我""我看人""人我相看"中，中国人的生命历程得以清晰呈现。沙莲香教授自 20 世纪 80 年代起对中国文化和中国人的研究，记录了痛苦与智慧相伴的中国民族性成长的历程。2012 年 4 月，继《中国民族性（一）》《中国民族性（二）》之后，《中国民族性（三）》出版。这部著作通过比较民族性格的稳定因素和社会变迁形塑下的人格特质，意在发掘和培植中国民族性中的优秀品格，是中国人自我认知的典范之作。为了呈现这位社会心理学家从事中国民族性研究的探索路径与深邃思考，2012 年 12 月 23 日，沙先生接受了我们的专访，畅谈了她对民族性问题的所思所想。现辑录成篇以飨读者。

一、"悲情多于激情"的民族性研究

孙庆忠（以下简称"孙"）：老师，您的中国民族性研究缘起于 20 世纪 80 年代初，在《中国民族性（一）》的"前言"中您说，此时"文革"结束，人如噩梦初醒，回首十年间的动荡体验，您希望搞社会心理学，研究人。那么，是怎样的直觉感受，让您有了这种强烈的探讨中国人问题的欲望？1982 年至 1984 年，您在日本研修，回国后又是怎样开启这项研

---

* 原载《中国农业大学学报（社会科学版）》，2013 年第 1 期，有删改。

究的？

沙莲香（以下简称"沙"）：我原来是搞哲学的，"文革"之后为什么改行搞心理学、搞人的研究，就是对"文革"里面的一些问题想不明白。

"文革"过后，我很想要搞明白，中国人怎么了，中国人是疯了还是愚昧呢？我想从心理学的角度研究中国人，当时在张健的介绍下还去何东昌家里请教了心理学家李卓宝，得到了她的鼓励。后来我在《中国民族性（一）》的"编后记"中写出了这种感慨。从此，自己走上了不能回头、不能放弃的研究道路。

要问我"文革"后为什么要研究民族性，就是有感于直接发生在我周围的这样一些事情，所以没有太多的理论假设，就是这样一个很简单的也可能是很执着的想法在支配着我。

我是直接研究中国人身上的民族特性即民族性，不是国民性。我在日本时，对民族性和国民性有了一些认识。民族性和国民性有关联，但不等同。从深度来讲，民族性要深一些，带有根性特点。国民性则更接近于从国家和意识形态这个层面来看。在看到日本很多的国民性研究以后，我觉得日本更强烈的东西是国家意识，他们所谓的"和魂"应该是民族的，但是他们讲是国家的。而我在日本时提及民族性，我想到的是黄土地上博大空间里的人群，而不是说国家，我当时这个意识是很弱的，从这个角度来看民族性要根性一些。从民族性看，虽然母亲河的泛滥带给我们很多灾难，但是人们总还是来颂扬黄河，人们本身就很喜欢这片黄土地。从根性来讲，在这片土地上繁衍的农耕民族，民族性格很温和、很智慧，也很含蓄，主张内养。国民性是在另一个层面上来看这个国家里的人，一个国家的国民应该对他的国家有什么权利和义务，这样慢慢地形成了现代国家意识，公民的观念就出来了。民族性要通过国民性来表现，或者说国民性的根是民族性，民族性要通过政治身份和国家身份起作用。而我研究的是民族性。

1985年7月，刘炎老师、吴廷嘉、凌力和我开了第一次中国人研究小组会，那时候规模很小。在日本的时候，刘老师和戴逸老师在京都，我在东京，他们从京都到东京就到我这儿来，这种"文革"之后在国外的共同经历，让我们一直彼此挂念。这份感情贯穿我30年的研究，一直到今年①的 8 月份刘炎老师走。刘老师伴随着我整个的研究，给了我很多支持。吴廷嘉是戴逸老师的学生，也是我的学生，是一个非常聪明的才女。凌力在清史所，文笔很漂亮，她写了一部小说《少年天子》。于硕后来也加入了我们的小组。1986 年 3 月，我们向当时的国家教委申报了"中国人民族性格与中国社会改革"课题，10 月被推荐为国家社会科学基金"七五"重点研究项目。做这项研究是比较高兴的一件事情，因为有朋友、有老师，又有了一个课题的支持，当时还有我第一届和第二届的硕士生，就是许风海、唐顺益、袁方、罗新、苗少波、彭泗清他们。学生们都非常好，所以研究搞起来很愉快。

孙：您对中国民族性的研究已经走过了 30 余年，从 1989 年出版的《中国民族性（一）》到 2012 年付梓的《中国民族性（三）》，以及行进于其间的《外国人看中国人 100 年》《中国人百年》《中国人素质研究》《中国社会心理分析》，这些著作记录了您从事民族性研究的学术进路和心路历程。回首来看，您贯穿于这些著作的基本想法是什么？您对民族性研究又有了怎样新的认识？

沙：从日本回来以后，因为决定要搞民族性研究的时候有大量的材料，在《中国民族性（一）》写作的过程中，我又看到了庄泽宣在 20 世纪 40 年代搞民族性与教育问题的论述，加上后来对潘光旦研究的梳理，我的思路也慢慢成形。回想起来，从 30 余年前刚刚开始时的那个很简单、很朴素也很天然的想法，到现在从改革的各种结果所形成的社会空间来看民族性，写它的变迁，我实在感慨太多。我是一个悲情的人，常常是悲情多于激情。我觉得民族性研究是一个很沉重的过程，特别是在写《中国民族性（三）》的时候，因为我在写的那些东西、那些材料都很直接。可能搞心理学的人真的像胡适讲的，是软心肠的人。

这种情绪上的沉重感是从什么时候开始的呢？《中国民族性（二）》搞完之后，我就考虑写第三本。2005 年潘宇（中国人民大学出版社策划编辑）建议写《中国民族性（三）》，我开始还是想大家一起来写，但又觉得思路难以衔接起来。因为我们人的问题、社会的问题太多太多，在我的思

———————

① 即 2012 年。——编者注

考里常有"无望"和"徘徊"出现，迟迟不能动手。一直到 2008 年，我才感觉到我们的民族有一种力量在支撑，可以期待。这就是汶川地震后志愿者的出现。当时大家都经历过这个过程：整天在那里看电视，一边看一边流泪，很感动，也很揪心。因为以前的唐山、邢台地震没有这么直播过。我特别注意了我写出来的那个江西救援队队长说的那段话。紧接着是奥运会的大批志愿者，志愿者以"80 后"为主体，让我感觉到我们这个民族还"活"着，还有很多潜在力量。就这样在徘徊了差不多 3 年之后才开始动笔写，也就开始了一个很沉重的过程！

你问到贯穿于此前那几本书的想法，其实很简单，就好像成了一种职业病，只要有可能，就要把大家组织起来写一写中国人。不过，在《外国人看中国人 100 年》《中国人百年》《中国人素质研究》和《中国社会心理分析》这几本书里，两个想法很明确：第一个是写群体，第二个是希望写正面的。我先讲为什么强调写正面的。虽然我潜意识里面认为中国民族性的问题不少，但是我有一个愿望就是希望我们这个多灾多难的国家能好一点，想通过这几本书告诉人们我们现在还有力量。《中国人百年》的核心是"人格力量何在"，《中国社会心理分析》的副标题是"献给创造'25年中国'的人们"。对于中国社会的发展，人们付出了很多辛苦和代价。当然，从正面看这些问题并不是说没有问题。之所以讲正面的，我甚至还有一种潜在的想法在里面，是因为这几次参与写作者都是我的学生辈，大家又都是做老师的，从正面的、积极的角度来思考问题于工作来说有益无害。另外，我们这几本书都写群体，一个是我们搞社会学专业，是从社会心理学的思考角度，它考察问题的单位是群体而不是个人。从中国的现实生活来看，真正能够起作用的是群体力量，个人只有在得到一定群体的认同和支持时才会是有力量的。在写群体的背后有一个潜在的东西，那就是我们的群体真正要有力量，应该有群体自主组织。但是我们现在还都不是这样子。群体力量是要通过组织行为来表达的，要不然它就是散的，很容易形成一种乌合状态。这就是你提到的这几本书写作中的基本想法。

二、民族根性的发掘：人性的观照与个性的发展

孙：您的《中国民族性（三）》以"怎样自己认知自己改革后的变化"为探讨的重心，"力图将理论和方法综合为方法论意义的思考和研究"。这

种努力贯穿全书的始终。在这本书中，您为民族性变迁设定了三个"标识"，也就是横跨时空两个维度的"象征性"事件，以期使"变迁"可观察、可记录和可识别。与前面的研究不同，这本书中以鲜活的个案呈现了中国社会的变化，在对个案的解读上，也展示了您独特的思考视角。您能否结合书写的个案，谈谈您对民族性变迁的理解与发现？

沙：第三本《中国民族性》的研究在思考上与以往不同，一个我写的是个体，再一个我写的是反思与批判。第三本书我放开来写，写我自己的想法和担忧。这本书对这些个案的解释，我留了很大的空间，不是按照通常人们的看法，甚至有时候是违背了一些舆论的看法。在解读现实生活的时候，我们常常要有反过来看的意识。

我来举例子。2003年"非典"时期大家关注的是恐惧和怎样应对的问题。我当时已经意识到在学生群体里关注的不是这个问题，对他们来讲，当时已经被隔离在校园里，学生对政府的配合就是在校园隔离。"非典"过后，学生在课堂上讲述"非典"时，我才知道他们每天等到太阳要下山的时候——也是最好的活动时间——几乎倾巢而出，跳绳啊打球啊踢毽子啊，把所有小时候玩的全都玩过了，差一点就要在地上趴着玩了，欢快得不得了。这让我意识到，他们在隔离起来的天地里天真快乐的本性出来了。由于是当老师的，我格外注意的就是学生的真性情。他们希望自由自在，不要给他们那么多的束缚，不要让他们戴着枷锁学习。而在现实的学习生活中，我们给予学生太多不合理的要求。因此我写"非典"，着重写大学生对自由的要求。有个女生在"非典"时给我写了封邮件，说她看到两个学生抱着球往操场跑时，一下子就没有了恐惧。大家都说"非典"来了，要关起大门。但是学生的天性、本能性的东西就是希望自由自在的，没有那么多的框框。我在《中国民族性（三）》里边谈到，为人老师，总是有一些反思。我们过去对学生的评价是越听话越是好学生，各种各样的好处都是听话的学生得到。在我的学生里有不听话的，有被看作"刺头"的，但是在我的感觉里，越是这样的孩子，越有主见，这种孩子，他的内心是非常善良的。他没有那种伪装的、伪善的东西。对于"非典"，大家看到的都是当时人们怎么紧张，却少有人看到人群里这些源于本性的真正的东西。

再有就是对孙志刚事件的解释。我当时看到这个事件以后保留了网络上的各种文档。南方那个报纸对这个事情追踪得很具体，我当时很有感触。所幸的是，在滕彪等法律界人士的努力下，政府修改了收容条例。孙志刚的父亲在法庭上说他的儿子没有白死，使法律得到了修改。我注意到，舆论赞扬这位父亲"了不起"，儿子死了想到的是还给国家起到了一点作用。我看了以后就觉得，我们的脑袋里面有"一根筋"，是过去给我们遗留下来的——牺牲个人，顾全大局。这个观念在人们的脑袋里根深蒂固，碰到个人与社会之间某种纠葛问题时就容易给出这样的一种解释。在我看来这是不近人情的解释，是以损伤个人为代价的服从大局。这样的事情发生得太多了。因此，我在书中说，孙志刚父亲的那句"悲痛"，表明孙家所付出的"代价"太大、太沉重，也太无可奈何了。

对吴廷嘉的解释是又一个个案。她的死是悲惨的，而且是一种带有制度性的恶果，我很抱不平。她是个很有才、很有个性的学生。我之所以能认识她，是因为她当时是我校国政系的学生，"文革"前的本科生。我对她印象很深，当时在上课的时候就听她的同学说她非常有个性。有一次她跟男生打赌，说她要是输了可以剃光头，后来她输了，真的剃了光头。在她去世后，她的同事和挚友刘志琴教授写悼文《哀哉，吴廷嘉!》以悼念挚友。志琴洒泪而言："她走了。这是上帝对她的厚爱！当医生宣布她患绝症，并多次做了处理后事的准备后，她却又奇迹般地多活了十多年，在难以忍受的病痛中写下百万字的著作。这是上帝对她的不公！这样一个如牛负重的赤子，不论成家立业、著书立说，甚或在公益活动中，她都历经坎坷、饱尝艰辛，直到撒手人寰。这是我初闻噩耗后的第一感觉。这个感觉是揪心还是解脱，是沉重还是松一口气，说不清道不明，只是直觉地感到，她正当如日中天的年华，有千万个理由活下去……但看到她辗转病榻的痛苦和治疗无望，宁愿她少受些折磨，因为她活得实在是太累了，我只能祈求上帝赐她最后的安宁。"这是我从志琴长长的悼文中摘取的一小段。我书里采用的是戴逸老师在文集里写吴廷嘉的那段，那也是很感人的。戴老师说，她很有才又很爱管闲事，去帮这个，去帮那个，就是现在的志愿者精神，可是她是一身病痛，有三个孩子（一对双胞胎女儿，一个儿子），实际上生活是十分艰难的。要用现在的语言和眼光来看吴廷嘉，她真的是一个非常好的知识分子。我写吴廷嘉时引用了她的导师和挚友对她的怀念，不是简单地叙述她的故事，而是要说她的率真，她热爱生活、热爱自己的专业，喜欢帮助需要帮助的朋友，她有一种灵活的思维方式，她突破了过去阶级斗争给予人的思想框框，她在想问题的方式上和大家是不一样的，她视野很开阔、很会想问题。

另外，你们会看到，我用一章来写女性、讲性别。性别在原点上是平等的，没有后来的男强女弱、男尊女卑。我要来证明的是男女平等。我花了比较多的工夫写了王尔德的《莎乐美》。为什么写《莎乐美》？那个剧最后的结尾是悲剧性的。那是唯美主义的写作，一个理想主义的东西。凡是理想主义的、唯美的，就是自由的。审美的核心追求是人的精神上的自由。在生活中，说这个人是一个理想主义者、是一个唯美主义者，就是说这个人对自由精神的刻骨追求。有了这种自由的精神境界，才能有"死不回头"的风骨，才能不受那么多框架的束缚。我当时花了很多工夫来写《莎乐美》，就是要张扬一种追求自由的本性。我想可能有的人会说，沙老师的书里面写东写西写南写北，但实际上我这样写，都是想表达一个主题思想："追求自由"是一种天性。

我写河北龙居村的女村委会主任贾俊乔花的工夫也很多，从性别平等的角度来看，这位女村委会主任很可贵。贾俊乔当了18年的村委会主任，一路走来，为了这一个村子的脱贫，她成长起来了，她肯于成长。她是一个山沟里的女性，当年香港乐施会出资支持村里养殖小尾寒羊时，让她说几句话，她刚说了一句就捂着嘴巴笑，就低着脑袋。一开始怯于在会上发言、很害羞，但后来成为省人大代表的俊乔，让我想了很多。一个社会底层的女性，一个为社会性别所掩盖的女性，要找到出路，应该靠自己。这个社会能够给她提供多少空间，要看她自己有没有能力为自己开拓空间。中国的社会生活反映出来的不完全是性别问题，性别问题常常是和其他问题纠结在一起的，性别问题常常是一个挡箭牌。后来在竞选村委会主任的时候，作为村里的大姓，王姓制造舆论说，女人不能长期当村委会主任。他们把性别抬出来了。所以性别常常是女人做牺牲品最合适的一个理由——只因为她是女人！在我们的社会生活里，性别问题是很难处理的，因为本来就有一个不平等的事实在那里，然后再把这个不平等的事实做成一个合理的挡箭牌出场，所以性别问题愈加值得注意。

我的这本《中国民族性（三）》基本上用的都是个案，写具体的东西，因为这样我才能写出我自己的感受、我自己的看法。我还写到了一个工人，他的父亲是一个老地下党员，在各种阶级斗争里被怀疑并且入了狱，后来平反了，但只是轻描淡写地向这位工人师傅宣布了一下。我问："给过什么补偿吗？""没有。""有过什么道歉吗？""没有。"所以他的生活哲学就是面对现实。这是一种很悲凉的生活态度。他在工作方面做得非常好。他告诉我，他的各种职业学习年限加起来等于大学学历，他这个也去学，那个也去学，学了很多东西都是用来长知识的，因为他的家庭背景，是不允许他仅仅有中学文化程度的。你看，这个现实真的是两副面孔或者两种态度：在真实的生活里他痛苦无奈，在为了生活的工作中他认真、没有怨言、对谁都很好。我想用这个个案告诉人们，在我们的现实生活里，在你感觉某个人很好的时候，你可能不知道他的内心有多少困苦。

我们民族性的变迁是充满泪水和苦难的，是有很多牺牲和代价的，所以我常常说我是一个悲情主义者。我们这个民族从冠冕堂皇的这一面来看，国人现在有钱了，那么多人出去旅游，排长队抢购名牌，大包小包，很了不得。可是他们不明白，这是不雅和充满耻感的。有时你会觉得这些腰缠万贯、逛名店、抢名牌的人，活像一群"得志小人"、没有见过世面的小丑。我们这个民族在现实里是很艰难、很需要知识的，是很需要对愚昧无知的自知自觉的。我在《中国民族性（三）》里面写公共文明的时候讲到一个问题，那就是人们在有钱了以后，却是赤裸裸地不文明、很疯狂。这种赤裸裸和疯狂，违背了民族根性上的内养和含蓄。当然，所谓明星和粉丝的涌出是不可避免的。但是中国人毕竟有一个根，中国人和西方人的根性是不一样的。

我为什么看重"80后"志愿者，看中了韩寒？我最看重的是公共精神和某种忧患意识。在《中国民族性（三）》完成后，我用了相当多的时间研究"80后"，曾发表《"站而不止"于其中的"诠释"——认知"80后"》一文，讲到21世纪头十年里"80后"对其父辈的反叛，实则是对反思"文革"发出的呼声，"韩柏之争"及其后续争论反映了新生代对文学独立精神的追逐。问题在于，我们的大人社会没能给予应有的宽容和大度。现实证明对"文革"的反思和对文学精神的追逐与恪守有多重要。这样讲并非说这一代人没有弱点，但他们是公共参与的主力。只要他们能够沿着现在这样一个有公共精神的志愿者的道路走下去，"80后"就应该是一个被看好的年龄段。这也是我将落脚点放在"80后"的原因所在。

　　孙：中国社会近 30 年来发生了深刻而快速的变革，在这场从传统中国迈向现代化社会的文化大迁徙中，中国人的心灵世界受到了严峻的考验，民族性正在悄然发生变化。关于如何解释这种变化的缘由，如何评判文化根性的优劣美丑，在曾经的讨论中，您强调要正面地描述，要把积极、乐观的一面展示给国人，让我们的民众从自身的变化中看到希望，看到自己的未来。这一基本的立场，是您民族性研究的基本色调。在《中国民族性（三）》中，您将"批评和反思"贯穿其中，让我们通过个案理解您对中国民族性的忧虑。那么，在《中国民族性（三）》之后，您又有怎样的期待呢？

　　沙：从 20 世纪 70 年代中后期"文革"结束一直到 21 世纪头十年，民族性的研究本身几乎亲历了中国社会改革开放的每一步。在 2008 年大批志愿者踏入公共生活领域并成为一支公民力量以后，我们所面临的问题是社会生活牵动了整个社会底层，特别是工人和农民阶层。我们面临的矛盾和问题也与八九十年代不一样了。

　　对农民这个群体我们以前都写正面。从问题来讲，我不怀疑政府想解决"三农"问题，但是农民的生存状况、某些基层干部恶劣的程度，却是令人担忧的。我们在写《中国人百年》的时候有个图，《人民日报》写农民主题最多的时候是在 20 世纪 50 年代初，写农民要扫盲，组织农会，建立党支部，建立合作社，发展生产，都是事关农民的。后来，农民主题慢慢凉下去了，工人主题上来了，"文革"达到高峰，然后，是下岗失业工人主题直到现在。在各地各级政府搞发展的时候，农民又被想起来了，想起农民的什么来了？想起农民的"地"来了！买地、占地、圈地，画押。农民打工挣钱回家刚刚盖了新房，农村又要搞新农村建设，搞整齐划一的农民住房，把农民迁到里边去住，农民新盖的房子白搭了。这叫农村吗？农民就是靠宅基地，靠一个房子，回家之后说，我的家在这里，在这个沟旁、这个河边、这个树底下，张家和李家不一样是因为这种生生死死的宅基地环境不一样，现在搞统一规划，一样的房子，这不叫农村。一些干部搞业绩，简直是天花乱坠，农民却心神不安，担心搞了新农村，自己新盖的房子就没了。现在河南某地，要平坟，要把坟地给人家平了。那就把祖宗的根给挖了。活着的人宅基地没有了，死了的人坟地没有了，农民还有什么？农民没有了土地，就在人与物的结构上改变了中国社会的"农民性"或"乡土性"；农民没有了宅基地和坟地，就在宗族关系上切割了中国社会的"地缘性""血缘性"这样的血脉亲情特点。黄土地上的河不像河、山不像山、农村不像农村。到底剩下了什么呢？写完民族性变迁以后，我为我们的民族担心，我们的民族还能不能在根性上维持？我们温和的、内养的、含蓄的民族根性，现在都变得张牙舞爪，变得赤裸裸地金钱至上，变得赤裸裸地贪得无厌。所以，民族性改造的问题，公共精神和文明举止的提升问题，单单要求民众如何做是不近情理的。

三、民族性的未来："不敢期待"与"我想期待"

孙：顺着您的思路，我再追问一个问题。民族性改造是您接下来思考的核心问题，也应该是您民族性研究的主旨所在。近年来，民众如何变成公民是您一直关注的话题，也是您研究公共文明的初衷。但是，将民众改造成公民，并不是一代人两代人的事情。我们要怎么做？您曾说民众的觉醒，不能依赖于某个人，而应该是自身的觉醒。今天您在做公共文明的研究，某种程度上就是在做一种思想启蒙的工作，关注社会底层，唤起人们的一种自动、自觉的改造和觉醒意识。在您看来，民众自身觉醒的内在和外在条件又是什么呢？

沙：我为什么讲有时候不敢期待？是因为我们的社会生活复杂。你能想到若干年以后的中国社会是个什么样子吗？想不到，因为有很多潜在的东西谁都左右不了。任何事情都是有不确定性的，所以就不去期待。但是我想期待的又是什么呢？是我们的志愿者活动有空间。公共生活的文明化是民众自身的事情。外在的条件，不能说网络让外面的风气进来，这也是不可测的，但是我想的是政府权力的行使方式问题。政府权力对民众的公共生活和公共行动不要管得过头，我主张至少要"睁一眼闭一眼"。因为公共生活这个领域成熟了，百姓就会明白自己该做什么、不该做什么。

孙：您讲"睁一眼闭一眼"的事情，实际上是讲制度如果管得太细了，就总是有纰漏的。这里又有一个问题，从2008年以来，您和台湾地区辅仁大学夏林清教授经常交流合作，让您对台湾地区的经验和祖国大陆的经验有了一个比较视野。台湾地区民间社会的成长，是一种强大的社会力量，其内在的诉求是要从社会底层伸张正义与民主，伸张它自己应该有的权利。作为一位社会心理学家，您对台湾地区的民间社会力量的培植有很多思考。在您看来，台湾地区民间社会力量培植经验对祖国大陆又有怎样的借鉴意义呢？

　　沙：我感触最深的还不是这个社会性的方面，我感触最深的是台湾地区社会对人的培育。就社会层面来讲，动员和调动民众参与社会生活的情趣及能力，这是一个转折。最明显的是台湾地区人民的素养提高了。他们的素养提高，直接表现在他们的物质产品和经济发展上。我们仅就生活方面讲，它的农业、手工业、食品业，现在做得都是可以与日本和韩国媲美的。我是在讲，一个社会把民众动员起来自己认识自己，自己为自己做主张，这是很重要的。参与社会生活，是公民最基本的一面，但公民也有另外一面。他自己来做自己，就很讲究，讲究自己的言谈举止，讲究人与人之间的表达和感受。他们是真正吃苦耐劳、不辞辛苦的，那些路旁小店的阿婆阿公和那些社会工作者的辛苦是感人肺腑的。我有不少令我怀念的好朋友，我得到的帮助是真切而不虚伪的，我也有是他们团体中一员之感。我去台湾不下 6 次，从 1995 年开始，每次去都有感受。所以我想台湾地区能做的祖国大陆也应该能做，台湾地区做到了就证明中国人不丑陋。当然，我近年在关于公共文明的研究中感到，祖国大陆社会生活的变化或许会出现因某种利益攸关而形成的有形与隐形相错的人际关系。这值得证伪。

四、体验与感悟：伴随"心灵亮光"的民族性研究

　　孙：老师，我在读您这本《中国民族性（三）》的时候，有两章让我非常感动。一处是"并非终结的终结"，就像您说的，这里面埋藏了很多问题，您刚才用"我不敢期待但我还是有期待"概括了浸透在字里行间的复杂情绪和深层思考。另一处是"伴随着'心灵亮光'的中国民族性研究"，这里面的"心灵亮光"您是加了一个特殊的符号的。亮光总是在黑暗的时候才能感受到，无论是正面书写还是反思与批判，回首时都增进了我对您研究心路历程的理解。在成就您民族性研究的历程里，费孝通、钱学森等前辈在精神上的引领是一定要提及的。您在几本书的序言里都曾讲到费老、钱老，还有像戴逸、刘炎等老师的相助与鼓励，以及与历届硕士和博士富有启发性的交流，在这个共同探讨民族性的过程中，您一定有很多特别的精神体验和人生体悟，我很想听您谈谈。

沙：其实，我是弱者，这不只是说我性格上就弱，我内心也是弱的，因为外部的东西太强大，强大到了我只能让自己弱下去，就像大球和小球相撞的时候，小球撞了以后还要退回来。实际上，我们这一代人大概都有这个问题。当然，可能不全这样，有的人在某一件事情上成功了可能很快活，我没有，我始终没有什么成就感！我为什么要来写我遇到的这些前辈和我的学生呢？我自己觉得正是因为处于弱者的状态，才感觉到这些人的可贵。我喜欢交朋友，喜欢老师和老同学，我觉得我需要有"因缘相遇"的"知恩"状态。我不知道我这个感觉是怎么来的。或许只有自己是个弱者才会有这种感觉，一直觉得自己很强的人大概是不需要的。我需要善良的、肯帮助人的人，我也很喜欢这样一个人群。上了大学以后，不断的运动，不断的斗争，我们都是听话的、积极的好学生，所以没有被打也没有被整。我觉得这样一个经历把我们搞得不知道自己是什么样子的，很难去认知自己。我们一进大学就遇到了 1957 年反右派运动，在那样一场斗争中，我们中间有很优秀的同学被打成了"右派"，他们有独立的思考和独立的见解，敢于直言，这些很棒的、优秀的同学到最后很悲惨。现在我想到这些同学和好友的经历，冥冥中悲痛和自省。这让我特别珍惜人与人关系当中的真诚和担当。

我们这一代，多数人一生是伴随着运动走过来的。大学以前的"三反"、"五反"、农业合作化、资本主义工商业改造，我们在初中、高中阶段，都有亲历，到了 1957 年以后，各种政治运动全部是在大学里面进行的。反右派运动之后是"三面红旗"（社会主义建设总路线、"大跃进"、人民公社）运动，当时很多学生都下乡去了，我们都下过乡的。我是在北京郊区的西黄村，大炼钢铁时，农民把家里的铜镜、铜盆，家里面所有的铁器都拿出来炼钢炼铁了，我们都经历过的。所有的运动我们都没有逃过去。等到后来"文化大革命"，我们那时候叫"末代助教"，就是说以后不会再有助教，不会再有大学里的生活了，就是这样一种感觉。

孙：就是因为自己从年轻时就开始经历这些运动，所以您刚才说，在运动中您总是觉得自己是无力的。在这个过程中，您愈发感觉到老师、朋友的珍贵。您在两本书的后记里提及了费老和钱老，有关他们的故事，您还有特别的记忆吗？

沙：1982 年 4 月，我去日本之前，到民盟总部拜见了费老。他为我外出研学社会学和社会心理学欣喜不已，并说"学问到了高层，各门是相通的"。也就是那次见面，他挥笔写信给福武直先生，让我携信见这位当代日本社会学的泰斗。后来，我曾经陪着朋友到费老家去过好几次。钱老在我最初的学术生涯里，写了那么多信关心我。他喜欢社会心理学，让我到他那儿参加活动，我也参加了他那个关于特异功能的实验。所有这些我都不大去表白，都在我内心存着，好像是朋友不一定每天要打电话，可能一年都不联系，但他始终在心里面。我好像一直是这么一个感觉，对我的老师、学生的友谊也是这样，我很喜欢、很珍惜！

对于费老和钱老，我只是用简单的文字写出了我的怀念之情。在我学术研究最初的那个时期，得到了前辈的很多帮助，我一直不忘。对戴逸老师和刘炎老师也是这样，只有在我写书的时候提过他们对我的帮助。刘老师对我来说真的是一个非常重要的人，她的关心和影响渗透到我的生活里面，她走了以后，我有一个月是恍惚的。

费老到晚年觉得社会学研究忽略了社会心理学，那么怎么来看这个问题？费老从来不给社会学下那些抽象的定义，一旦考虑到社会学是人文的、关怀的、底层的，而不是那种抽象的、御用的或者是为了迎合某种政治的，那就一定会写到社会心理。作为一个社会学家，只要他关心社会生活，就一定会讲到心的问题，讲到人的问题，讲到人就一定会讲到人的态度、人的状态、人的向往、人的欲望、人的情绪，所以社会学和社会心理学是不能分开的。你看国外的社会学，哈贝马斯、布迪厄、福柯这些社会学家更是贴近人的。所以我常常告诉学生，你们来学社会心理学，不要单纯看社会心理学的书，那是没有意义的，是干瘪的，要去看一些大家的社会学，看大家的社会学里边一定会有社会心理问题，因为社会学是真正的人的社会学，人的社会的社会学，而不是一些抽象的概念。费老为什么提到这个问题？因为他搞研究一直都在讲人的问题。你看他的文集，讲社会人群的时候简直就是在讲社会心理学，实际上，他的研究里面是贯穿了社会心理学的东西的。

孙：费老晚年的《试谈扩展社会学的传统界限》是这种思想的集中体现。此前的《个人·群体·社会》《人的研究在中国》等论述，都如您所说是关注人的问题，关注中国文化问题的，这与您讲的"社会学不能没有社会心理学"是相通的。

沙：事实上，它们真的是分不开的。我常讲费老在云南魁阁的那一段，我为什么很喜欢早期的费老？主要是因为他很人性，很人文。费老到后来越来越关注制度性的东西，这种制度性的东西很厉害，它是无形的，但是它是强硬的、刚性的。我们都是制度的复制品，它复制出来的才能是吻合的，我们无形之中是这样子的，倒不是有意识地一定要贴在制度上。这个复制品是一个产物，不是有意识地一定要把自己怎么样，从社会结果和心理结果来看，那是你主观上不能转移的东西。

孙：改革开放这 30 多年来，中国社会的变化是非常大的，但是中国文化到底变化多大，有没有不变的东西在里面？从您多年研究民族性的经验和数据来看，在全球化、现代化、城市化等各种"化"的社会环境下，我们民族的根性是否已发生了蜕变？

沙：我很难下判断，我觉得这 30 多年社会变化很大，但这个社会在制度上没有变，所以 30 多年的改革在根本点上没有动摇。从中国社会的发展历史来看，文化根性是很难拔掉的，所以才叫根性。现在，我们这个文化的根性在动摇，就像一棵树，台风来了它就要摇摆，但真要把它拔掉，除非这个民族灭亡了。但是我们很危险，在摇摆，因为我们根性上的大地在变，山水在变，甚至我们农村这一大块的地都在变，黄土地不再是黄土地，我们很多的山山水水不再是绿的蓝的。少数社会现象和问题，像平坟这样的事件都在某种程度上动摇了民族性的生存环境。这样看来，民族性的特质本身在动摇。比如说，我们的温和性正在摇摆，假如还像过去那么温存的话，就会被当作好欺负的对象。我坦率地讲，有教养的人是一直被欺负的，因为他不去还手。我们说的温和性是指内养、含蓄，有文化的人还有这种愿望，至少在某些方面他还在要求自己有涵养。现在也有一批网上的公众人物还在讲，社会上总还是有公道的，还在维持着一种根性上的东西，但是，这个力量的对比要看最后怎么样。

五、民族性改造：中国人优秀品质的重新培植

孙：您把中国民族性研究视为中国人自我审视的过程，强调对待中国人的品性需要批判和反思，需要不断地学习和培育异质的优秀的品质，需要改造和重新配置，这是您在这本书里面强调的灵魂性的东西。您又说中国人品性的重新配置和重新培养，只能由中国人的新一代自己去不断地创

造，改变中国人的不是外面的那股力量，只能是中国人自己。在您看来，这种品质到底怎么才能够重新培植？这种培植的核心又是什么呢？

沙：回答这个问题我觉得还是很难的，因为要对一个民族的品性培养做一个判断。更主要是因为我们现在有很多因素让人感觉到反常的不确定性。这种不确定性包括一个民族的发展、民族性的变化在里面，甚至包括一个国家、社会、群体，任何一个过程都充满了不确定性。在这种情况下，要培育民族性发展的特质，我们可能做什么、能够做什么、怎么去期待还是很难确定的。但如果排除一个长远的或者再大一点的设想，就我们能够亲身感受到的、我们已经研究过的来看，我还是觉得我们应该强调对个人、个性的培养，因为我们过去一直讲的是群体性。从革命年代到取得政权后共和国的建立，我们对民众一直是以群体为单位来说话的，我们的政策也是针对群体来制定的，比方说农民政策、工人政策、知识分子政策都是讲人群的。

从中国文化的基点来看，它还是讲个人的。儒家文化讲的修养是个性修养，它先是个性的、内部的修养，然后才是齐家、治国、平天下。齐家是以修身为基础的，而"欲修其身者，先正其心；欲正其心者，先诚其意；欲诚其意者，先致其知；致知在格物"。从《大学》中可见，儒文化讲群体性是奠定在个性的"正心、诚意"修行之上的。强调个性，有了这个基点，然后才能治国、平天下。这个逻辑是对的。如果我们不能把握这个脉络，就一定要排斥一些人、打击一些人、扶植一些人，这就是滋生腐败的根源。我们对于儒家的东西一直是排斥的，我有时候在想，为什么我们不主张个人发展？过去我们一直认为个人主义是反集体主义的，我们是一个集体主义国家。可是，在实际上我们需要有个人的发展，我们过去的那个集体主义是空的，离开了个人的修养，集体主义是没有修养的集体主义。

至于你谈到我们该如何培育民族性的问题，就我现在来感觉，问题的核心是我们的包括农民、工人等所有人群在内的民众，还缺少成熟的个性。好在网络上逐步地出现了一种有个性的、发表意见的、比较成熟的网民，当他们成熟了以后，很独立的、很开放的思想就会自然出来了。

孙：您这里提到的成熟的个性，和您在书里提到的要培育优秀的、异质的品质是衔接的。在您看来，个性的张扬对于中国人来说是一件很遥远的事情。2008 年之后，您说要用一种批判的视野来写民族性的变迁，同时您也看到很多光亮，那就是志愿者群体的出现。我注意到，您也一直在身边培育这类优秀的群体，比如培育女教授志愿者，希望能够在知识分子这个群体中唤醒独立而成熟的个性。究竟如何培育优秀的异质人才，您在《中国民族性（三）》里提出来了，却没有更多的阐释。如果顺着您以往的思路理解，就是要寻找中国人的一种内在的人格力量。那么这种成熟的人才，这种成熟的个性，其最核心的品质又是什么？这种优秀的品质与您一直研究的"中庸"有怎样的关联？

沙：中国民族性的核心特质是中庸，规定了基本性格的温和性和思维方式的均衡性。中庸在量的表述上则表现为正态曲线。在《中国民族性（三）》"另解中庸"的思路下，聚集在中庸曲线即正态分布的"大量"是"多数"，具有共同的相对稳定的特点，不易改造，这是维持中国人之为中国人的根本；正态曲线两边的尾部肥大则是"少数"。民族性改造的可能性集中在少数人，少数人具有异质的自主自醒的特质；少数人因其特质而常常反对或抗拒由社会或国家驾驭其身的社会控制；一般状况下，发生在少数的"改造动力"与"新生特质"不易在广大的多数人群中产生实际的改造作用。从另一个侧面说，民族性在多数人那里不易改造：那里尚存在"惰性"即稳定性的特质，对社会控制少有直接冲撞与对应行动，即社会控制在那里"生效"。

我对"中庸"的理解是有一个过程的。我最早在编写《中国民族性（一）》的时候就注意到，无论是中国人还是外国人，在谈中国文化和中国人的时候，中庸是出现最多的。那个时候我就在想，为什么中庸被这些人重视？后来写《中国民族性（二）》的时候，我单独讲了中庸的问题，不过，那时我还只是一个解读者，阐明它在文化上、在原著里是什么样子。后来在《外国人看中国人 100 年》里，我们给中庸画了一个图，中庸是在恕道和笃行中间，就是中庸始终在平衡人的行动，使之不要过格。恕道是处理人与人关系的原则，中庸作为一个行动的轴，它就是告诉你，不要太极端了，要合乎常情，不要太过分。我后来撰文写中庸的决策作用也是这个意思，即在决策的过程中你要照顾各方利益，否则就会叫人家很讨厌，这是中庸的一个基本的东西。我对中庸的理解，大体上反映了我们在传统这个脉络下对中庸的看法。等到我的思路再打开，写《中国民族性（三）》

的时候，这个理解也是不变的。中庸是好东西，在处理国际关系上恪守中庸，周恩来是最典型的，他总会把各方的关系搞得很好，这是一个策略上的或者说是一种观念的东西在起作用。那么，既然民族性是稳定的，现在却讲它的变迁，这又怎么来理解呢？我们长期以来认为中庸是维持"不变"的，不要过格，就是不要跑得太远。可是我们在讲民族性变迁的时候，一定要讲变的那部分，这个时候必须用心来思考这个"变"的问题。

人的思考是带有跳跃性的，也是一个突发性的东西，我曾经看过布坎南讲的那个逻辑问题，里面讲到了一个"钟形"，是可以和中庸的思考联系在一起的。在一次中庸小组讨论会上，我的学生王卫东说，中庸在国外就是金字塔，那个结构在数量的表示上是 0.816。我说我们总在搞统计，统计到最后那个正态分布是什么，能不能够证明正态分布恰恰是符合这个金字塔结构的？后来我们利用长期的跟踪调查数据，证明了它是符合那个金字塔结构的，就是那个"大肚子"，我们证明了正态分布就是布坎南用的那个"钟形"。然后，潘光旦在讲中国人的时候明确用了一个曲线图表示——中国人大多数都是那个曲线图中的"庸人"，那个"大肚子"。他用了一个正态分布的图，部分突显在曲线图上方。布坎南讲的那个变化是在那个正态分布的尾部，叫作"尾部肥大"。但是他们的意思是同样的，我一下子很兴奋！最后我又看到这里面实际上有规律性的东西，就是布坎南也谈到过的"幂次定律"，"尾部肥大"是根据"幂次定律"来变的。我们把中庸给量化了，这个量化在曲线上就表现为一个正态分布，但在分析所有的调查报告后我们发现，那个正态分布都是偏正态，没有一个是纯正态的，因为它是有变化的，它始终在变，纯粹的正态是不存在的。当这样来解释中庸的时候，我叫它"另解中庸"。也就是说，我们原来把中庸看作一个稳定的均衡的状态，事物的存在是均衡的就是因为中庸的存在，它解释事物是均衡的，八九不离十，都在这个中间的位置上。为了证明它是非均衡的，我就要从博弈论的角度再来证明中庸与博弈的关系。能不能把中庸看作一个中国式的博弈论？这是我一直以来想请博弈论学者进行论证的问题。

在"另解中庸"的理路里，中庸是变化的，变在哪里，变在曲线的边缘上——它总是要在边缘上突破这个曲线，所以那个"尾部肥大"就这样子出来了。科斯讲变化是在边界上，曼昆经济学里也很看重"边际量"，我们所有的经济行为，都在于增加边际量，它看重了"边际"的问题。就这样，我对中庸的理解是在边际上发生变化的，变化的结果就是"尾部肥大"，"尾部肥大"的结果就是精英分子的出现，很平庸的人还在"大肚子"里面，那些有见解的、有独立性的、有个性的，甚至我们说是另类的人，很容易在"边际"上蹦来蹦去，最后人才就出来了。这是我解读中庸的基本思路。我一直在强调要看重"尾部肥大"出现的人物，而在我们的现实生活里，这部分人恰恰是被遏制的，所以我们的社会生活始终出不来创造性的东西，即使有创造也只能是在有限的框架下。钱学森讲为什么我们培养不出来人才，我心里明白。20世纪80年代我参加过他证明是否有特异功能的实验活动。他的意思就是要有一个自由环境让大家去做，要有科学精神，要允许人家来观察到底存在不存在。科学不仅仅需要独立精神，更需要的是自由精神。

孙：您刚才提及个性培育问题，近几年您始终关注网民，因为这一群体的崛起，在一定程度上改变了中国的民主化进程。就现在我们视野所及的范围来看，此类群体的觉醒是不是里面就潜藏着您所说的个性上的优秀品质？在这里能否培植出这种根性上的东西？

沙：我跟你讲，网络里面出现的网民和现实生活中的人不一样的地方，就是网络以极快的速度来传播一个东西，很容易引起粉丝们的共鸣，就像群氓一样轰动，所以个性能出来但很难培育。我们很难用网络来培育个性，就是因为网络的特点。在这里谁都可以说话，你很难辨别他是一个无赖还是一个精英，网络是一个互动的迅速膨胀的空间，个性优秀的分子就被淹没在里面。之后，再涌现一个很有主见的人，一个新的意见因素就出来了，然后又是一个爆炸性的乌烟瘴气的氛围。网民群体还有一个问题——真的假的都说，能够泄愤就可以。因此，在网络里我们可以发现精彩的个性，却不能用网络来培养具有优秀品质的人才，培养还是要在现实空间里面。

孙：从"文革"后期起，您就有中国人怎么了、中国人为什么会这样的疑问，一直到改革开放初期做民族性研究，这几十年走下来您实际上一直在寻找一种东西，就像《中国人百年》的副标题——"人格力量何在"——所言，是寻找这个民族的向前发展的一种创生性的力量。回首这30多年的研究，您觉得我们民族的创生性力量到底在哪里？这种存留根性的力量有吗？

沙：我觉得不能简单地说有还是没有，我只能说有些方面是存在的，有些方面是被扼杀的。在正常的社会生活里，人格的力量一直在起作用，如果没有的话，那我们这个民族在人格上就等于全部分裂了。现在是一个变动的时期，人的分化很厉害，在这种环境下，总有一些人经受住了这样的变动，这是可以指望的力量，但毕竟是少数，多数则是随波逐流，这就是中庸多数的问题。所以要讲人格力量存在不存在，当然它存在，但问题是存在在哪一部分人里面，哪一部分人已经丧失掉了。

六、民族性研究的动能：人文召唤与人性寄托

孙：您寻找这种力量的过程，就是这些有关民族性的研究的成果，而今看来，您"文革"时期对中国人的疑惑和追问是否已被破解？您多年来从事此项研究的动力又是什么呢？

沙：我好像没有感觉到有动力，只有一条我是接受的，我这个人比较重视人性、人文关怀这个东西，我好像一直是这样子。你说有什么动力，有什么理想，有什么预期，我坦白我没有意识到这个问题。我这个人好像原本就挺弱的，内心总是充满忧愁，看到很贫困的人我很同情，这种情绪很容易就产生了。就研究而言，好像是职业病，我就针对我们这个民族到底应该是什么样子的问题，这也是我"文革"之后决心要搞社会心理学的主要原因。即使这样，创造一个体系、创造一个社会心理学的理论或方法，我都想不到。为什么想不到呢？因为生活还没到用理论来表述中国人的心理、来思考中国社会心理学的时候。我就是这么一个自然状态。

孙：但自然状态里始终埋藏着明确的问题意识。十年前，您曾提出"中国人比任何时期都需要心理学"，如今回想这个命题，您觉得它是否依然是当务之急？

沙：当时我们在心理学的网站上谈到这个问题。为什么说中国人比任何时候都需要心理学呢？就是因为我们民众的某些心理太不正常了。相当一段时期，我们的人际关系那么紧张，是不正常的状态。大家讲到最多的是复杂，复杂是好听的，复杂的另外一面是什么？就是强占。什么都要有，没有了就像失去了魂似的，就睡不着觉，这就是浮躁。为什么会这样呢？就是因为他想得到的得不到，假如没有这个欲望，有什么就是什么，

那就很平静了。念书一定要有一个好工作，是要出名的。我们的博士生毕业以后千方百计要留在大城市，他不肯往下降。我们的欲望上去以后下不来，下不来以后怎么办呢，邪念就出来了。我坦率一点讲，我们现在的生活里让人产生邪念的可能性太多，诱惑性的东西太多。因此，现在已经不是需要心理学的问题了，而是一个恶行的问题。心态恶行化致使人际关系紧张一旦爆发，就带有一种生死的恶毒的成分在里面，比原来那个状态更加恶化了。

我说这个时代需要心理学，是就我们专业来讲的，其他各个学科也都是需要的。因为中国社会最迫切的工作就是人的觉醒。2008 年汶川地震是一场大的灾难，而后是一个大的国际事件北京奥运会，但是我们的觉醒意识很快就被快速变动的社会生活给淹没了。转眼又是五年了，在一个让大家都很平庸的状态里平庸地去混，越来越成为生活的常态。我们的大部分民众缺乏对公共事务的关注，有部手机就很高兴，有个房子就很高兴，他们的要求都很低，根本不理解什么叫社会工作，更不知道如何去当志愿者，如何去做社会工作。

孙：中国社会近十年来的变化，与中国人的根性是否直接相关？就目前的社会环境和民众的心态环境而言，最迫切的工作是什么呢？

沙：我告诉你啊，我现在把国民性和民族性分开来讲，目的就是让大家明白：中国人从民族性来看，根性是好的，也是很难拔掉的，问题在于从国民性这个层面来看，我们的民众就什么事情想不通了，都要依赖国家，自己不肯去参与公共事务，又不肯去做志愿者，去出力气，这样的结果是很多事情难以解决。现在有谁来参与社会生活，来表达意见？面对着社会生活中的一些不确定性，接下来的状态很难预测。这也是我写完《中国民族性（三）》后所要面对的一个问题，我还是一个悲情主义者，我轻松不起来。我们民族性的变化实在是代价太大了！

孙：对于您个人来说，研究民族性的目的是让自己更加清楚中国人，并寻找一种民族的创生性力量。在《中国民族性（三）》中，您用那么多的个案反思了改革开放以来这 30 年的历程，在这里，时代印记与个人际遇一并而来。在我们 6 月 17 日的通话中，您说"交稿之后，心又不死，一个新的问题又萌生了，那就是民族性改造问题"。从《中国民族性（一）》到《中国民族性（三）》，其中还有《外国人看中国人 100 年》《中国人百年》，您的着力点都在费老所说的"我看人看我"。在人我相看的相互参照中，民族的自我认知是不曾变更的主题。您一再强调中国人需要新的启蒙，在一个特定的时期总是需要培育出极少的优秀的人才，才能唤醒这种自知，才能使更多的人觉醒，进而形成一种力量。那么，面对中国社会的现实，我们应该做什么样的启蒙才能趋近这种目标？民族性改造的前景又如何呢？

沙：这个问题其实是在思考之中的，我一直主张思想启蒙由"80 后"和"90 后"这样一个主体来承担，因为启蒙本身是一个让人觉醒的过程。我觉得只有启蒙这个概念，能够调动人们去想问题，去思考，去表达。当启蒙这个学术上的问题变成一种行动的时候，就是要有一群人来做。民族性的自我认知需要群众层面的参与，更需要精英的带动。政府要有勇气允许民间组织在乡村开展广泛的社会工作，要让农民学会自己保护自己。农民要学会说话，政府要学会睁一只眼闭一只眼，这样做了对制度没有影响，恰恰证明了制度好的一面。"文革"之后，上上下下都讲百废待举，改革成为共识。但是，把学术上的启蒙转化成行动上的启蒙，实在太困难了！

孙：老师，感谢您接受我们学报的访谈邀请，与我们分享了您的中国民族性研究的思路与心路。对我个人来说，最大的收获是了解了社会心理学家怎么看待当下的社会问题，怎么看待中国民族性变迁的历程。由衷期待您的民族性改造著作能早日面世，让我们在您"民族性改造"的书写中，冷静地思考中国社会的未来。

探索中国民族性的变迁轨迹*

叙事人：沙莲香

访谈人：彭泗清

访谈助理：刘婧

访谈时间：2020 年 9 月 7 日上午

访谈地点：北京世贸天阶公寓叙事人寓所

访谈整理：彭泗清

一、游弋在哲学的殿堂之中

1. 早年在大连的生活

1936 年 12 月，我出生于辽宁大连的一个殷实之家。我家在农村有方圆百亩果园，在城里有不大不小的金店和钟表店。在 1945—1951 年东北农村土地改革、城市资本主义工商业改造及"三反""五反"斗争中，我的家庭逐渐沦为斗争的对象。我父亲是个善于治业理财的聪明人，他原本是念私塾的书匠，在斗争来临的前夜因身患疾病而住入医院，躲过了"挨斗"一劫。

1943—1945 年我小学读到二年级。小学是在离家有段距离的宋家小学，学校设备完好，课程设置重视美育。小学时，我最喜欢图画课，一方面是喜欢授课的宋老师，宋老师有点口吃但却总是笑眯眯的，有耐心，画着一手好画；另一方面，我喜欢画实物、景色，我画的大白菜、杨柳树和

---

　　* 本文摘自周晓虹主编《重建中国社会学：40 位社会学家口述实录（1979—2019）》，商务印书馆，2021 年 5 月。本文中部分内容与第一编中的"中国民族性研究回顾"重复，但为了保持《重建中国社会学》一书的原貌，未做删除处理。

大海，被选中贴在教室的墙壁上。对图画的敏感一直影响着我的生活，后来我也喜欢收集画作与看画展。1946—1950 年，我读"完小"（初小高小连读）①；1950—1956 年，我继续读初中和高中。中学时代，我最喜欢几何学，同学之间常有交流，我则以几何图形的画法为乐趣。大概因为此，我至今亦注重造型，包括家庭的室内布置。初中和高中阶段，有了外语课，念的是俄语，我很喜欢，以至于高中毕业时曾有过报考北京外国语学院（现为北京外国语大学）的念头。

高中毕业之前，我突然得知中国人民大学提前招生，并且有历史、经济、新闻、哲学各系科。经老师介绍，始知哲学包含有理工学科的内容，是一门好学问，于是我就报考了中国人民大学的哲学系。录取的结果在大连报纸上登榜刊出，震惊了家人。这样，1956 年我顺利考入中国人民大学哲学系。

2. 进入中国人民大学哲学系

中国人民大学在高校统一招生之前大约一个月的时候，提前考试录取了 1956 级哲学系的学生，据说落榜者还可以参加全国高考的统一考试。当年的哲学系学生有 200 人，分成 7 个班。每个班，考分首屈一指者担任班长，但 7 个班长中却没有一个女生；而在事实上，女生亦相当优秀，但却都文雅含蓄不愿出头，我感到那是彬彬有礼的一代文才女子。

我 1956 年入学时，恰逢"读书"的时光。何思敬时为哲学系主任，后来，齐一、方华、马奇、吴江等诸位学识渊博的前辈先后担任系主任。当时为我们这批首届哲学本科学生配备了即便在现在看来亦属上乘的授课阵容，授课教师中，数学有关肇直，逻辑学有王方鸣，物理学有林万和，心理学有彭飞，中外哲学史有石峻、尹明及苗力田②等著名学者，他们的授课为学子们奠定了极好的知识结构基础。后来证明，这批学子是一个非

---

① "完小"，即"完全小学"之简称，为包括初级小学（一至四年级，也有的地方为一至三年级）和高级小学（五、六年级，也有的地方为四至六年级）的学校。中国实行九年制义务教育之后，建立农村"完小"，已经成为基本标准。县城及以上城市的小学普遍是"完小"，所以在 20 世纪 60 年代之后就不再做标记，而农村小学的"完小"仍然是教育普及程度的标志。

② 苗力田（1917—2000 年），从事西方哲学教学研究 50 多年。著名西方哲学史家、古希腊哲学研究专家、教育家、翻译家，中国人民大学哲学系教授、博士生导师，中华全国外国哲学史学会顾问，中央大学南京大学北京校友会名誉理事。

常优秀的群体。不幸的是，在接踵而至的政治运动中，这个学子群体受到了极大的伤害和摧残。

1957年春夏之际，在大家始料不及之下，突然来了反右派运动。被打成"右派"的同学在毕业时都被分配到了工厂或农村进行"改造"。潘世元和刘达孝在门头沟煤矿接受劳动"改造"。潘世元是来自上海的秀才，很会独立思考，有着直言不讳的率性，对待同学善言善交，是一位善心厚重的同学；刘达孝是贵州来的高中毕业生，年少英俊，才华横溢，聪慧且耿直。在"劳改"中，两位同学吃尽了苦头。被打成"右派"的李德、吴汝文、于云鹏等同学经历了一生坎坷，尤其于云鹏几次被批判，流离失所以至于乞讨求生、露宿街头，最后捡了一条硬骨头性命。

反右派运动之后，是"三面红旗"（社会主义建设总路线、"大跃进"和人民公社）运动，很多学生都下乡。我是在北京郊区的西黄村，住在一对无儿无女的老人家里。在大炼钢铁高潮中，我眼看着两位老人把家里的铜镜、铜盆以及家里所有的铁器都拿了出来送去炼钢炼铁。回想起来，自己在那个时候无动于衷，没有惋惜过，而是被裹在"大跃进"的巨流洪水中，觉得两位老人响应号召、顾全大局，是"革命"举动。

"三面红旗"运动之后，又有一个"思想改造运动"，要求学生人人检查思想、"向党交心"，以至于公开自己的日记。这个"思想改造"，在实际上，使每个人像剥皮一样把自己剥个精光，检查深刻的则作为典型，被抬出来"现身说法"。哲人追求的"高傲"已经没有了，更谈何"孤芳自赏"和个人清幽？到了这个地步，一代人的"个性"与"人性"已在绝大程度上被摧毁在"改造与被改造""批评与自我批评"之中。1961年毕业时，"十年同窗"带着种种迷惘各走他乡，去经历、去适应。而这大概也是引发我日后对"中庸"话题比较敏感的一个早期原因。

3."教师爷"的岁月

人大哲学系首届本科是五年制。到了20世纪60年代初，学校提前调出了一些学生当教师，被称为青年教师，直到"文化大革命"爆发，这批人仍被称为青年教师。"文化大革命"中，这批青年教师也就成了校园里的一种参与力量，因此，他们更多地体验到了校园里的这场运动。"文化大革命"的"革命大联合"结束后，教师下去参加劳动锻炼。人大教师的大队人马去了江西的鹰潭，分为农耕和建工两个部分。我被分配到建工队，每天敲石头，主要是将打成长方形的石头从坑里抬到地面，这样就锻炼了左肩右臂。去鹰潭的教师有幸躲过了北大、清华两校教师所去的江西的血吸虫病区，躲过了病患的隐匿威胁。

1970年10月，中国人民大学被解散。我被分配去了清华大学共同课教研室，承担全校的马列课程教学任务。共同课教研室分为哲学、历史、经济等教学组，我在哲学组，先在自动化系后在力学系讲授马克思主义哲学。此去清华大学，一去八年。

4. 清华大学的八年岁月

到了清华大学之后，我的家由中国人民大学搬到了清华大学附属中学院内的职工宿舍楼里。此地距离清华大学的中心地带比较偏远，但我对清华附中学生的一些课上课下生活却逐渐熟悉起来。

"四人帮"被打倒之后，清华大学的教师在会上会下表示要"寻找归宿"，并且各种课程如同百花争艳般在清华园里出现，"复课"的气象很快地壮观起来，连我这样的文科教师也去听各种课：听周远清老师的计算机课最投入，那时学会了"二进制"编码；听基础课老师的高等数学课、脑科学课和高能物理课也很上心。当时清华教师发出的"寻找归宿"的呼声也感染到了我。

我曾经感叹，原来在人大哲学系学习时兼顾科学课程的授课安排，让我在清华大学时期喜欢上了理工科的一些课程。回首清华大学时期的所学，竟成了我后来社会心理学（包括传播学）研究的一种准备。也是在那个时候，我想改行研究心理学，由"人性"之问进到研究中国人，其间请教了清华大学心理学家李卓宝[①]教授。我与李教授谈到"文革"中的人是我想不到的，既复杂又无法捉摸，表示想由哲学转向心理学，了解人，研究人。李教授介绍我去拜访北京大学的孟昭兰和姜德珍两位心理学家。我去拜访了两位女教授，她们又告诉我心理学有一些课程现在已经开讲。我又陆续去听王甦和邵郊两位老师的各门心理学课程，并好奇地观看沈政老师的动物实验室，去邵郊老师家里观看他用于观察和实验的各种小鸟"走

---

① 李卓宝（1928—2020年），广东番禺人。1946年考入清华大学心理学系，毕业后留校任教，历任清华大学团委副书记、基础部副主任、教育研究所所长、《清华大学教育研究》杂志主编、校务委员会委员、校学术委员会委员等。

迷宫"。这在实际上为我东渡日本学习社会心理学做了知识准备。

这八年的经历，行行重行行。我在"大批判"和"追查政治谣言"中遭遇了"人性之问"，在日常生活和复课授课中遇到"人性复苏"，有了生活上的真实感和学问上的追寻目标。我对"人性"这个概念和对这个概念的思虑，时起时伏。这八年时间里，我不仅深刻地遭遇了"人性"之问，也与多样生活对僵死思想的"激活"相遇。

二、留学东瀛的日日夜夜

1. 扶桑东渡

1978 年 9 月中国人民大学复校，我也由清华大学回到了中国人民大学哲学系。不久，适逢教育部派遣留学生赴世界各地学习。1982 年 4 月，我东渡扶桑，去了东京大学文学部社会科进修社会心理学兼传播学。

1982 年 4 月，我女儿尚在中学读书，外子在财政部任职，父女俩对于我走出国门深造都给予了极大的、绝无仅有的支持与帮助。入关的那一刻，在我人生路上深深地刻着"亲情难别离"之感。

从 1982 年 4 月 24 日到 1984 年 4 月 24 日，在东京大学进修的两年中，我实实在在地读了两年书。在东京大学，既没有"会议"，也没有"人际纠缠"，一下子感到轻松多了，于是拼命地读书，在"书海"中广泛阅读并兑现了研究中国人的想法。

我的指导教授是辻村明先生。辻村先生是社会学出身的社会心理学家，他热心地介绍我认识了心理学出身的水原泰介先生。两位都是东京大学社会心理学研究室的领衔教授，他们的共存表明了社会心理学具有分属于社会学和心理学的特点。两位指导教授是我在日本直接请教的社会心理学引导者，这在实际上也让我自己对知识有了更多的要求。除了阅读两位教授的著作、在两位教授的课堂上听课外，我还在心理学部大山正先生那里听心理学课并参加一些实验，去新闻研究所冈部庆三等诸位先生那里听传播学的课程。

在东京大学的两年，我自己最早出现的危机感是知识颠倒所带来的冲击和焦虑。在那里，我常常看到一些在国内遭受过"批判"的人物（比如心理学家冯特、社会学家布哈林等）却有着不朽的学术贡献，感到已有的知识在不少方面被颠覆，知识贫乏。到了东京大学，半年内我未去向辻村先生请教。我向辻村先生表示，自己先去看书，先了解日本，有了想法之后再请教先生。我几乎是一头扎进东大图书馆里，常常中午在图书馆吃便餐。东大图书馆旧书多得让人目不暇接，新书则与世界主要国家的新书几乎同步上架。我用了差不多半年的时间读完了岩波书店 20 世纪 50—80 年代的《思想》杂志、哲学和社会学方面的著作，大致清楚了第二次世界大战后日本思想界的理论脉络，其间还阅读了辻村明先生的著作，进而了解了他的知识人道路。

沙莲香（左三）与导师辻村明先生（左四）在中国驻日使馆合影

2. 东京亚洲文化会馆

我在东京的住处是亚洲文化会馆的分馆。亚洲文化会馆位于文京区巢鸭附近的本驹込 2-12-13，分馆是一栋距离本馆只有百米之遥的木制小楼，独为一个小庭院，那是我和在此前后入住的其他留学人员在日本的"家"：楼下有四室，住着在上智大学留学的刘明华、在御茶水女子大学留学的倪玉、先后在爱知大学和东京大学留学的李惠春、在东京大学留学的我；楼上只有一室，住着在东京大学留学的王明娥。我们五人都是早出晚归，奔波在"求学和求知"的留学生活中。

亚洲文化会馆由著名的社会活动家穗积五郎所创设。20 世纪 70 年代末，穗积五郎先生为向日本文部省争取中国留学生的福祉绝食身亡。穗积五郎先生的儿媳穗积晃子是中国人民大学复校后首批来校讲授日语的专家，我在赴日之前就结识了晃子女士和她的丈夫穗积一成先生，以及他们的小女儿瑶子。赴日之后，我住在亚洲文化会馆分馆，晃子女士和她的一家以及亚洲文化会馆的负责人田井先生、小木曾先生、工藤正司先生等对中国来的留学人员十分关心，我们去穗积府上做客是常事，这让我们这些刚刚出国的留学人员感到温暖和亲切。我去日本之后，穗积一成先生和夫人晃子女士带我去东京迪士尼，在迪士尼的感触成了我的一种终身不忘的感受。

穗积五郎先生的夫人穗积文子女士，当时已年近七旬。文子曾留学德国，是一位高贵文雅的钢琴家，她的高贵伴有慈爱和眷顾。我去东京大学进修不久，穗积夫人便来到了分馆。我在 1982 年 5 月 3 日的日记中曾经写道：

> 下午三时许，穗积夫人来分室，带来一盒礼物。稍息之后，穗积夫人带着分室五个人去了"六义圆"公园、"上野"公园，一起拍了许多照片。穗积夫人又为每人购买了不忍池弁天堂的"御守"（护身符）。在游览了"上野"公园之后，穗积夫人带着大家去了"东天红"中华料理，席间共饮"札幌啤酒"。夜幕下，穗积夫人和大家一起回到文化会馆分室，请大家小吃哈密瓜。那真是充满亲情的东京生活，每个人都是兴致勃勃的。

其后，在东京的两年里，对于穗积先生一家，我始终怀着深深的情感和敬意，他们也成了我始终不忘的亲切的友人。

在穗积先生家做客（左一为穗积夫人，左二为沙莲香，
前排为穗积一成，左五为穗积晃子）

穗积一成的叔父穗积七郎先生是位社会活动家，他家也是我们的常去之地。有时候是我一个人去听他"讲故事"，坐在他的对面听他讲述日本社会变迁中的激昂与沉浮。他总是笑眯眯的，却又有着社会活动家的声色言辞和感人魅力。他的夫人穗积万亀子女士总是忙着准备饮食，待人接物谦卑有礼，用深情来温暖我们每个人的心。我深受她的感染，她的谦卑中充满温情，她的温情中又有着稳重和礼节，温柔的语音中渗出和蔼可亲。时间长了，我就会意识到教养是怎么回事。大概可以这样来说，教养是内心的温情脉脉，是行为的节制和沿着节制生成的惯习，教养在潜移默化之中养成。教养很厚重，是看不见的"质量感"而不是轻飘飘的东西。

一段生活种下一生友情。回国之后，每次再去日本讲学，只要可能，我就要去看望穗积一家。至今，我年事已高，那些日子里的一桩桩一幕幕却在心中深深地回荡着，就像昨日发生的一样。祈愿穗积家族。

3. 身浸"中日友好"的氛围之中

去日本之前，我拜访了费孝通先生，费老让我带上他的书信去见日本社会学的元老福武直先生。到日本后，我立即拜访了福武先生，当时在场的有他的学生若林敬子女士，从此若林成了我在日本的终身挚友。福武先生欲将他的藏书赠予费孝通先生当时任职的中国社会科学院社会学研究所，我往返于福武先生与中国驻日使馆文化参赞之间，最终使得福武先生的赠书愿望得以实现，中国社会科学院社会学研究所为此专门设立了"福武直文库"以为纪念，这是中日两国老一代社会学家的学术胸怀。在日期间，福武先生经常叫上若林敬子和我一起就餐，向我介绍日本在第二次世界大战后的变化和日中社会学的情况，使我受益极多。

南博先生是我进入社会心理学的另一位引导者。南先生是第二次世界大战后从美国回到日本开创日本社会心理学的第一人；南先生的夫人、著名演员东惠美子是日本青年剧座的首席演员、日本文化大奖获得者。南先生和夫人没有子女，但却有着深厚的爱心与童心。他们家的一角像童话世界，玩具堆积成了一座座小山岗，有着学者和艺人共有的审美意识和审美生活。我常常去南先生的心理学研究所阅读，后来，南先生给了我一个绰号"书虫"（书呆子）。当他知道我研究中国人的时候，很快就把一本由东亚同文书院印制的日文版《中国人的精神结构研究》复印并精装之后送我，那本书汇集了西方人对中国人一百多年来的研究文献，后来成为我和学生编写《中国民族性（一）》的重要资料来源。南先生喜欢中国，多次赴华并和中国学生交流，堪称中国人民大学社会心理学研究生的尊师。

1987 年，南博、东惠美子夫妇（前排左一、左二）在沙莲香家中
（后排从左至右依次为于硕、郑为德、袁方、唐顺益、许风海）

　　在东京大学期间结识东京女子大学著名教授阿部幸夫先生，是我今世的大幸。他是夏衍研究专家，一位极有文采和审美意趣的学者。在东京大学期间，我爱逛街，尤爱逛书店。从东京大学后门去神田书店街，要经过一个名叫"不忍池"的地方，在"不忍池"的边角地带，常常可以看到"浪人"即流浪者在那里结伴饮酒，自由自在。走过"不忍池"和上野一条街就可以到达神田书店街。一次，我从东京大学前往神田书店街，在书店选书时，被阿部幸夫先生看见。阿部先生看到我买书，回去便送了我许多有关女性和国民性研究的书，我高兴极了。阿部先生是中国的常客，常来中国，他来北京必来人大和我家。他能说一口流利的汉语，同样也是人大社会心理学研究生的尊师。阿部先生喜欢和学生谈天说地，笑声朗朗。一次他和 1986 级、1987 级研究生一起去圆明园野游并午餐。时至今日，当时的场景仍然历历在目，难以忘却，我一直深深地怀念并感激阿部幸夫先生。

　　去日本留学前，我结识了和我一起学习日语的杨中强女士，她比我早些时候去了东京，我去东京之后在她的引荐下认识了日中学院的创始人片冈公正先生。片冈先生会中文又乐于助人，几次见面，我和中强都听他谈笑风生地讲述日本的"天南海北"。我先于杨中强回国，片冈先生送了我满满一大箱各式各样的大小开本的工具书，我一直保存至今。先生的风貌依旧在我的心里。

4. 广阔的友谊天地

东京大学开启了我封闭多年的求知之路，从此有了与许多日本朋友的学术交流和友好往来。自首次访问日本后的十来年里，我又多次去过日本，有时是合作研究，有时是被邀任教。在日本留学或访问期间，我曾几次和日本朋友共同旅行，共赏山山水水，共享北国风光与温泉，这些都是我人生路途中的生命之重之美。

比如，在东京的一桥大学担任客座教授时，我结识了山本武利先生、阿部幸夫先生、太田喜晟先生、今野健一先生、吉田民人先生、古岛和雄先生及其夫人古岛琴子女士、荒川孝先生、小林泰先生、小松贞子女士、西真平先生及其夫人西富喜子女士；而在关西学院大学担任客座教授时，我结识了万成博先生、远滕葱一先生、津金泽聪广先生、川久保美智子女士、真锅一史先生、鸟越皓之先生、船本弘毅先生、泽谷敏行先生、春木绅辅先生。在关西学院大学任客座教授时，我的办公室恰在川久保美智子研究室的对面，我得到了她诸多无微不至的关照，我们还成了贴心的朋友。川久保美智子曾在美国留学并取得社会学博士学位，但却十分喜欢中国饭菜，尤其喜欢吃饺子。我在关西学院大学独居一座木制两层小楼时，常常请她过来共餐，终成无话不谈的好朋友。回国后，我邀请她"北京行"，她高兴极了。再有，在日本东北大学担任客座教授时，我在仙台地区结识了杉山晃一先生、山田俊先生及其夫人山田里香女士、中岛隆藏先生。

除了学术交往，尚有朋友间的来来往往。比如，成蹊大学法学部宇野重昭教授，一桥大学社会学三谷孝教授，日本社会心理学会理事长、圣心女子大学岛田一男教授，神户女子大学塩原勉先生及其夫人塩原洋子女士、长野县岗谷市的社会活动家萨摩正先生一家、林裕藏先生一家，还有仙台市小牛町日中友好协会会长涩谷政一夫妇、友好人士尾形夫妇，以及NHK综合放送文化研究所主任研究员藤竹晓先生、一桥大学岩崎允胤先生、神户大学扑木佳绪留女士、武藏野女子大学古谷妙子女士、东京女子大学柳洋子女士、东京女子大学伊藤虎丸先生、会社社长宇佐美昭三先生、社会活动家网野仲子和网野幸子两位女士、取手市冈田丰先生、北海道大门玉泉女士等等，都是我在求知路上不期而遇且融入了我的学术生命的重要助力。他们的坦诚相助，筑成了我们至今不渝的交流通道和长久友谊。

除了学术交往和一般朋友间的往来，我还记得 1982 年的 10 月 24 日，为庆祝中日友好十周年，日本已故前首相大平正芳的夫人邀约园田夫人、小川夫人、芳诚司夫人，邀请在日本的部分中国留学生参加恳谈会，并在大平府上共进午餐，餐后观赏大平宅邸花园。那是我走出国门后首次领略和式庭院、和式餐点与和式建筑之美，这因此成为吾辈不只是感动更是终生难忘的记忆，成为吾辈那一代留学人员日后架起中日友好桥梁的一种民间力量。

我想，人生其实由诸多偶然事件筑成，充满了偶然性。每次的"偶然"，皆显生命之重，上记求知路上的诸多不期而遇是这样的，在受到特别邀请参加重要的纪念活动时也是这样的。这种"偶然"显现的生存之重，或许更为触景生情。

三、对中国民族性的不懈探索

1. 延续 30 多年的研究历程

我对中国民族性研究的兴趣与关注，始于 20 世纪 80 年代初。这种学术关切，和"文革"结束后的反思有关，也和我在日本的留学与讲学经历分不开。"文革"结束后，人们如噩梦初醒，回首十年间的动荡体验，在痛定思痛之后，更有一种强烈的探讨中国人问题的欲望。在日本的学习和观察，让我能从对比的角度来思考中国文化和中国民族性，也让我有了更加丰富的理论和方法积累。可以说，30 多年来，对人的关切、对中国现代化之人格力量的探寻，一直贯穿我的学术历程。

我 1984 年回国。1985 年 7 月，刘炎老师、吴廷嘉、凌力和我开了第一次中国人研究小组会，那时候规模很小。1986 年 3 月，我们向国家教委申报了"中国人民族性格与中国社会改革"课题，10 月被推荐为国家社会科学基金"七五"重点研究项目。1987 年开始，我招收社会学专业社会心理学方向研究生，在研究取向上，由社会心理学逐步转向中国民族性研究。这个研究取向的定型，是一个由理论思考转变为社会调查的过程，依托国家社科基金项目和政府委托项目开展的社会调查和对调查数据进行的解读与思考，延续了很多年，扩展到了多个相关领域。其间，我所指导的硕士和博士研究生们是主力。可以说，执行并完成我所承担的研究项目，得助于学生和部分教师的参与。在编辑《中国民族性》第一卷时，时为人大社会心理学教师的于硕跑遍了北京主要的图书馆收集并复印资料，是我研究中国民族性的第一位功臣。在关于民族性的社会调查活动中，我得助于许风海、袁方、唐顺益、彭泗清和罗新，以及时为留学生的三乔秀彦。在成书的过程中，两位具有理工科背景的学生彭泗清和苗少波直接参与写作；在与廖菲分别承担的公共文明项目研究中，实地观察由廖菲完成，问卷调查则由我负责；在确定或修订问卷内容之后，从问卷调查到数据统计整理是由历届学生（从姜磊、丁建略到梁昕、祖霞、曹丽和周秀平）执行并完成的。在尚无台式计算机的 20 世纪 80 年代初，是统计专业的操鸣蝉（现在中央党校任教）用计算器完成了中国民族性社会调查统计，后来由现在加拿大进修的刘颖及中国人民大学李海龙完成了社会调查统计处理。研究生们都已经成材，站在学问的顶端勤奋工作着。中国民族性研究凝聚了师生合作，这个合作一直是我学术道路上深切的推动力量和人生之美。

中国民族性是厚重的，根植于延绵几千年的中国文化之中，有大量的历史文献需要梳理；同时，中国民族性又是鲜活的，表现在千千万万普通中国人的观念与行为之中，需要通过大量的实地观察和调研分析来发现其时代特征与变迁轨迹。课题研究有两个相互衔接的"出发点"：一方面从历史上有关中国人研究的资料出发，沿着历史线索思考、设计和构思课题；另一方面从现实生活中的当代中国人出发，通过调查，得到大量实证材料，再从历史文化中去寻求解释。这两个出发点分别对应构成课题的相辅相成的两个部分，即"历史镜子"和"现实心像"。

因此，在着手进行中国民族性研究时，我们就在两个方面下功夫，一方面搜集整理相关书籍文献，另一方面进行社会调查，之后，形成《中国民族性》这个三卷本。《中国民族性》第一卷是资料汇编，1989 年首次出版，是对 150 年间中外"中国人像"的勾勒；《中国民族性》第二卷和《中国民族性》第三卷分别于 1990 年和 2012 年出版，都是以社会调查为基础的分析探讨。除此之外，我还和研究团队一起写作出版了《外国人看中国人 100 年》（1999）、《中国人百年》（2001）、《中国人素质研究》

（2001）、《中国社会心理分析》（2004）等著作。

在围绕中国民族性进行的社会调查中，我们既有注重样本代表性的抽样问卷调查，也有深入老百姓生活的人类学范式的深度观察（如大连碧海山庄调查、河南镇平调查、河北满城县龙居村调查等）；既有纯学术导向的调查研究，也有面向特定社会问题的专题调研（如北京市民公共文明行为跟踪调查），还有针对特定群体的参与观察（如参与1995年在怀柔举行的世界妇女大会和妇女论坛）。这些调研活动收集、积累了丰富的资料，为中国民族性及其变迁的研究提供了坚实的实证基础。同时，调研也给了我和同事及学生们与不同社会群体交流互动的机会，有时还是参与社会事务、服务社会的机会，让我们充分感知了鲜活丰富的真实世界，也在一定程度上履行了学者的社会责任，比如我们在龙居村就做了不少扶贫救困的工作。

1991年在河南镇平带领学生调查

2. 中国民族性研究的基本思路

中国是一个历史悠久、疆域辽阔、民族众多的国家，而且在最近100多年中经历了并正在经历着巨大的社会变迁。在这样的背景下，要系统地、科学地研究中国民族性，无疑面临很多挑战。一些论者抓住中国社会中某时某地某个群体的行为片段，以此为依据来大谈中国民族性，虽然有鼻子有眼，却如同盲人摸象，无法成为科学的论点。在开启中国民族性研究课题之后，我和我的研究团队不仅需要梳理大量的历史文献，进行深入的社会调查，更要确定研究的立足点和基本范式。在《中国民族性》第二卷的开篇，我们就明确了研究的立足点："从文化开始研究民族性格是课题研究的基点。"可以说，这本以实证研究为基础的起步之作，整体上继承了文化与人格研究的范式。书中采纳了本尼迪克特、林顿、马林诺夫斯基等人关于文化整体性的基本见解，认为文化就是人们在长期的社会生活中凝聚而成的生活方式之总体，整体性是其基本特点，而凝聚在一代代人身上的生活方式之总和，就成了民族性格。① 这样，我们就从文化与民族性格的一致性关系中找到了民族性格存在的根据，表明中国人特有的民族性格是中国文化积淀的结果。

在研究中，我们意识到民族性格是一个由多种要素和多种层次组成的整体，因此，从整体上了解和理解中国人是研究中国民族性的一个重要支点。

只有运用整体的观点，才能把中国人的优点和缺点、现象和本质、过去和现在统一起来，才有可能理解中国人的心态，才有可能找到中华民族区别于其他民族的性格特点，也才有可能为有关中国民族性的各种各样甚至相互矛盾的观点找到一个统一的解释。从整体性的视角出发，我们就不会停留在某个人的行为片段或某群人行为的某个方面，而是去洞察、把握行为碎片之间的关系，分析行为的结构和逻辑，只有这样，我们才能理解看似相互矛盾的行为单元背后的一致性，才能把握五花八门、丰富多彩的多元行为底层的共同性。

《中国民族性》第二卷没有回避民族性格具有多种要素、多种层次的特点，没有采取只取一端、不及其他的片面做法，而是通过对民族性格结构双重性的分析来揭示各要素、各层面的基本内容。

其实，《中国民族性》第二卷的重点不是揭示民族性格的构成要素及其关系，而是剖析民族性格的结构特点，全书始终以性格结构分析为主线，围绕性格结构的双重性来设计问卷，建立反差概念来对中国人的精神结构做深层分析。

在我看来，对性格的结构分析比要素分析更加根本，也更加能够把握民族性的特点。不同民族的民族性可以有某些相同或相近的构成要素，却

---

① 巴尔诺. 人格：文化的积淀. 沈阳：辽宁人民出版社，1989：118.

不会有一致的性格结构。以仁爱为例，仁爱作为一种人类精神，不仅中国人有，其他民族也有。中国人之所以为中国人，重要的不在于有多少仁爱精神，而在于仁爱精神的核心地位和仁爱精神的表现方式以及以仁爱为核心的各种性格要素的构成方式，正是这个"方式"才是中国人区别于他国人的内部根据。

我认为，中国人性格结构的特点可概括为双重人格特质的圆满结合，在课题调查结果中表现为心理反差及反差的趋中性即匀称性。民族性格的双重性，可以理解为构成民族性格的各种人格特质之间的相互排斥、相互反对又相互融合、相互补充的关系。中国人民族性格的双重性，主要表现为理想人格与实际人格、自己人格与他人人格之间的明显差异、对立、排斥和均衡、调和、弥补。在《中国民族性》第二卷中，我用反差概念来反映这种关系，书中涉及的人格反差主要有理想-实际反差、自-他反差、正反差、逆反差、极反差、趋中性反差等。借助辩证的反差观，我们就可以理解民族性格和社会心理中相互矛盾的各因素之间的统一性。如果说人格选择中的理想-实际反差、自-他反差表达了人格双重性的内容，那么正反差、逆反差、趋中性反差等则反映了人格双重性的特点，正是这些特点揭示了中国民族性格深层结构的内容。

从整体的、结构的视角来分析中国民族性，并不等于说民族性格是固定不变的。在研究民族性课题时，我很明确：文化积淀是民族性格形成和改造的重要因素，但不是唯一的和决定的因素，民族性格归根结底取决于决定文化发展的生产力水平和整个社会经济、政治、法律制度，因此，民族性格具有动态特征。在《中国民族性》第二卷中，我们不仅通过文化分析来揭示民族性格的深层成因和广阔背景，而且通过"文革"前、"文革"中、改革开放后的人格特点比较来反映民族性格变化发展的社会历史过程。

在课题研究中，我也特别关注对未来文化或民族性发展模式的探讨。要处理好现代化与传统之间的关系，关键在于找到一个良好的"连接点"，找出同现代化有亲和力的因素，以便使我国传统和民族性格同现代化较好地连接起来。这种有亲和力的因素包括现代科学技术和法治、民主。借助亲和力和连接点的概念，我们可以超越那种对传统简单地予以肯定或否定的思维模式，探索传统和民族性的传承与创新的途径。

3. 中国民族性变迁与公民素质提升

我的民族性研究缘起于对人性和社会问题的关注，因此，课题研究不可能仅停留在对于民族性的洞察和阐释，更希望能够探索改造、提升民族性的途径。

《中国民族性》第二卷完稿之后，我就考虑写第三卷。2005 年，中国人民大学出版社策划编辑潘宇建议我写《中国民族性》第三卷，我开始还是想大家一起来写，但又觉得思路衔接不上。因为我们的问题很多，当时也并不是很明确到底怎么写，所以迟迟没动手。一直到 2008 年，我才感觉到我们的民族有一种力量在支撑，可以期待，这就是汶川地震后志愿者的出现。当时大家都经历过这个过程：整天在那里看电视，一边看一边哭，很感动，也很揪心。因为以前的唐山、邢台地震没有这么直播过，我特别注意了我写出来的那个江西的救援队队长说的那段话。紧接着是北京奥运会的大批志愿者，让我感觉到我们这个民族有很多潜在力量。

在《外国人看中国人 100 年》《中国人百年》《中国人素质研究》和《中国社会心理分析》这几本书里，有两个想法很明确：第一个是写群体，第二个是希望写正面的。我先讲为什么强调写正面的。虽然我潜意识里面认为中国民族性的问题不少，但是我有一个愿望就是希望我们这个多灾多难的国家能好一点，想通过这几本书告诉人们我们现在还有力量。《中国人百年》的核心是"人格力量何在"，《中国社会心理分析》的副标题是"献给创造'25 年中国'的人们"。对于中国社会的发展，人们付出了很多辛苦和代价，实际上是劳动者、知识分子及国际援助力量共同创造的结果。当然，从正面看这些问题并不是说没有问题。之所以讲正面性，我甚至还有一种潜在的想法在里面，那是因为这几次参与写书者都是我的学生辈，大家又都是做老师的，还是应该从正面的、积极的角度来思考问题。另外，我们这几本书都写群体，原因之一在于我们搞社会学专业，是从社会心理学的思考角度，考察问题的单位是群体而不是个人。从中国的现实生活来看，真正能够起作用的是群体力量，个人往往是无能为力的。

在关注群体的同时，我觉得不应该忽视个人。从中国文化的基点来看，它还是讲个人的。儒家文化讲的修养是个性修养，它先是个性的、内部的修养，然后才是齐家、治国、平天下。齐家强调的就是个性，是家里成员内在的修养，有了这个基点，然后才能治国、平天下。这个逻辑是对的。

我有时候在想，为什么我们不主张个人发展？过去我们一直认为个人主义是反集体主义的，我们是一个集体主义国家。可是，在实际上我们需要有个人的发展，我们过去的那个集体主义是空的，离开了个人的修养，集体主义是没有修养的集体主义。谈到如何培育、提升民族性的问题，就我现在的感觉来说，问题的核心是我们的包括农民、工人等所有人群在内的民众，还缺少成熟的个性。因此，要改造和提升民族性，必须重视真实的人性，重视个性的发展。

在写作《中国民族性》第三卷时，我的立意与以往不同：其一是我写的是个体，以鲜活的个案来呈现中国社会的变化。其二是我写的是反思与批判，这本书我放开来写，写我自己的想法和担忧。书中对这些个案的解释，我留有了很大的空间，不是按照通常人们的看法，甚至有时候是违背了一些舆论的看法。在解读现实生活的时候，我们常常要有反过来看的意识。

我们的民族性变迁是充满泪水和困苦的，是有很多牺牲的。我这个人比较重视人性、人文关怀这些东西，我好像一直是这样子。我这个人好像原本就挺窝囊、挺柔弱的，内心总是充满忧愁，看到很贫困的人我很同情，这种情绪很容易就产生了。写完民族性变迁以后，我为我们的民族担心：我们的民族还能不能在根性上维持着？能不能保持我们温和的、内养的、含蓄的民族根性？

对民族性的自我认知需要群众层面的参与，更需要精英的带动。我寄希望于年青一代，希望他们有更强的志愿精神、更多的人文关怀、更好的个性发展。

在这样的背景下，借 2008 年北京举办奥运会的契机，为了提高北京市民对公共文明行为的自我约束能力，我们承担了北京市文明办委托的调查课题"北京市民公共行为文明指数"。这项研究采取问卷调查和实地观察两种形式，从 2005 年起，每年调查一次，一直到 2019 年，前后持续了 15 年。

公共文明伴随现代社会生活的发展与需要而出现，公共文明的建设需要关注"公共领域"。在对"公共领域"的研究中，汉娜·阿伦特使用"公共性"和"公开性"作为"公共领域"的基本特质，用以规定公共行为的空间特征。"公共性"和"公开性"是对公共领域特征的不同表述。"公共性"规定行为空间在个人之间既相区别又"共同拥有"，维系"公共性"的是心理纽带，它在人与人的相互体验、相互照应之中得到体现。"公共性"在本质上是公共领域的精神品质。而"公开性"表示人的"在场"而不被忽视、不被遗忘、不被歧视，它对于在场的每个人而言是可感受的，可以共觉、共鸣和共享。"公开性"表示公共领域充满多姿态、多心声和多表达，充满意愿、期望和要求的表象世界。公众对公共生活的"意志表达"和对公共生活的"志愿参与"是公共领域完善和健康的重要主体条件。

课题中的"公共文明"，涉及公共空间和出现在公共空间的人群。"公共文明"是人类文明的一种形态，它既具有"文明"的性格，又是文明在公共领域的具体形态，具有"公共"的性格，是公共生活中"有礼貌""有教养"的表现和态度。在"公共"性格这一点上，它类似于桑内特话语中的"公共人"①，只是这种"公共人"在中国改革开放期间尚不"成熟"，尚未形成一种"公众"的性格与力量。

跟踪研究结果显示，被调查者对包括在京居住两年以上外地务工者在内的北京市民之公共行为文明给予的评价指数逐年提升，尤其 2008 年奥运会和 2009 年新中国成立 60 周年这两个重要时期内的评价指数都高达 82 分。这表明人们在非常时限里形成的"心目中的北京人"样式，有其情境附加的社会效果和心理效果。"2008 年奥运会""2009 年国庆"的北京环境，较此前三年要壮观、漂亮得多，情境改变了行为品质，这是公共文明创建中不可缺少的情境制造和情境社会化。②

北京市民公共文明行为研究表明，市民对公共空间的"共有与分享"是一种自觉遵循的公共意识和公共力量，协同的关照他人和人际互动是推动文明程度提升的人文基础，市民对公共参与的认同，展现了一种开放又认真的"现代风貌"。

四、我的社会心理学研究与社会心理观

1. 参与中国社会心理学的重建

1984 年，我从日本回国后，转到中国人民大学社会学系工作，以社

---

① 桑内特. 公共人的衰落. 上海：上海译文出版社，2008.
② 沙莲香."北京市民公共行为"的理论核心和研究思路. 北京社会科学，2010（4）.

会心理学作为自己主要的专业研究方向。当时，正是中国社会心理学在新的历史条件下恢复、发展的开创期①，我积极参与其中。我在人大开设了"社会心理学"课程，编写了《社会心理学》教材，还在《中国社会科学》上发表论文，讨论社会心理学的理论基础和总体框架。我的这些著述得到了广泛的关注，钱学森先生专门写信谈了他对论文的看法，并对社会心理学研究提出了很重要的建议②。

中国社会心理学会在1982年成立，自此以后，全国的社会心理学学术共同体开始逐步形成，学术交流活动也多了起来。在学术活动中，我逐步认识了多位社会心理学的杰出学者。1990年，中国社会心理学会在南开大学召开了学术研讨会，我与南开大学社会学系孔令智教授和华东师范大学心理学系时蓉华③教授相遇，心生莫大的欢喜；尤其是见到孔令智教授后，我有一种冥冥之感，从那次起就多了一些联系。1994年中国社会心理学会学术研讨会在呼和浩特召开，我当时和孔老师住在一个套间，里里外外，无数次地走过同一个小门、同一条过道，经常隔着这扇小门对话。记得一次我们俩聊天，聊到她的家庭，她说到她的先生（一位医术高明的医生）爱"忘事"，每每购物时总会丢点东西，一次排队买早点油条，竟然把用于装油条的小篮子丢在卖油条的地方，空手托着油条回家。我听着听着，感觉到孔老师的家庭生活充满乐趣。孔老师被誉为"大美女"，她的旗袍各色各调，她告诉我说，她的旗袍原材料大多是购自地摊上的布料，旗袍是自己设计、自己制作的。此外，孔老师喜欢吃零食，她说外出看到马路边卖吃的，她甚至可以站在马路边吃。我真真地感到，她的生活十分丰满又带有戏剧般的色调。她晚年耳聋，每次往她天津的家里打电

---

① 1979年3月15日在北京召开了社会学座谈会，胡乔木代表中共中央为社会学正名，开始了社会学的恢复与重建。此后，一些学者开始推动命运相同的社会心理学的恢复与重建，1982年4月成立了"中国社会心理学研究会"，后更名为"中国社会心理学会"。参见：王康．社会学与社会心理学．中南民族学院学报（社会科学版），1986（2）.

② 1986年，沙莲香发表《论社会心理学的理论基础和总体框架》（《中国社会科学》，1986年第5期），钱学森教授随即给沙莲香发公开信，讨论相关的社会心理学问题。参见：钱学森．钱学森给沙莲香的信．中国社会科学，1987（1）.

③ 时蓉华，1928年生，江苏苏州人。华东师范大学心理学系教授，著有《社会心理学》，曾任中国社会心理学会副会长、上海市社会心理学学会会长。

话，我都放大音量与她对话，她还是听得费力，我心中有点可怜孔老师。

中国社会心理学会首任会长为中国社会科学院哲学研究所研究员陈元晖先生，陈老连任两届会长至 1990 年；1990—1995 年第三届理事会和 1995—2001 年第四届理事会，会长为北京大学心理学系沈德灿教授，这两届的学会秘书长是中国社会科学院社会学所李庆善研究员。李庆善先生是山东人，性格直率，热心和善，不少学人与李老师关系紧密无间，这是我一位留恋不舍的朋友。李老师对中国社会心理学做出的巨大贡献，是任何人都无法比拟的。我和李老师的交往更多的是在生活领域。他晚年患有肺肿病，这与他吸烟太多是有关系的，那个时候任何医治都几乎无效，任何帮助都显得苍白。我为李老师的不幸，深深地惋惜。

1991 年相聚在中国人民大学林园 7 栋 44 号沙宅
（自左至右依次为袁方、彭泗清、李庆善、周晓虹、李国庆）

在中国社会心理学的发展过程中，大陆和港澳台社会心理学者之间的交流合作起到了重要的作用。其中特别值得提及的是 20 世纪 90 年代开启的"国际华人心理学家学术研讨会"：首届研讨会于 1995 年由台湾大学心理学系在台湾举办；第二届于 1997 年由香港中文大学心理学系在香港举办；第三届则于 1999 年由中国科学院心理学研究所与中国心理学会联袂在北京举办。此后研讨会每两年举办一届，已经延续了很多年。台港学者倡导的"本土心理学研究"是文化自觉的表现，在中国心理学发展史上，尤其是在社会心理学的发展中，写下了重要的一笔。我还记得 1995 年在台湾大学参加会议时，我和时蓉华、孔令智教授住在台湾大学附近的一幢小楼里，经历了同欢共享的难忘时光。

　　随着海峡两岸交往的密切，我和不少台湾学者有了比较深入的学术交流。其中，杨国枢先生是我特别敬重的学者，他是社会心理学研究本土化的开山鼻祖，是中国人研究的拓荒者，他的学术研究具有感召力。中国人民大学社会学系曾经邀请杨国枢先生来讲学。很可惜的是，杨先生已于2018年7月17日凌晨逝世，让人悲痛不已。

　　除了国际华人心理学家学术研讨会，我还先后到台湾参加过几个很有意义的学术会议。1999年5月，法鼓山圣严法师召开了海峡两岸"人的素质研讨会"，邀请大陆被誉为"国宝"的季羡林和任继愈先生参会，随行的有人大哲学系李德顺教授、中国社会科学院哲学研究所汝信研究员、人大哲学系葛晨虹教授等学人。那是一次隆重且热烈的学术交流活动，会上会下，有交谈有活动，尤被感念的是大会当日圣严法师在法鼓寺的演讲。圣严法师介绍了法鼓山的由来和法鼓精神，提倡"心灵环保"，注重心灵环境的纯净与安定。

1991年，杨国枢、黄光国教授在中国人民大学社会学系讲学

　　世新大学的创建人成舍我是著名的经济学家和社会活动家成思危的父亲，世新大学为纪念这位创校校长建立了成舍我纪念馆。2007年5月世新大学校庆，世新大学社会心理学系邀请中国人民大学社会心理学研究所成员出席。那是人大社会心理学在读硕博研究生的一次集体行动和深入学习经历。另外，2015年5月，台湾辅仁大学举办了华人应用心理学大会，夏林清教授主持会议始终。我和中国人民大学的多位师生参加了会议，也因此与夏林清教授建立了密切的交流与合作关系。

　　一个学科的建设，不是靠宏大的规划、大量的经费投入就可以完成的，必须有学术共同体，有一群真正做学问的学者，有学者之间自由、坦诚、深入的交流。社会心理学作为一门学科，有国界却无边际，它必须研究本国土生土长的人群，又必须尊重在他国生长出来的社会心理与行为特点。如今，社会心理学的研究队伍越来越壮大，这个学科要持续健康地发展，还是需要开放的、良好的学术生态。

　　2. 人的本质与社会心理

　　在前述《中国社会科学》发表的那篇论文中，我首先讨论了指导社会心理学所有理论观点的根本理论（或理论核心）是什么。社会心理学是研究社会心理现象的基本过程及其产生条件和发展规律的科学，社会心理学对社会心理现象规律性的认识与把握是同对人的本质的认识与把握分不开的。从这个意义上也可以说，社会心理学是一门关于人的学问，关于人的理论构成了社会心理学的根本理论或理论核心。西方社会心理学的各个学派都在研究人，但由于对人的本质的理解不同，因而他们所提出的社会心理学理论也存在着各执一端的弊病。

　　西方社会心理学各流派的弊端，说明了从理论上正确解决人的本质问题对社会心理学发展的极端重要性。在我们看来，社会心理是人们在社会生活中自发产生并相互影响的心理反应。它不是个体心理的简单相加，而是人的所有社会关系综合起作用的结果。因此，社会关系性是社会心理的最根本之点。人与人的关系归根结底是由其生活于其中的社会生活条件决定的，社会心理学的任务就是要通过对在一定历史条件下形成的社会心理现象的研究，揭示其中的规律性，而不只是把各种心理现象罗列在一起，简单做现象上的说明。在社会心理现象中，只有那些平稳的、沿一定趋势活动的心理过程才体现社会心理的本质。抓到社会心理现象的本质，才能使人们自己认识自己和改善自己，发挥和发展自己的潜在力量。

　　总之，社会心理学是一门关于人的本质和人的发展的学问，关于人的理论也就成了社会心理学所有理论观点的理论基础。马克思对于人的本质问题有着极为深刻与精辟的论述，这些论述构成了中国社会心理学的理论基础。

　　生物工程技术、电子计算机技术以及多种多样的大众传播媒体的发展，都会在很大程度上丰富人与物的关系，会促进人的潜在力量的发挥和发展，会有助于人类社会进步。相应地，科技与人类沟通方式的变化也会给社会心理学研究提供更新更丰富的资料，促进社会心理学学科的发展。

此外，对于从事社会心理学研究的年轻学者，我建议他们在掌握各种基础理论和方法的同时，要重视学习研究中国的历史与文化，因为社会心理作为一种社会现象并不是孤立于社会生活和人文关怀而存在的。

3. 社会心理学的总体框架

在 1986 年发表的那篇论文中，我提出了社会心理学的总体框架。总的来说，我比较强调社会文化环境影响下的社会心理形态和社会心理过程。

从社会生活空间结构看社会心理，可以把社会心理形态划分为若干层次。首先是社会个体层次上的社会心理，在这个层次上，社会心理表现为社会认知、社会动机、社会情感和社会态度。这几种社会心理形态本是作为社会个体的内在过程出现的，但是，社会心理不仅表现为内在过程，还表现为各种外在形态，从而在社会生活中相互影响，形成一种社会风气，化为一股社会力量。这是社会心理的双重性特点。其次，社会心理的外在形态同社会生活空间的规模、性质等相联系，表现为各种群体层次上的社会心理，如家族心理、职业心理、广大范围的大众文化生活中的群体心理等。社会心理形态的层次性表明社会心理的有序性，社会心理的规律性即存在于在所有条件下形成的社会心理总体中。社会心理的层次性、有序性以及它的规律性，是同社会心理各种形态的内容和特点密切相关的。每种独具特点的社会心理形态都合乎逻辑地同另一种社会心理形态相联系。正是从这种内在的逻辑联系中，可以勾勒出如下社会心理学学科体系的总体框架。

（1）社会认知。它包括社会知觉、社会印象、社会判断三个互有影响的认知阶段。社会认知是整个社会心理活动的契机，是连接主体同客体、主体内部同外部的最早心理过程。由于认知主体之间有着共同的文化环境和共同的思考方式，因此，社会认知包括社会个体水平上的认知和社会集合体水平上的认知。对于一个民族而言，这种共同认知是民族意识的重要内容。例如，民族感情＋国魂意识、人情＋面子意识、义气＋伙伴意识、好奇＋时髦意识等构成了我们民族意识的组成部分。它们是通过历史遗传积淀于民族性格之中并有意无意起作用的心理力量。社会认知研究当然也应该包括对民族意识的研究。

（2）社会动机。它是社会行为背后的动因，是引起社会行为的内在动力。社会动机是欲求和目标的统一。社会动机是推动人的社会行为的内在动力，而隐藏在这种动力背后的活动以及活动中人与人的关系才是推动人们行为的根本力量。这就是说，社会动机的本质存在于动机者置身于其中的社会活动及由活动所"对象化"了的人与人的关系之中。因此，社会动机实质上是对人与人的关系的一种处理，是在利己与利他之间进行不同选择。

（3）社会态度。它是人们对特定社会客体较一贯、较固定的反应倾向。社会态度是个综合性的心理过程，由社会认知、社会情感、社会动机几个成分构成。社会态度不仅是社会个体水平上的概念，是社会个体的反应倾向，同时又是集合体或社会水平上的概念。社会大多数成员接受相同的文化模式的影响，因此，大多数成员有共同的态度表现，可以称之为文化态度。

（4）群体心理。一个人一生下来就为社会所驯化或教化，个人在社会化中渐渐成为社会人，逐步人格化，即逐渐具备独有的较稳定的思考方式和行为方式，人格是这样一些方式的总和。群体分为有组织体和无组织体，前者可以称为集团，后者可以叫大众。集团心理和大众心理也是社会心理学瞩目的重要研究课题。

随着研究和教学的不断深入，加之对社会心理学及相关学科研究新成果的吸收、消化和转化，我对社会心理学的总体框架的构想也有所进化。这种进化在我主编的《社会心理学（第四版）》中有所体现：一方面，增加了经济心理、宗教心理、性别社会心理、人格培育、心理健康等内容，力求与社会生活的实际有更好的契合；另一方面，在阐释社会心理学基本原理的基础上，加强了对中国人心理生活需要的分析，试图揭示中国人的心理与行为特点。这样的安排还有一个目的，即让社会心理学的学习者不仅仅"明理"，更能够学以致用，有效地认知和提升其心理品质，进而改善社会的或公共的行为习性。

第三编

探索与发现

充满人文情怀的学问之旅

——《中国民族性（一）》再读有感

文 ｜ 刘军奎

《中国民族性（一）》成书于 20 世纪 80 年代末期，是沙莲香教授中国民族性研究"三部曲"中最早的一部，距今已有 30 余年。该书的副标题是"一百五十年中外'中国人像'"，按照沙老师的说法，就是想通过"我看我""人看我"，搞清楚中国人身上有怎样的特点，中华民族到底是个什么样的民族。在中国人民大学读博的 4 年里，因为各种学业任务，我对老师的《中国民族性》系列著述读得不够用心、不够深入，甚至很肤浅，如今回想，深感愧疚。沙老师去世后，我曾多次捧书再读，虽然未能通读、细读，但每次都有别样的感受和体会。关于《中国民族性（一）》，我想结合自己的阅读及与沙老师在 4 年时间里的交流往来和感受，谈谈沙老师中国民族性研究的缘起、过程与反思，准确与否且置他论，主要是表达对老师的追思与怀念。

研究缘起：对国家和人民持有的深厚情怀

沙老师是 1936 年生人，她是亲眼见证、亲身经历了 20 世纪六七十年代中国社会风云变幻的一代知识分子，对"文化大革命"期间的动荡体验及人们的所作所为有很深的感触。因此，改革开放后不久，她心怀为理解"过往"而解读人性的初始愿望，转向了对社会心理学的学习探索，目的就是解开积压在心底的困惑：中国人为什么在"文革"期间表现得那么疯狂和匪夷所思？中国人的性格特质究竟怎样？到底该如何理解中国人的行为及其背后的文化心理根由？对这些困惑的思索，便成为沙老师中国民族性研究的起端。

20 世纪 80 年代初，在改革开放新风吹拂的崭新环境背景下，怀着解开内心困惑的愿望，沙老师选择去日本东京大学研修社会心理学。这次研修深造给她提供了另一种研究中国人的视角和契机，即"他者"视角和"我看人看我"。所谓"他者"视角，就是在与不同国籍、不同背景的学者的交流过程中，沙老师在置身异国他乡的情境下，能够更平静、更理性地回顾自身在国内的见闻与经历，形成带有"他者"视野的思考结论。所谓"我看人看我"，就是听取国外学者有关中国社会、中国人的评价和讨论，特别是回应他们的问题和质疑的过程，给沙老师深入理解和思考国人（"自我"）创设了很好的场景和契机。通过"我看人看我"，沙老师形成了必要的自我审视与自我警醒，从而在更为宽泛的中国文化、中国社会议题中把握和理解中国民族性。这后一种契机，也直接影响了沙老师对《中国民族性（一）》的基本架构的设想与写作实践。

从对"文革"中"人整人""人被整"的困惑中生发出探索中国人"秘密"的愿望，从异国他乡的研修经历中警觉到"改造并提高中国国民性之必要、迫切和可能"，这样的研究缘起既凸显了沙老师中国民族性研究的核心旨趣，也饱含着她对"人"的关切以及对国家和人民持有的深厚情怀。这样的评价绝不是随意的，我曾有幸多次跟随沙老师去做社会观察和学术交流，她待人接物的言谈举止和表达出的态度情感，都能十分明显地体现出她对善良、美好人性的呵护与重视。特别是对待基层社会的普通人，沙老师身上流露出的亲和力和悲悯心常常令在场的人感动不已。记得2015年10月，我们和沙老师一行去陕西汉中做社会观察，在一个名叫竹山村的小山村里，我们观看了一个基金会10年扶贫项目的成果。在表演展示和午间会餐等互动环节，村民们质朴无华和乐观向上的精神面貌给了我们很大的触动，也使沙老师感慨不已。从孩童到古稀老人，从年轻媳妇到公公婆婆，一个偏远山村的普通百姓们的所做所说及其呈现的状态，让沙老师再次确认中国民族性中深藏着宝贵而强大的力量，这种力量从未消失，只是需要被唤醒、被激活。沙老师在后来与我的交流中不止一次谈及这次出行的一些细节，言谈中满是自己被感动的描述，而我则从老师欣慰、开心的表情中看到了她和蔼友善、温润悲悯的人文情怀。

研究过程：彰显了知识分子的理性与清醒

《中国民族性（一）》共收录了80篇有关中国人性格特质和群体"画像"的文本（主要是对不同学者所写文本中涉及中国人性格特质的观点的

摘录和分类汇总），其中外国学者的文本 27 篇、中国学者的文本 53 篇，涉及 71 个人物、500 多个观点。这些文本的选取、材料的取舍及整体构思，无不彰显着沙老师作为一位纯粹知识分子的理性思考与清醒认知。

有关中国人民族性格与特点的文章，散见于大量中外学者的不同著述之中，从修订版的《中国民族性（一）》收录最早的英国学者亨利·查尔斯·萨的《中国和中国人》（1849），至收录最晚近的余英时先生的《中国文化的内倾性格》（2006），时间跨度近 160 年。要整理如此时间跨度内有关中国人研究的主要著作及其主要观点，并形成一份中国人民族性格的"历史量表"，就 20 世纪 80 年代中期的文献查阅条件而言，资料搜集工作是艰辛的，工作量也是十分巨大的。但沙老师本着能搜尽搜的资料收集原则，组织带领一众学生，克服诸多不便与困难，踏踏实实走出了新时期中国民族性研究的第一段路。

在对待历史上中外学者有关中国人研究的成果（观点）上，沙老师展现了一位知识分子应有的理性与清醒。她排除了个人喜好或民族情感的干扰，明确地指出了对材料取舍的考虑："量表是遵循作者原文原意制作而成……观点有不少是相互对立的，对中国人身上类似的现象，有人颂为美德，又有人贬为不德或恶德……但所有对立的观点，都编进了量表，以如实反映对中国人研究的历史面貌。"当然，作为一位亲历和见证过民族危难发展历程的学者，一位对国家、对民族、对人民怀有深情的老一辈知识分子，沙老师的学术研究绝不会完全隔离个人的情感。她在修订版的《中国民族性（一）》前言中提道："对那些令人不快却有助于我们研究中国人的观点，也统统编进了量表。"这里"令人不快"四个字所传达的信息，将沙老师既遵从学术道德规范又饱含家国情怀的一面表现得清清楚楚。

与"历史量表"中很多学者对中国人特点、中国民族特性较为浅表化的种种概括不同，沙老师对中国民族性的研究是力图得出简洁但有深度的结论的，因而是非常谨慎的。沙老师认为，中国人所具有的温和、含蓄、内敛的性格是中国民族性中最为可贵的，也是最具根性的。为了从更深层对中国民族性进行分析探讨，她很多时候会将视野投向民族文化领域，认为"不同的民族，价值取向不同，民族性格特质在其根源上由文化规定"。但与此同时，沙老师也强调指出，具有"根性"地位的民族性并非固定不变的，它不但具有"稳与定"的特质，也有"变与动"的特质。针对这一点，我曾在分析农民观念与行为变化的民族性透视议题时，就民族性变迁与沙老师当面探讨过，她老人家基本认可"民族性与社会环境（包括制度与政策环境）变迁之间存在着建构与解构的双向互驱关系"的观点，即民族性以内敛而持久的文化性力量建构着社会秩序，急剧转型中的社会环境在重塑人们的价值观念体系的同时，也在悄然改造着我们的民族性。

当然，以沙老师温婉的性格和富有人性观照的思想境界，她对民族性变迁的思考绝不会停留在理论层面的"宏大叙述"上，相反，她总会在不同场景下以更直观、更鲜活的实例道出对民族性变迁的"看见"与"理解"。于是，学生、学者、政府官员、快递小哥、出租车司机、家政保姆等等，但凡能接触到的人，都是沙老师观察和分析的对象，且她常常将自己的"看见"与"理解"分享予我们，而沙老师观察、分析各种社会人的角度和观点，常常令人有眼前一亮、醍醐灌顶之感。或许，这就是沙老师将生活与研究自觉结合、将为师为学为人完美融为一体的真实写照。正如沙老师2011年在为修订版的《中国民族性（一）》所写的序言中指出的："写民族性变迁就会写到一些个人，也会写到自己——自己对经历的体证、自己的观念和认知、自己对所属文化和所属时代的承担。"

研究反思：与时俱进中的自我省思与展望

沙老师的《中国民族性（一）》《中国民族性（二）》分别首版于20世纪80年代末和90年代初，受当时时代认知和资料贫乏的双重限制，留下不足与遗憾是难免之事。在后来为修订版《中国民族性（一）》所作的序言中，沙老师提及该书出版不久她就想修订或"补救"，因为存在思考和设计上的不足，但由于种种条件所限而延误了。沙老师的这种反思是自觉的，也是在与时俱进的自我省思中持续进行的。

对沙老师的中国民族性研究触动很深的事件是2008年的汶川地震和北京奥运会，这一点在老师与我们的课堂交流中曾被反复提到。在汶川地震悲痛的呼救声中，千千万万的志愿者以互助互救行动展示出令人感动的人性光辉，生命在这样的悲剧时刻得到全民族的善待与尊重；而在汶川地震发生近3个月后的北京奥运会期间，又是千千万万的志愿者将中国人真诚友爱的民族品性展现给四方来客，让全世界感受到华夏文明的别样精彩与深厚底蕴。沙老师去过汶川地震灾区，也见证了北京奥运会的举办过程，透过这两个接连而至的重大事件，她看到了中国人身上涌现出的"人性观照"和"公共精神"。这种在普通人特别是青年人身上展现出来的品行特质与人文精神，令她倍感激动和欣慰。当然，沙老师对志愿者行动的理解有她的独到之处，她认为这是改革开放的历史条件下的"意识觉醒"，是一种源于"民族心理"这个"蓄水池"的"水到渠成"，而不是无缘无故的"突如其来"，或者说，这是带有"民族性暗码"的"心脉相通"之果。

如果说沙老师此前的民族性研究是"悲情多于激情"的话，那么她在2008年后的民族性研究中则因看到了"希望"而变得轻松起来。也正因如此，沙老师在北京奥运会举办后曾坚持多年关注"公共文明"议题，对我国社会中"公共"精神的发展给予了高度重视，并基于公共空间人们行为的"美与丑"展开了新的思索，深化了她既有的对中国民族性中"中庸"特质的思考。接着，沙老师又从对"中庸思维"的反思中提出"间性思维"，认为与维系均衡性、稳定性的"中庸思维"相比，具有边缘性的"间性思维"反而更有创造性的力量。她进而阐述了自己对"天才"的理解与思考：真正聪明的、具有创造力的人往往是不走寻常路的怪异分子，是群体中我行我素的极少量的边缘化存在，是谓天才。天才多是有叛逆性的，他们的思维是跳跃的、质疑的，甚至与中庸思维下的大多数是格格不入的。天才的创造性需要包容的环境，需要被爱护。

可见，在不断反思与拓展的研究过程中，沙老师以与时俱进的学术精神一直紧跟着中国社会发展变迁的实践。但她的关注点始终如一，从未离开过她对人、对中国人和对中国民族性研究的初心。

如今，沙老师已永远离我们而去，她的民族性研究成果必当载入中国人研究的史册，成为知识分子写作学术文章时的重要参照，为一代代国人继续提供不可缺少的精神滋养。作为后辈学生的我们，亦应自觉担负起责任，学习恩师道德文章，践行恩师所示所教，让恩师和蔼友善、儒雅悲悯的师者风范接续传递，永存世间。

[作者简介]

刘军奎，2014 年考入中国人民大学攻读社会学博士学位，成为沙老师的学生，2018 年 6 月毕业。现为安阳师范学院教授、法学院院长。

重读《中国民族性（二）》[*]

文｜彭泗清

  《中国民族性（二）》是沙莲香教授最重要的著作之一，1990 年由中国人民大学出版社出版，2012 年以《中国民族性（二）：1980 年代中国人的"自我认知"》为题再版，2017 年出版日文版。本书出版后引起社会各界的广泛关注，得到学界很高的评价。

  中国民族性问题是一个历久而常新的问题。一百多年来，中外学者对中国人的民族性格和中国文化有过很多论述。在五四前后的东西文化论战、20 世纪 30 年代的文化讨论以至 20 世纪 80 年代的文化反思热中，对民族性问题的讨论都占据了显著地位。随着改革开放的推进，中国人的性格、行为和价值观念发生了显著的变化，呈现了许多新的现象。这不仅显示了进行中国人研究的迫切性，也为中国人研究提供了新的条件和素材。正是在这种情况下，沙老师主持了"中国人民族性格与中国社会改革"课题的研究，并于 1989 年、1990 年、2012 年相继出版《中国民族性（一）》《中国民族性（二）》和《中国民族性（三）》三本书，在历史回顾和实证研究的基础上，展现了自己的研究成果。

  对中国民族性的探索，沙老师延续了 30 多年。在学术自述[①]中，她谈道："我对中国民族性研究的兴趣与关注，始于 20 世纪 80 年代初。这种学术关切，和'文革'结束后的反思有关，也和我在日本的留学与讲学经历分不开。'文革'结束后，人们如噩梦初醒，回首十年间的动荡体验，

---

  [*] 本文主要内容以作者发表在《中国社会科学》1991 年第 2 期的文章《中国民族性格研究的新进展》为基础改写。

  [①] 周晓虹. 重建中国社会学：40 位社会学家口述实录（1979—2019）. 北京：商务印书馆，2021.

在痛定思痛之后，更有一种强烈的探讨中国人问题的欲望。在日本的学习和观察，让我能从对比的角度来思考中国文化和中国民族性，也让我有了更加丰富的理论和方法积累。可以说，30多年来，对人的关切、对中国现代化之人格力量的探寻，一直贯穿我的学术历程。"沙老师1984年从日本回国。1985年7月，她和刘炎、吴廷嘉、凌力几位老师开了第一次中国人研究小组会。1986年3月，研究小组向国家教委申报了"中国人民族性格与中国社会改革"课题，10月被推荐为国家社会科学基金"七五"重点研究项目。依托国家社会科学基金项目和政府委托项目开展的社会调查和对调查数据进行的解读与思考，延续了很多年，扩展到了多个相关领域。沙老师指导的多位研究生参与了这些课题，跟着沙老师进行调研和讨论，研究能力也由此得到提高。因此，这些课题的成果不仅体现在一系列著作和论文上，也体现在人才培养上。

沙老师在其学术自述中，对于她的中国民族性研究有非常精辟的概述，可以让我们看到一个清晰的研究路线图，特摘录如下：

> 中国民族性是厚重的，根植于延绵几千年的中国文化之中，有大量的历史文献需要梳理；同时，中国民族性又是鲜活的，表现在千千万万普通中国人的观念与行为之中，需要通过大量的实地观察和调研分析来发现其时代特征与变迁轨迹。课题研究有两个相互衔接的"出发点"：一方面从历史上有关中国人研究的资料出发，沿着历史线索思考、设计和构思课题；另一方面从现实生活中的当代中国人出发，通过调查，得到大量实证材料，再从历史文化中去寻求解释。这两个出发点分别对应构成课题的相辅相成的两个部分，即"历史镜子"和"现实心像"。

> 因此，在着手进行中国民族性研究时，我们就在两个方面下功夫，一方面搜集整理相关书籍文献，另一方面进行社会调查，之后，形成《中国民族性》这个三卷本。《中国民族性》第一卷是资料汇编，1989年首次出版，是对150年间中外"中国人像"的勾勒；《中国民族性》第二卷和《中国民族性》第三卷分别于1990年和2012年出版，都是以社会调查为基础的分析探讨。除此之外，我还和研究团队一起写作出版了《外国人看中国人100年》（1999）、《中国人百年》

（2001）、《中国人素质研究》（2001）、《中国社会心理分析》（2004）等著作。

　　在围绕中国民族性进行的社会调查中，我们既有注重样本代表性的抽样问卷调查，也有深入老百姓生活的人类学范式的深度观察（如大连碧海山庄调查、河南镇平调查、河北满城县龙居村调查等）；既有纯学术导向的调查研究，也有面向特定社会问题的专题调研（如北京市民公共文明行为跟踪调查），还有针对特定群体的参与观察（如参与1995年在怀柔举行的世界妇女大会和妇女论坛）。这些调研活动收集、积累了丰富的资料，为中国民族性及其变迁的研究提供了坚实的实证基础。同时，调研也给了我和同事及学生们与不同社会群体交流互动的机会，有时还是参与社会事务、服务社会的机会，让我们充分感知了鲜活丰富的真实世界，也在一定程度上履行了学者的社会责任，比如我们在龙居村就做了不少扶贫救困的工作。

　　《中国民族性（二）》以"文化与民族性格"开篇，在介绍"课题视角"和"课题构成"之后，阐释课题研究的具体成果。首先是根据调研数据考察中国人的自我意识，在描述"人格特质评价"和"人格选择反差"之后进行"综合判断分析"；其次是从调研数据中揭示中国人的行为取向，包括"需要和人生价值""做人""苦乐悲欢在人间"三个方面，在综合分析的基础上阐释"性格结构特点"；最后以"民族精神"结束全书。该书以扎实的理论基础和创新的研究方法，成为20世纪90年代社会心理学领域难得的佳作，而且其研究主题的重要性、研究发现和理论建构的创新性使其具有长期的学术价值。下面从理论基础与方法创新两个方面来阐释该书的特点。

一、坚实的理论基础

　　民族性格是一个包容量大、涉及面广的复杂问题，它引起了来自不同学科和研究领域的学者的兴趣。《中国民族性（一）》是中国近现代史上有关中国民族性的主要观点的汇编。从该书中可以看到，对中国民族性做过论述的，既有文化学家、社会学家，也有哲学家、心理学家，还有教育家和文学家等。但是，纵观中外民族性研究的历史，在这一领域中做过专门的、深入的实证研究的主要是对人格心理学抱有兴趣的文化人类学家。20世纪 20 年代，文化人类学与人格心理学相互交叉，形成了一个新的研究领域——文化与人格研究。它所关注的主题是某一社会的文化是如何给予在该文化中成长的个人以影响的，即该社会中文化与人格类型之间的相互联系。而民族性格问题也就成为这一研究领域中非常重要的一个课题，它主要研究共同的文化所决定的人们之间基本相似的人格特征和行为模式。1934 年露丝·本尼迪克特的《文化模式》一书出版，被一些西方学者视为民族性格的科学研究的诞生标志①。在此后的 20 世纪四五十年代，民族性研究非常活跃，文化人类学家进行了许多实证研究和理论探索，围绕民族性格这一主题，提出了"基本人格类型"（林顿）、"基本人格结构"（卡丁纳）、"众数人格"（杜波依斯）、"社会性格"（弗罗姆）、"文化模式"（本尼迪克特）等许多概念和理论，并将研究视野从早期局限于对落后、弱小的原始社会的实地考察（如本尼迪克特对普韦布洛人、多布人和克瓦基特人的描述，马林诺夫斯基对特罗布里恩群岛的实地考察，玛格丽特·米德对三个原始社会的性别与气质的现场研究，等等），扩展到对现代民族和文明社会的民族性的研究（如对日本人、德国人、苏联人、美国人的研究，较著名的有本尼迪克特分析日本民族性的《菊与刀》、许烺光的《美国人与中国人：两种生活方式比较》等）。然而，尽管这一领域中的概念和方法都经历了较大的发展，其基本研究范式却是较为一贯的，即都肯定民族性格的存在，也就是认定生活于同一文化中的不同个人之间的人格相似性和这种社会性格相对于别种社会性格的独特性，并且以一个民族共同的文化观念和生活方式来解释该民族中人们共同的有别于其他民族的人格特征和行为模式。《中国民族性（二）》一书继承了文化与人格研究的范式。该书开篇就明确指出"从文化开始研究民族性格是课题研究的基点"。书中采纳了本尼迪克特、林顿、马林诺夫斯基等人关于文化的整体性的基本见解，认为文化就是人们在长期的社会生活中凝聚而成的生活方式之总体，整体性是其基本特点，而凝聚在一代代人身上的生活方式之总和，就成了民族性格。这样，该书就从文化与民族性格的一致性关系中找到了民

---

① 巴尔诺. 人格：文化的积淀. 沈阳：辽宁人民出版社，1989：118.

族性格存在的根据，表明了中国人特有的民族性格是中国文化积淀的结果。事实上，书中对调查材料的统计分析结果也反映了中国人人格的相似性，从实证的角度证明了民族性格的存在。

文化与人格研究的范式并非无懈可击的。到 20 世纪 60 年代，它的一些基本假设受到了质疑。一些批评者不相信存在什么"基本人格类型"或"社会性格"，许多人类学家自己也不再愿意对民族性格进行概括。因为早期的民族性研究往往是在一个较小的、落后的而又相对同质的社会中进行的，而当其研究视野转向幅员辽阔、有着阶级分层和发达的社会劳动分工的现代国家时，要找出适用于全体国民的基本人格结构就非常困难。而且随着社会变革和文化变迁，众数人格也会发生变化。不同阶级的人之间是否有相似的民族性，不同社会中的众数人格差异到底是文化差异所导致还是社会发展阶段差异所导致，成为很难说清的问题。这些问题的困扰和社会历史条件的变化，使得 20 世纪六七十年代的民族性格研究日渐冷清。在中国文化和中国民族性的讨论中，同样遇到了这些问题。早在五四前后的文化论战中，就有人将东西文化差异归结为新旧文化差异，认为东方文明指的是古代文明，西方文明即现代文明，用文化的时代性来否认文化的民族性。

《中国民族性（二）》的可贵之处在于它在继承的基础上超越了文化与人格研究的范式。该书在肯定文化积淀是民族性格形成和改造的重要因素的同时，又指出它不是唯一的和决定的因素，民族性格归根到底取决于决定文化发展的生产力水平和整个社会经济、政治、法律制度。可以认为这一论断蕴含了作者在民族性与阶级性、时代性的关系问题上的基本看法（虽然作者对此并无充分的论述）。一方面，我们不能以民族性来否认阶级性，不同阶级的人的性格、行为确实存在着鲜明的差异甚至对立；但另一方面，文化遗传的结果又使得他们在一些基本的行为方式上不乏共同之处。可以说民族性是较阶级性更为基本、更深层次的东西。同样，文化的时代性与民族性也并非完全互斥的。一方面，随着社会的发展，文化会表现出不同的面貌；但另一方面，变迁中的文化又会保持某种连续性。正是民族特性使得处在相同的社会发展阶段的不同民族区别开来，例如同处于发达资本主义阶段的美国人与日本人存在明显的差异；也正是民族特性使得处在不同的社会发展阶段、生活于不同的社会政治制度下的中国人能够相互认同，例如古代的中国人与现代的中国人之间、生活在祖国大陆的中国人与生活在港澳台、国外的中国人之间表现出许多相似性。人格表现背后的深深的文化烙印即文化的深层结构的存在是难以否认的。

　　虽然现代国家中的文化多样性和变异性带来的困扰，使民族性研究暂时被冷落了一段时间，但是，随着社会变革的加剧，民族性研究又趋于复兴，这一领域中的研究方法也得到了新的发展。研究者更加自觉地限定研究范围，也更加重视民族性的变动机理和趋势，同时也有人重新关注"自我"的问题，将"自我"作为文化研究的支点。例如，里斯曼等的《孤独的人群：美国人性格变动之研究》一书就探讨了美国中产阶级社会性格由传统引导型到自我引导型再到他人引导型的变化过程①。米德的代沟研究探讨了代与代之间的脱节现象②。马塞勒等的《文化与自我：东西方人的透视》对不同文化下的东西方人的不同"自我"做了深刻的透视，并试图确立"自我"在人类行为科学研究中的重要地位③。1987 年，哈佛大学连续举办多次"中国、印度、日本人格"研讨会，对人格理论、人格测验进行回顾与检讨，探索东方民族的人格特征。这一切都从不同的方面丰富了民族性研究的内容，也展示了民族性研究的未来图景。《中国民族性（二）》对民族性研究的这些新的内容和方法多有涉及，接触到了这一领域的前沿。作者从不同的侧面分析了中国人的"自我"，探讨了人格与历史之间的亲和性，即社会历史条件对人格表现的影响。作者还十分注意民族性格上的年龄、学历、职业差异，力图揭示民族性的多个层面。总的来说，《中国民族性（二）》对基本理论问题做了必要的阐明，并运用较接近学科前沿的方法来把握民族性研究课题，这样就使全书的论证与分析建筑在较为牢固、较高层次的理论基础之上。

二、研究方法上的创新

　　研究民族性的另一个重要问题是方法论问题，即如何研究中国民族

---

　　①　里斯曼，格拉泽，戴尼. 孤独的人群：美国人性格变动之研究. 沈阳：辽宁人民出版社，1989.

　　②　米德. 文化与承诺. 石家庄：河北人民出版社，1987.

　　③　马塞勒，等. 文化与自我：东西方人的透视. 杭州：浙江人民出版社，1988.

性。《中国民族性（二）》的主要贡献之一正在于研究方法上的突破。从方法论的角度，我们可以将全书的特色概括为下列几点。

（一）整体观点的运用

作者指出，民族性格是一个由多种要素和多种层次组成的整体，因此，从整体上了解和理解中国人是研究中国民族性的一个重要支点。只有运用整体观点，才能把中国人的优点和缺点、现象和本质、过去和现在统一起来，才有可能理解中国人的心态，才有可能找到中华民族区别于其他民族的性格特点，也才有可能为有关中国民族性的各种各样甚至相互矛盾的观点找到一个统一的解释。在以往的有关中国人和中国文化的研究和论述中，有很多人是站在某个特定的立场，根据某些特殊的依据，提出一家之言的，然后各执一端，相互争论。其中有只说中国人优点的传统文化的辩护士，也有把中国人贬得一无是处的激进的批判者；有根据日常生活的细枝末节大做文章的肤浅的评论家，也有停留于哲学层次的高谈阔论、远离现实生活的空谈家；有沉迷于故纸堆，从发霉的考据和古老的传说中去寻找民族性格幽灵的学究，也有仅从现实生活的横断面上就事论事而不做历史回顾和考察的"近视者"。这些人一方面都言之有据，另一方面又都难以自圆其说，使人们在众说纷纭、矛盾交织的各种观点前莫衷一是。《中国民族性（二）》没有回避民族性格具有多种要素、多种层次的特点，没有采取只取一端、不及其他的片面做法，而是通过对民族性格结构双重性的分析来揭示各要素、各层面的基本内容。

（二）对性格结构的分析和对人格反差的揭示

整体观点在理论分析上表现为民族性格的结构论。研究民族性格的方法多种多样，不同的研究者所偏重的领域也往往不同。《中国民族性（二）》的重点不是揭示民族性格的构成要素及其关系，而是剖析民族性格的结构特点。虽然课题研究中设计了能够体现中国人民族性格构成要素的调查指标，书中也归纳了历史上有关中国人研究的基本观点，并且在不少地方涉及构成要素分析，但是全书始终以性格结构分析为主线。

在全书的理论分析中，整体观是一个重要的逻辑中介。因为，作为全书基本分析框架的性格结构论是以整体观为基点的，而整体观又是以作者开篇所阐明的文化观为前提的。文化是整体的，是一个"型"、一种"方式"，文化内部的各因素之间相互制约、相互补充，共同起作用。文化整体论是课题研究的立论基点，将它贯彻到民族性研究中就是民族性格的结构论。因此，该书选择结构性分析为研究视角，着眼于中国人民族性格的结构及特点而提出主要理论假设，围绕性格结构的双重性来设计问卷，建立反差概念来对中国人的精神结构做深层分析，就是十分自然的事情。

要素分析和结构分析联系密切。一方面，有结构必有其构成要素，一定的结构必须由一些构成要素来填充，否则就是一个空架子；同时，一定的构成要素也必须附着于一定的结构之上，否则就没有什么生命力。另一方面，结构相对于要素来说更为基本，因而也更稳定和更难以改变，有可能存在部分要素变化了但结构依旧的情况。因此，结构分析相对于要素分析而言，更能揭示民族性格的本质。后一点正是《中国民族性（二）》选择结构分析为重点的主要原因，因为不同民族的民族性可能会有某些相同或相近的构成要素，但却不会有一致的性格结构。那种貌似全面地罗列中国人优点若干、缺点若干的开清单式做法，事实上是很肤浅的，难以说明民族性的根本内容。作者以仁爱为例，对性格结构做了有力的说明：仁爱作为一种人类精神，不仅中华民族具有，其他民族也具有。中国人之所以为中国人，重要的不在于有多少仁爱精神，而在于仁爱精神的核心地位和仁爱精神的表现方式以及以仁爱为核心的各种性格要素的构成方式，正是这个"方式"才是中国人区别于他国人的内部根据。

具体的性格结构分析是通过建立反差概念和剖析人格双重性特点来进行的。作者认为中国人性格结构的特点可概括为双重人格特质的圆满结合，在课题调查结果中表现为人格反差及反差的趋中性即匀称性。民族性格的双重性早有人论及，反差一词也很常用，作者的贡献在于建立了一系列反差概念，以此为工具来揭示民族性的双重性特点，并且对反差本身做了详细、独到的探讨。

作者将民族性格的双重性理解为构成民族性格的各种人格特质之间的相互排斥、相互反对又相互融合、相互补充的关系。双重性在世界各国的民族性格结构中都存在，因为民族性格虽是依照一定的文化模式组合而成的，但并不是由单一成分或者由只是相同而不相反的成分构成的。因此，只指出中国民族性的双重性是远远不够的，重要的在于揭示双重性表现的特点。作者正是从这一点上展开自己的分析的。

中国人民族性格的双重性，主要表现为理想人格与实际人格、自己人格与他人人格之间的明显差异、对立、排斥和均衡、调和、弥补。作者用反差概念来反映这种关系，书中涉及的主要有理想-实际反差、自-他反差①、正反差、逆反差、极反差、趋中性反差等。我们应该注意到，作者是以对立统一的辩证观来理解反差概念的。人格特质的双重性之间既有相互排斥和对立的一面，又有相互融合和补充的一面，对后者，作者是通过"投射"概念（包括历史投射和他人投射）和"镜"概念来揭示的。借助辩证的反差观，我们就可以理解民族性格和社会心理中相互矛盾的各因素之间的统一性。如果说人格选择中的理想-实际反差、自-他反差是表达了人格双重性的内容，那么正反差、逆反差、趋中性反差等则反映了人格双重性的特点。正是这些特点揭示了中国民族性格深层结构的内容。

另外，作者也将结构的观点和整体的观点贯彻到了对未来文化或曰民族性发展模式的探讨上。作者指出，要处理好现代化与传统之间的关系，关键在于找到一个良好的"联结点"，找出同现代化有亲和力的因素，以便使我国传统文化和民族性格同现代化较好地联结起来。这种有亲和力的因素包括现代科学技术和法治、民主。引入亲和力和联结点的概念，超越了那种对传统简单地予以肯定或否定的思维模式，具体地指明了传统和民族性的传承与创新的途径。

（三）多种方法的综合运用

整体观点在研究方法上表现为多种角度、多种层次、多种方法的综合运用，为民族性研究提供了广阔的视野。

首先，作者将历史文化分析与现实生活透视这两个"出发点"有机地结合起来，突破了民族性研究中一些人或者只看过去或者只看现在的片面做法。只看过去的做法虽然有可能穷根究底，找出民族性格的根源所在，但是它毕竟离现实生活太远，难以解释民族性格千百年来的流变和丰富多彩的现实呈现。而且研究对象都是死的东西，历史的隔膜使得研究者很多时候只能依靠推想与猜测。只看现在的做法则突破不了就事论事的局限，

---

① 例如，对自己实际人格的选择序列依次为仁爱—进取—理智—勤俭—忠孝—气节，而对他人实际人格的选择序列依次为实用—功利—中庸—嫉妒—私德—进取，存在明显的反差。

难以进行深层的分析。作者通过结合两个"出发点",较好地实现了历史与现实的统一。作者指出,课题研究有两个相互衔接的"出发点":一方面从历史上有关中国人研究的资料出发,沿着历史线索思考、设计和构思课题;另一方面从现实生活中的当代中国人出发,通过调查得到大量实证材料,再从历史文化中寻求解释。这两个出发点分别对应构成课题的相辅相成的"历史镜子"和"现实心像"。正如作者所说,这种由历史到现实再到历史回顾的寻求和追溯,使我们进一步看到了古老的中华文化在世世代代中国人身上的深厚沉积,而这种体现在一代代人身上的文化沉积,便是我们这个民族固有的性格。作者不仅通过文化分析来揭示民族性格的深层成因和广阔背景,而且通过"文革"前、"文革"中、改革开放后的人格特点比较来反映民族性格变化发展的社会历史过程。在书中,我们既可看到作者引经据典、寻根溯源的历史考察,又可看到作者对于现实生活中人们的苦乐悲欢和价值取向的生动描写。这样,全书就把中国人较为完整的面貌展现在了读者面前。

其次,作者将宏观陈述与深层分析相结合,力图从中国文化的长度(历史悠久)、宽度(包容量大)、厚度或深度(积淀层厚)三个维度来分析中国民族性。这种结合是通过将中国民族性置于广阔、深厚的文化背景中来透视、剖析而实现的。一方面,课题研究借用了社会心理学和民族心理学的原理,不是以微观层次的个人心理或其简单相加之和为对象,而是以宏观层次的社会心理为对象,并且不是阐释某一种或几种民族性格要素,而是揭示民族性格结构,从整体上把握民族性特点。这种对中国人心理的宏观把握可以反映中国人性格的全貌。另一方面,作者又借用深层心理学的原理,分析隐藏在各种社会心理现象背后的、贯穿古今的精神力量,力图找到社会心理的各种表象和民族性的各个层面相统一的基础。作者对"中庸"及其在中国文化中的重要地位的考察就是深层分析的一个范例:在说明中国人性格结构的特点在于双重人格特质的圆满结合之后,作者进一步考察其历史文化原因,指出它同中国文化的两重结构及其趋中性或匀称性分不开,主要表现为儒家人文主义和道家自然主义的圆满结合,其结合点就在于中庸。

最后,作者将实证分析和理论透视相结合。这种结合体现在从课题设计到最后理论论证的全过程。作者从课题设计开始,就注意到了理论与材料的结合，因此才会在问卷设计中较好地体现了双重人格特质的理论假设，使千头万绪的民族性研究课题凸显出清晰的条理。在全书的各章节中，材料的使用与观点的阐述相得益彰，没有什么牵强附会之感。在如此大的课题、如此多的材料面前，能够做到观点和材料统一是十分难得的。

（四）实证方法与量化研究的采用

以往很多关于中国民族性的研究，或是采用人类学方法局限于某一个小的社区进行实地考察，或是采用心理学量表进行小样本测验，或是对中国哲学或中国民俗进行细致分析。这些研究，虽然都有相当可观的成果问世，但是总的来说，其实证性与代表性较差。着重于理论论述的研究虽然贯通古今、旁征博引，但是思辨性的成分较多，实证性较弱；已有的实证研究则因为都是针对某一社区或某一群体，不具备推及全体中国人的前提，代表性较差。沙老师主持的课题研究突破了这样的局限。她在全国范围内就中国的民族性组织了一项前所未有的科学的抽样问卷调查。这一调查具有很好的实证性与代表性。

《中国民族性（二）》中对课题研究的抽样设计、问卷设计和数据处理做了专门的说明。课题研究采用随机抽样方法，在全国 13 个省、市进行分层抽样，发放问卷 2 000 多份，并进行实地访谈和考察，广泛地调查了人们在人格特质①、行为取向、闲暇活动等方面的意见和做法。调查数据使用 SPSS 等先进的统计软件进行处理，除了一般性的频数统计和列联分析之外，还进行了模糊聚类、相关检验、反差检验等统计处理，较深刻地挖掘了数据中包含的丰富信息。

总之，《中国民族性（二）》对于中国民族性研究和中国社会心理学的发展都具有重要的意义。它收集了大量有价值的实证材料，积累了进行大规模问卷调查和数据处理的经验，尝试了学科交叉合作、量化研究与理论论证相结合、历史考察与现实透视相结合、宏观陈述与深层分析相结合等综合性研究方法，提出了一系列富有新意的观点和概念，同时也为中国本土社会心理学的发展做了大量基础性工作。

---

① 调查问卷中包括 14 项人格特质：仁爱、气节、侠义、忠孝、理智、中庸、私德、功利、勤俭、进取、实用、嫉妒、屈从、欺瞒。

该书也存在一些不足。首先，由于中国民族性研究课题本身的难度很大，也由于对心理尤其是深层心理进行规模较大的量化研究和理论论证在我国尚属首次尝试，有一个经验累积和深化的过程，因此《中国民族性（二）》并没有全面阐释中国民族性问题。作者在前言中明确指出，对民族性构成要素的确定，不是一两次甚至三四次调查就能做到的，因此该书尚不能完全论证中国人民族性格的构成要素及其关系。但是，性格结构分析如果不与构成要素分析结合起来，就减低了理论论证的说服力。其次，书中对一些基本理论问题的论述还不够充分，如前面谈到的民族性与时代性、阶级性的关系问题，又如问卷调查方法所涉及的社会赞许性问题，等等。近年来，问卷调查法在中国的运用受到了一些学者的质疑。他们认为生活于重视人际关系和集体主义、不注重自我表现的中国社会中的被调查者在填答自陈式问卷或量表时，会因为注重社会规范等而有很强的社会赞许性倾向，即填答"好的"或"对的"答案，而不是"真的"答案，从而影响问卷调查的可信程度。对于这一问题和对调查误差的处理，《中国民族性（二）》还论述不够。再次，书中提出的一些观点和工具概念都有待进一步验证。例如"反差"概念，作者对人格的理想-实际反差、自-他反差做了较充分的讨论，但对正反差、逆反差、趋中性反差等的论述不够详尽。正反差、逆反差与趋中性反差的具体形成机制是什么？它们在中国人的性格结构中占据怎样的地位？对这些问题，作者没有做进一步展开。最后，调查结果显示的人格特质是不是中国人特有的，只有在与他国的民族性进行对比后才能确认，而有关中外民族性的对比研究，在书中还较欠缺。正如作者所说，《中国民族性（二）》既是课题研究的成果，又是课题深入的新起点。2012 年出版的《中国民族性（三）》又将课题研究推进到了更新的阶段。

[作者简介]

彭泗清，1983 年考入清华大学化学工程系，主修无机非金属材料，辅修社会科学，获工学和法学学士双学位，1988—1991 年硕士研究生阶段师从沙莲香教授学习社会学和社会心理学，获得中国人民大学法学硕士学位，博士研究生阶段师从杨中芳教授学习社会心理学，获得香港大学哲学博士学位。1998 年到北京大学心理学系从事博士后研究，2000 年入职北京大学光华管理学院。现为北京大学光华管理学院教授，博士生导师。

重读《中国民族性（三）》

文 | 姚建平

一、缘起

沙莲香老师仙逝之后，我本来一直想写一篇纪念性的文章，但总感觉不知从何下笔，再加上诸多杂事缠身，致使一拖再拖。2023 年 8 月初，我接到要撰写沙老师著作重读笔记的任务，也算是借机完成了自 2022 年以来的一个心愿。我在读博士期间，对沙老师的著作其实是读过的。但是，沙老师关于民族性的著作是非常深奥的，必须用心去读且要从生活中去感悟才能逐渐明白。所以，当时的阅读只是一知半解。2004 年从中国人民大学社会学系毕业至今已经 20 年了，其间教书育人、生儿育女，为做研究在全国各地做实地调查，也算是补上了生活体验这一课。遗憾的是，毕业后我并没有继承沙老师的衣钵进入社会心理学研究领域，而是转向了社会政策研究。研究转向让我在领会沙老师著作精神时可能不会那么专业。不过幸运的是，社会政策研究离社会心理学研究并不是太远，社会政策研究依然要用到社会心理学的理论和方法。

《中国民族性（三）》是沙老师潜心于中国民族性研究数十年，探寻中国人性格特性的代表作之一。作品凝聚心力于中庸思维方式与人格特质对于中国民族性格熔铸的意义，在研究中注重发掘中国民族性中的优异品格，堪为中国人自我认知的典范之作。在研究方法上，它以历史事件发展为脉络，既有量化分析，也有丰富的个案，最后又回归到民族性。由于本人才疏学浅，所谓重读沙老师的著作只是谈谈自己的理解和感悟，并不期望去解读背后的深意。

二、民族性

中国民族性和民族性变迁是全书的关键词，也是著作的核心要义。那么中国民族性是什么呢？在《中国民族性（三）》出版之前，沙老师还有《中国民族性（一）》和《中国民族性（二）》对此进行了深入研究。

《中国民族性（一）》归纳了大量中西方名人对于中国人的看法，总结了中国人的优点和缺点。优点包括勤俭、礼貌、爱和平等，缺点则包括自私、缺乏公德、知足常乐、不精准、不爱护动物、不团结等。这些性格特征描述对于传统农业社会的中国人而言是非常准确的。在早期来华的西方传教士留下的著作中，对中国民族性的描述基本上也是这样的。我记得2001年进入中国人民大学读博以后，英国传教士吉伯特·威尔士写的《龙旗下的臣民》一书让我至今仍然印象深刻。书中谈到了中国社会的大量礼俗和日常生活场景，包括中国人的婚丧嫁娶、人际交往、对于公共事件的态度等，它们都是中国人民族性的直接表现。我自己来自农村，也一直在农村做调查研究，对于《中国民族性（一）》中沙老师的观点是深深赞同的。

《中国民族性（二）》的研究视角有些独特，因为该书采用"自评"和"他评"的方式来研究民族性。研究结果显示，"自评"与"他评"之间出现了显著差异。例如，在"需要与人生价值"的评价中，自己的人生需要占前两位的是人品和知识，而他人的人生需要占前两位的是金钱和地位。这就是沙老师发现的中国民族性的矛盾和两面性。后来我读到了一些相关的西方社会学著作，对此有了更深刻的理解。戈夫曼的拟剧论认为，人都是戴着面具在日常生活中进行表演的，与人的互动过程是"前台"模式，表演的是一套社会公认的价值。这种观点似乎与沙老师的观点有不谋而合之处。另外，《中国民族性（二）》的研究方法对于刚进入中国人民大学的我来说是个挑战，因为之前我对于社会学定量研究方法的了解基本上是一片空白。由于我无法看懂书中的定量分析部分，因此在中国人民大学读博期间我特意花了大量时间去学习社会学定量研究方法，甚至还跑到人口学系和统计学系去旁听相关课程。因此，这本书对我后来的学术研究有非常重要的影响。

三、基于群体和事件解读民族性变迁

《中国民族性（三）》是在前两部著作的基础上写成的，希望回答中国民族性变迁这一关键问题。从时间上来看，《中国民族性（三）》的研究范围起于 20 世纪 80 年代改革开放后农民工的形成，止于 2008 年的汶川地震和北京奥运会。著作紧扣时代背景，力图描绘不同群体的性格特征变迁。

一是农民和农民工。沙老师在书中将农民的民族性格变迁单独提出来写，主要是考虑到当时农民占全体国民的比例最高，同时也一直是中国民族性研究的重点。农民性格被总结为"勤劳天性""依赖性"和"创造性"三个方面。如果放在传统社会，那么对农民的这三种性格的概括无疑是非常准确的。但是，社会发生变迁后，这三个方面的性格特征在多大程度上被继承了呢？沙老师认为，改革开放后的第一代农民工天然继承了这些骨子里的"本性"。但是离开了土地的"农民工二代"，甚至今天的农业产业工人还会具有这些特性吗？很明显，维系农民性格特征的前提是土地。离开了土地，传统天性就会逐渐发生改变。我记得 10 多年前去甘肃省黄河边开展调查时，仍然能够看到典型的传统农村。村庄各家的房屋外形和屋内陈设几乎一致，都供奉着灶王爷，院门和房门都不上锁。全村几乎只有一个姓氏，大家从事着几乎相同的农业生产。到今天，我去农村做调查时看到了更多新时期的农村的改变。脱贫攻坚和乡村振兴不仅让农村的基础设施发生了翻天覆地的变化，也在很大程度上改变了农民的生产和生活方式。农民上了楼，大量土地被流转使得农民不再依靠土地生活。一些农村能人开始用规模化种植或养殖、开办企业、发展旅游业等，带动农村经济的发展。另一些农民则离开土地，就地务工获得收入。在这一过程中，农民的性格特征也必然随着产业化和商业化的进程而发生改变。同时，进城的农民工的性格特征也发生了显著变化。很多新时代农民工不再愿意进工厂、工地做产业工人，从事枯燥乏味、又脏又累的工作，而更愿意到城市骑着摩托车做自由的快递小哥。

二是工人和下岗工人。工人被视为一个社会阶层，《中国民族性（三）》中多次提到"工人意识""社会参与"等重要概念。工人在我国社会阶层结构中一直被称为"老大哥"，也是主导社会变迁的重要力量。但

是，在 20 世纪 90 年代遭遇"下岗"与"失业"后，工人必须进行适应性改变，于是著作重点讨论了下岗工人的"承受能力"以及新的社会地位和身份认同问题。在计划经济时期，"工农兵学商"是城市社会的主要阶层，工人阶级是领导阶级。但是在改革开放后，工人阶级不断分化。我记得之前读过陆学艺在 2004 年出版的《当代中国社会流动》一书，该书将中国社会划分为十大阶层，即国家与社会管理阶层、经理阶层、私营企业主阶层、专业技术人员阶层、办事人员阶层、个体工商户阶层、商业服务人员阶层、产业工人阶层、农业劳动者阶层，以及城市无业、失业和半失业阶层。这表明，到 20 世纪初期，产业工人在社会分层结构中已经排在后面，其阶层自豪感必然消失。

三是知识分子。《中国民族性（三）》用了很大篇幅来讨论知识分子的分化这一命题。沙老师自身也是知识分子，该命题其实在很大程度上是她的自我反思与批判。我自己读沙老师的作品时，也需要有自我批判的精神才能理解其深意。沙老师认为，在"个人-国家"维度上，知识分子越来越倾向于个人取向；在"价值-利益"维度上，知识分子越来越倾向于利益取向。我在大学工作，对于知识分子的分化也深有体会。教授们每天都忙着开会、做讲座、搞课题，一些学者甚至忙到不是在"开会"，就是在"开会的路上"。一些知识分子似乎忘记了良知、公共精神和责任担当，成为"精致的利己主义者"。但是，沙老师对知识分子的分化和性格变迁采取的是客观中立的态度，认为这是一枚硬币的两面。我的理解是，新时期知识分子以新的性格和方式去适应新的社会环境，知识分子的分化是一种必然现象。

四是以"孙志刚事件"、汶川地震、北京奥运会等事件来讨论公共精神和民族性变迁。"孙志刚事件"让人们认识到互联网的力量以及民族性变迁的不同层和面。汶川地震和北京奥运会及其表现出来的公共精神是全书中令人振奋的篇章。沙老师盛赞了"人性的光辉""民间力量的解放""时代的降临"，讨论了生命和人性。随后，她又用一章的篇幅去阐述了志愿者作为"行动者"的意义。公共精神曾是中国人民族性格中最缺乏的。从早期西方传教士观察到中国人麻木不仁，到鲁迅先生笔下愚昧群众围观革命先驱受刑，无一不折射出中国人骨子里的那种"各人自扫门前雪，莫管他人瓦上霜"的性格特征。但是，沙老师从"孙志刚事件"、汶川地震、北京奥运会等事件中却看到了中国人公共精神的迸发。到今天，公共精神和志愿者精神已经成为中国人日常生活中的一部分。大学生愿意为公益活动付出时间，蓝天救援队的队员为了救助受灾村民愿意付出生命，甚至有人认为中国借助互联网已经进入了"人人慈善"的新时代……

在《中国民族性（三）》的结尾部分，沙老师以"80 后"群像为例，采用"中庸"和"狂"的分析框架，回归到对民族性变迁的讨论，能够看出沙老师对于年青一代的期望以及对未来国家和民族发展充满信心。

读沙老师的著作、与沙老师相处，我最敬佩的是沙老师的批判精神。我是一个沉默寡言的人，也可以说一定程度上是一个胆小怯懦的人。有些时候我也想改变，让自己变得勇敢一些。但是，性格一旦形成是难以改变的。在重读沙老师著作的过程中，我仍然能从字里行间感受到沙老师那种无所畏惧、直面社会现实的性格和人格魅力。

谨以此文遥寄哀思！

[作者简介]

姚建平，2004 年毕业于中国人民大学社会学系，获博士学位，现为华北电力大学人文与社会科学学院教授。兼任北京市昌平区政协委员，民盟中央社会委员会副主任，民盟北京市委社会工作委员会副主任，民盟昌平区工委委员，民盟华北电力大学支部主委。主要从事社会救助、儿童福利、农村扶贫等方面的研究。

众声喧哗中重新探问国民素质

——重读《中国人素质研究》有感

文｜祖　霞

2023 年 1 月，因染粉色头发被网暴的郑灵华结束了自己年仅 23 岁的生命。在那张网络上流传很广的照片里，她染着粉色头发，拿着硕士研究生录取通知书，和病床上的爷爷开心地笑着。粉色的头发很美，却不知为何这样的美丽却招惹了网络上的各种恶言，以致 9 天后她就染回了黑发，之后被诊断为抑郁症，直至 6 个月后自杀离世。但郑灵华的死并未像她想的那样："如果我死了，是不是社会舆论就能关注到网暴，或者让这些发言的人羞愧一辈子。"她的死短暂地引起了舆论的关注，但仅仅过去了 4 个月，武汉又发生了一起网络暴力事件，这次网暴的对象是刚刚因校园车祸失去孩子，来不及脱掉身上的工作制服就赶到学校的一位漂亮妈妈。有网民竟然因此评论"就是做那啥的，以后养大的孩子估计也不是什么好人，这样挺好，一了百了"，此外，还有网民猜测这位妈妈"想成网红""善于操纵舆论"①。直到几天后这位妈妈在所在小区跳楼自尽，网上对她的不良评论才逐渐平息。2023 年 6 月，中国青年报社会调查中心联合问卷网对 1 000 名受访青年进行的一项调查显示，65.3％的受访青年表示自己或周围人遭遇过网络暴力，71.9％的受访青年觉得网络暴力发生得越来越频繁了②。而在"好大夫在线"线上问诊平台上，以"网暴"为关键词检索到的问诊者中，近六成遭受了半年以上的心理困扰，三成问诊者是

---

① 钟雨欣. 武汉"校内被撞倒致死"的小学生母亲坠楼身亡　曾受网暴"围攻"（2023 - 06 - 02）［2024 - 03 - 01］. https：//sohu.com/a/681577869_121255906.

② 65.3％受访青年表示自己或周围人遭遇过网络暴力.（2023 - 06 - 20）［2024 - 03 - 01］. https：//news.cctv.com/2023/06/20/ARTIDS1l9vYYhiRuDXuGa8Im230620.shtml.

未成年人①。

2023 年 6 月，新华网连发《遏制网暴，要刹住动辄让人"社死"的歪风》《遏制网暴，要让受害者维权不再难》《遏制网暴，要让网暴者痛到不敢再犯》等三篇评论文章，从社会风气、法律惩治等层面对网暴事件进行思考，呼吁国家进一步加强网络社会治理，尤其是要加强相关的制度和法律建设。然而，无论是网络社会的法治环境还是社会舆论环境，这些外在环境的治理对于改善网暴问题可能会起到一定的作用，但对于网络上的一个个匿名者来说，这些外在环境归根结底均属于个体外部的"软"环境、"虚拟"环境，ID 被封，还可以换个"马甲"再来，并不会产生什么实际影响。

若我们着重去探讨网暴者内在的问题，"素质"这个概念或许是我们可以着手的方向。"素质"作为代表个体的综合能力的一个概念，虽然解释者甚众，但目前还未有任何大家公认的定义。不过，自 1986 年党的十二届六中全会《中共中央关于社会主义精神文明建设指导方针的决议》明确提出社会主义精神文明建设的根本任务是"培育有理想、有道德、有文化、有纪律的社会主义公民，提高整个中华民族的思想道德素质和科学文化素质"以来，这个曾经很学术的名词现在已经被大众熟知并随取随用，如前述两个个案的主角之死就被一些人归结为"自身心理素质太差"，而国内某些视频发布者也会批评网暴者"缺乏素质"。

是被网暴者"心理素质差"，还是网暴者"缺乏素质"？回答这个问题的前提是弄明白现代社会要求人具备什么样的素质。我想学界对"素质"问题的诸多探讨或许能为我们解决网暴问题提供思路。不过，当我在知网上查询相关研究时，却发现我国学界对"素质"的研究热情早在 10 年前就进入了一个冷漠期。尽管在知网上以"素质"为关键词可以查询到，1996 年至 2025 年这 30 年间发表的相关论文有 2 万多篇（发表的年度趋势如图 3-1 所示），但从 2013 年起，学界关于"素质"的研究论文发表数量开始呈逐年下降趋势，2025 年知网上可查询到的以"素质"为关键词的学术成果仅 2 篇，而 2011 年这一数字为 1 590 篇。

---

① 311 个受害案例、4 场网暴模拟告诉你，谁该"保你平安"｜有数．(2023 - 03 - 24) [2024 - 03 - 01]. https：//m. thepaper. cn/newsDetail_forward_22399042.

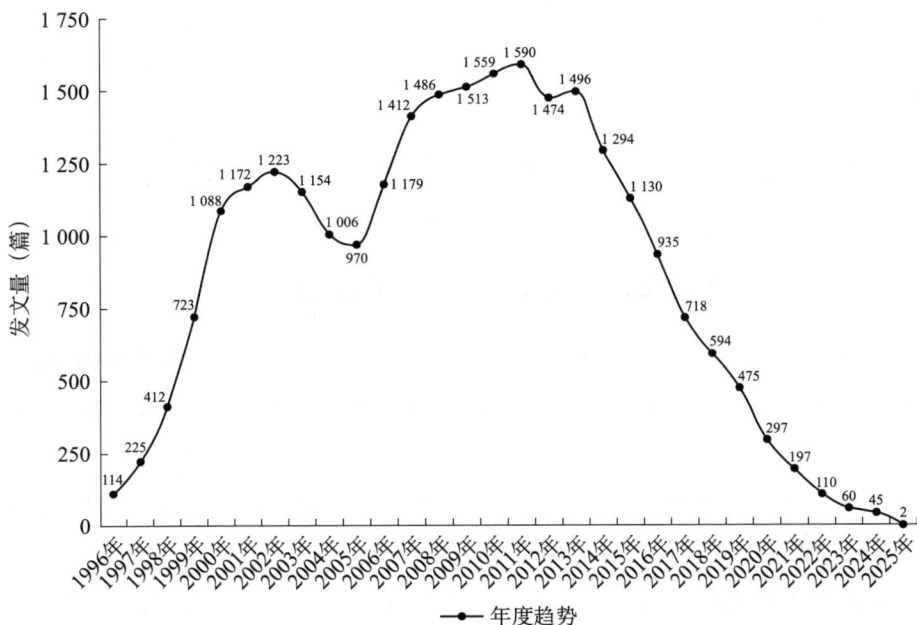

图 3-1 "素质"相关研究论文发表的年度趋势图（1996—2025 年）

既然学界近年来对"素质"的研究兴趣大不如前，那最好回溯到过去寻找"素质"研究的成果，希望能对我们理解网络社会中的网暴现象有一些启发。当我在书架上寻找时，看到了沙老师带领当时的一批学生（其中多数是在职读书的老师）写成的《中国人素质研究》一书。在沙老师门下求学时，老师推荐给我们读的书目中几乎没有她自己的著作，而多是国内外新近出版的一些好书。我在人大图书馆读过老师的《中国民族性》三卷本、《中国人百年》，但没有读过这本《中国人素质研究》。这本书人大图书馆应该有，但当时不知何故与之失之交臂。我书架上的这本书，是我于老师过世后从淘宝上买的二手书。当时我把老师出版过的几乎所有书都买了一本（其中多是二手书），这些书有我读过的，有我没有读过的，有几本书我甚至连名字也没听说过。我在书架上专门整理出一个格子放这些书，每当看到这一本本写着老师名字的书时，总感觉老师并没有离开我们，总会在脑袋里幻想说不定哪天这里会再放一本老师出的新书……

《中国人素质研究》出版于 21 世纪初，不过，正如沙老师在这本书的前言中所说，关于中国人素质的研究实际上起始于 20 世纪 90 年代初，是沙老师对《中国民族性（二）》"民族精神"一章"传统与现代化"这一部分思考的延续，因此，"从时间连续性上看，中国人素质研究是中国人民族性格研究的延续；从内容上看，是民族性格研究的一个部分"①。

而《中国人素质研究》这本书是老师带领团队对中国人素质进行思考和研究的一个整体成果和集大成之作，也是老师为了"在世纪之交了却一下对中国人的研究"②。这本书出版之后，老师的研究逐渐转向公共文明领域，对中国人素质问题基本上再无专门论述。

一、在传统与现代之间探问"中国人素质"

如前所述，老师对中国人素质研究的关怀缘于她在中国民族性研究中遭遇到的"传统与现代化"的问题。在中国现代化建设进一步深入的 20 世纪 80 年代末到 90 年代，社会现代化对中国人提出了要求，中国人应当以何种面貌参与到现代化中来，每一个个体应实现怎样的转变才能因应现代化的进程已是不可回避的问题。在这些问题上，老师"始终惦念着中国人素质对中国现代化可能带来的影响力和竞争力"③，因为她认为："综合国力的核心是国民素质。忽视人的素质的提高，最终必将严重地制约经济的发展速度。在一个缺乏现代化人才的国度里是不可能实现现代化的。"④可见，从一开始中国人素质研究就寄托了老师对我们这个国家实现经济发展、实现现代化的关切，她一早就看到了人的问题才是经济发展和现代化的关键问题。

那么，什么样的人才是现代化的人？英格尔斯在《人的现代化》中归纳了现代人的 12 种特征，分别是：（1）准备和乐于接受他未经历过的新的生活经验、新的思想观念、新的行为方式。（2）准备接受社会的改革和变化。（3）思路广阔，头脑开放，尊重并愿意考虑各方面不同的意见、看法。（4）注重现在与未来，守时惜时。（5）具有强烈的个人效能感，对人和社会的能力充满信心，办事讲求效率。（6）计划。（7）知识。（8）可依赖感和信任感。（9）重视专门技术，有愿意根据技术水平高低来领取不同报酬的心理基础。（10）乐于让自己和后代选择离开传统所尊敬的职业，对

① 沙莲香，等. 中国人素质研究. 郑州：河南人民出版社，2001：1.
② 同①.
③ 同①.
④ 沙莲香，干春松. 国民素质的结构分析. 开放时代，1995（3）.

教育的内容和传统智慧敢于挑战。(11) 相互了解、尊重和自尊。(12) 了解生产及过程。① 在对这 12 种特征逐一进行说明后，英格尔斯又加上了另外两种特征：(1) 对自己和社会生活及未来一般持有一种乐观态度。(2) 具有人人在法律面前应当平等的意识，不承认地位高或有权势的人应当凌驾于法律，也不赞同为袒护亲友不惜徇私枉法的行为②。英格尔斯列举的现代人的这 14 种特征是通过对孟加拉国、尼日利亚、智利、印度、阿根廷和以色列 6 个发展中国家的 6 000 人的调查得出的结论，常被各类相关研究引用，也常被学者否定。老师十分赞同英格尔斯对于现代化的人之重要性的思考，提出"在一个缺乏现代化人才的国度里是不可能实现现代化的"③。她认为，尽管英格尔斯的研究结论常常被否定，但他在从传统人到现代人和人的现代性研究中为人们提出的问题以及对问题的思考和分析是有意义的，他从社会心理学角度研究现代化，"把现代化视为认知、表达和评价方式的改变过程。现代化被确认为个人发挥功能的一种方式，以某种范式行动的模式"④ 尤其有启发意义。

不过，沙老师与英格尔斯关于现代化的人的分析理路完全不同。在英格尔斯那里，虽然现代性被强调为一种"精神状态"⑤，但他对现代化的人的特征的归纳主要是从与传统的人的区别而来的，其中突出强调的是"新"或"变革"，似乎反对传统或与传统截然不同就是现代。老师却是扎根于"传统性"与"现代性"的关系中，将此二者相互对照来认识，因为她认为这两个概念并不对立，两者"在本土中此生彼失、彼长此消……此亦彼，彼亦此，彼此难分从而又相分……这尤其表现在本土人的成长、进步之中"⑥。从根本上看，现代性与传统性是互补的关系，这一对关系体现在人身上，或者说体现在作为主体的人身上，这是从人在现代化进程中具有功能性的角度来看的，因为"一个社会在现代化过程中出现的诸种机

---

① 英格尔斯. 人的现代化. 成都：四川人民出版社，1985：22 - 34.
② 同①35 - 36.
③ 沙莲香，干春松. 国民素质的结构分析. 开放时代，1995 (3).
④ 同①35 - 36.
⑤ 同①20.
⑥ 沙莲香，等. 中国人素质研究. 郑州：河南人民出版社，2001：35.

会能否准时地利用并创造性地发展，是和人自身的状态一点也分不开的"①。由此，"人的素质问题同人的现代性之建构、培养和不断提升这个问题，在实际上是吻合的，并且人的素质提升的核心内容是人的现代性建构问题"②。可见，在沙老师这里，人的现代性建构也好，素质提升也罢，始终观照的是人的主体性如何发挥的问题。这种主体性的发挥，是有"选择性及教化性"③ 的。

二、在中国文化主体层面探问"中国人素质"

在"中国人素质"问题上，沙老师从头至尾对人的主体性在素质层面的发挥和成就颇有期待。她认为根据我国 20 世纪后 50 年社会生活的情况来看，要在多数人中形成"高素质人格"群，需要重视"主体意识"和"修养功夫"。而关于中国人的研究或中国文化的研究又或传统的研究等等诸多研究的问题在于如何"唤起并升华关于提升素质的主体意识，使之诉诸实际行动"④。这里所说的主体意识，实际上是指文化层面的主体意识，即在中国文化中生长起来的人的主体意识。

这种文化上的主体意识贯穿沙老师学术研究的始终。不论是民族性研究，还是国民素质研究，抑或是公共文明研究，再到后来对于"天才"的关注，无一不包含着老师对于主体的成长和行动的期待。她自己所做的各种研究，从来没有只在书斋里完成的，也从来没有不对社会产生影响的。就以《中国人素质研究》来说，这一研究集聚了她对社会的大量观察以及与各阶层个体交往、访谈的经历和在此基础上的种种思考，她不仅仅是一位真正的社会学家，更是一个一生都在对中国文化的思考和修养中不断行动的主体。

带着对中国文化主体的关切，《中国人素质研究》对农民群体、职工群体、企业家群体和知识分子群体这四个群体的素质进行了研究。在这本书中，对这些群体的研究虽然由不同的作者完成，但都将沙老师对主体的

---

① 沙莲香，等．中国人素质研究．郑州：河南人民出版社，2001：35.

② 同①35－36.

③ 同①35.

④ 同①26－27.

关切和理解贯彻到底。沙老师在《中国人素质研究》的概论中就明确了对中国人素质进行研究需要把握两点：一是要坚持对现代化过程中的中国人处境的"同情式理解"，二是要明确资源占有与素质生成的关系。前者指的是"把自己置于影响中国人素质的'情境规定'之中，去理解、去论断中国人素质的状况。然后，再把中国人素质状况置于中国社会现代化背景下，去分析、去讨论提高中国人素质的必要性和可行性"①。即把握素质的"来龙去脉"，将其视为一个社会、历史和文化发展的结果、依据，在此基础上再来审视"中国人素质给中国现代化可能带来的影响力和竞争力"②。后者则是探究资源与人的素质发展的关系，将社会资源作为人的素质发展的后天基础，明确指出"人的素质与他们所拥有的社会资源有直接关系"③。一方面，"人的素质的提高，需要一定的物质作为基础与保障，有了物质的基础与保障，就可以促进人的素质的提高与发展，反过来亦同，一代人的素质提高，必然会促进社会的发展与繁荣，必然会带来社会发展的有序性"④。另一方面，弱势群体的素质养成跟社会资源不足有直接关系，"一个人在社会资源上的不充足或贫乏，是造成弱势群体的直接原因"⑤，因此，在素质养成这个问题上，我们需要对弱势群体给予社会关怀。一言以蔽之，素质养成的前提是有足够的社会资源，老师的观点真可谓一针见血。

三、在本土化中探问"中国人素质"

在《中国人素质研究》中，老师清晰地交代了这一研究的缘起：从党对"人的素质"问题的提出、传媒对"素质"话题的讨论，到作为"1996—2010 年中国社会全面发展战略研究"子课题的"中国人素质现状及对策研究"，再到获得国家教委人文社会科学研究规划项目资助的"国民素质建设与中国现代化"课题，整个研究源于中国社会建设的实

①　沙莲香，等．中国人素质研究．郑州：河南人民出版社，2001：1.
②　同①1.
③　同①37.
④　同①91.
⑤　同①37.

际需求，源于中国现代化发展中迫切需要解决的人的素质如何发展的问题。而在整个研究过程中，《中国人素质研究》与《中国民族性》的研究思路一样，都是先搜索现有资料，然后从大量资料中进行总结、提炼和思考，即"从生活中提炼材料""从材料中提问题""从问题中出观点"这三部曲①。

这样的三部曲与现在大多数学者的研究方式完全不同，从问题的产生到问题的解决，全部建基于中国的现实情况，包括对中国人素质研究的探讨也来自华人社会学者的研究。借用学界的时髦话来说，这是一个"本土化"的研究。

但"本土化"究竟是什么？沙老师认为，"本土化在实际上一开始就是以全球化中那个主导力量和主流价值观所提供的'框架'为参照系去思考和提出对策的"，所以本土化一早就埋入了承认某价值观或研究范式等是主导力量，而自身是"边缘"或"非主流"的预设。因此，过去很多年来，不少学者努力融入世界主流，用主导力量和主流价值观来思考中国的问题，但最后他们自然而然地不得不走上本土化之路。为什么会这样呢？因为他们发现，以美国为首的所谓主流范式或学科框架无法解决中国的问题。社会心理学的研究也是这样，作为一门学科，它"归根结底是现实的、时代的和实践的，或者说它是反映现实、反映时代和反映实践行动者的，这才让它成为一种'社会需要'。我们需要用这门学科去'说话'、去'表达'和去'诉求'"②。我们使用社会心理学是要研究中国的现实，去表达和诉求中国的问题——是中国人在当下面临的现实问题，而不是美国或其他什么国家的问题。

因此，本土化是社会心理学天然的需求，这要求社会心理学的研究从问题提出到分析、解决都应扎根于本土的资源。我常觉得"本土化"是一个不言而喻、理应如此的命题，但却又是一个很困难的命题。因为在我20多年的心理学学习生涯里，我接触的有西方建构的主流心理学理论、体系，有日益更新的研究方法，有应时而生、借商业经济推广的各种时髦疗法，甚至有那些从我们的文化中借了去，再包装一番回来"卖"给我们

① 沙莲香，等.中国人素质研究.郑州：河南人民出版社，2001：47-54.
② 沙莲香.社会心理学.4版.北京：中国人民大学出版社，2015：2.

的东西（比如心理能量疗法中的经络部分），却没有根植于我们深厚的文化资源的心理学理论、体系和方法。因为这样的学习历程，我长成了这个"不中不西""不土不洋"的样子，虽然学了很多年，但在面对今天国人此起彼伏的心理问题时却常常觉得以前学到的那些方法、工具都不适用，因为它们都是在西方文化的土壤里生长出来的，而我们的心理问题是必须回到自己文化的土壤里去解决的。

回看沙老师的研究，会发现无论在中国民族性、中国人素质这些研究中，还是在其他社会心理学研究中，老师对本土化持有的态度一以贯之。如《社会心理学》这本教材的编写，从1987年第一版到2015年第四版，老师对社会心理学的体系有着自己非常独立的思考，本土化的思路一直贯穿其中。她在第三版前言中说："对美国社会心理学设定的框架，一方面是必须学习，把已经创建的学科理论和方法同样写入历史，成为必备的科学知识库，另一方面又必须进行超越，跳出那个框架去思考。"① 而社会心理学教材需要"对我国现实生活中出现的社会问题做出社会心理学的回应和解释"②。

网暴这一现象随同现代化而来，而沙老师早就指出："社会现代化并不意味着社会完美无缺和人的素质完美无缺；社会现代化使人的现代性不断增多，人的素质不断提升，同时也会在提升的另一侧出现阴影，甚至冒出人性剥落现象。"③ 素质提升和人性剥落都是社会现代化的结果，不过素质提升作为人性剥落的对立面，显示出应对人性剥落的方法之一即努力提升人的素质。那么，在提升人的素质这一方面，心理学能提供什么样的推动力量呢？虽然对于这个问题的解答尚需时日，但老师在《社会心理学》这本教材的第一版前言中提出的那个问题——"心理学在中国人应当自省和自知的事情上，能够提供什么样的解释、理解和推动？"④ ——却时时考问我，推动我迈入每一天的工作，不敢懈怠。

---

① 沙莲香.社会心理学.4版.北京：中国人民大学出版社，2015：5.
② 同①2.
③ 沙莲香，等.中国人素质研究.郑州：河南人民出版社，2001：28.
④ 同①12.

[作者简介]

　　祖霞，2009 年进入中国人民大学社会心理学研究所学习，其间由沙老师推荐至台湾辅仁大学心理系进行联合培养，2013 年毕业。现为成都信息工程大学管理学院教师，副教授，硕士生导师。

重读《中国人素质研究》

文丨张向东

"人的素质"问题不仅是人类历史长河中恒久的热点问题，也是中国现代化过程中不断被探讨的议题，属于具有重大国策意义的全局性话题。这些年，有越来越多的人开始研究人的素质与中国社会政治经济文化发展的关系问题。

沙莲香老师用"中国人素质关怀"打开系列丛书的篇章，是想把课题成员打开的心扉展现在读者面前，并以此唤起读者的共鸣。沙莲香老师终其一生，关注中国人的社会心态，体现的正是她对国人素质提高的最终追求。她认为，对中国人素质予以关怀，不是无动于衷，见恶不恶之，见丑不羞之，见伪不斥之。正如韦伯所提倡的对研究对象"投入理解"，沙老师也做到了对国人素质给予"同情的理解"，把自身置于影响中国人素质的"情境规定"之中，去理解、去论断中国人素质的状况。不同于中国人素质的"民族劣根性""民族优越性"之争，她认为民族素质既是文化、历史、社会之积累结果，又是推动文化、历史、社会变迁的内部依据，是人类文明的基础。她并不赞成对于素质的单维度阐释，而是强调把中国人的素质状况置于中国现代化背景下去理解，理解素质的多维角度和现实背景，在高维度上去分析、去讨论如何提高中国人素质。

沙老师最初展开人的素质研究，起源于1994年年初，时任国务院研究室副主任魏礼群的课题"1996—2010年中国社会全面发展战略研究"，邀请沙老师作为子课题负责人参与其中。参加该课题研究的有国家计委、国务院发展研究中心、中国社会科学院等多家单位的人员，分为12个子课题，沙老师负责的是"中国人素质现状及对策研究"子课题。沙老师对该子课题倾注了大量心血，经过一年多的深入研究，才完成相关报告。研究成果得到了魏礼群的高度认可和极大支持。在后续的研究生涯中，沙老师对该议题仍有诸多思考和调查，形成了中国人素质研究的系列成果。

对中国人素质的研究，其中困难难以一一述及。沙老师克服重重难题，研究从未间断，1998 年年初，系列研究得到了国家教委人文社会科学研究规划项目资助（课题名称为"国民素质建设与中国现代化"）。此后，沙老师关于该议题的研究不断深化。1999 年，沙老师参加台湾法鼓人文社会学院举办的主题为"人的素质"的系列学术研讨会，和季羡林、任继愈等学界泰斗共同深入探讨"人的素质"的相关观点，并作为主题发言评论人，就"人的素质所指为何""人的素质的产生机理""人的素质与社会发展"等重要议题与参会人员交流了相关研究进展。

基于沙老师深厚的理论功底、高尚的人文情怀、扎实的经验和实证调查，《中国人素质研究》一书体现了理论高度、人文关怀和本土化意蕴，这也是沙老师常常教导我们的学术素养。老师的谆谆教诲、博爱胸怀、家国天下的精神和追求，更激发了我对于学术、工作和生活的认真态度、踏实精神。通过重读此书，沙老师昔日的教导又历历在目，不觉泪下。同时，我对于该书的理解又有了进一步的深入，下面从以下几个方面阐述自己的理解。

一、扎实的理论基础

本书把现代性作为切入人的素质研究的理论基础。现代性理论相当宏观，现代化问题又争议颇多，能够从现代化的视角研究人的素质，充分体现了沙老师力求破解人的发展的现代化陷阱，与现代性问题进行直接对话的希望，体现了沙老师宏大的学术追求和精湛的学术素养。本书认为，从现代化视角来理解人的素质问题具有高度的理论契合性。

首先，对于现代化问题的经典讨论的实质是文化和人，各国不同的文化特点和民族性格是现代化过程的深层理论。这个深层理论一方面使传统带有惯性和惰性，另一方面又孕育着现代化得以出现的进步因素。人的素质的提升，是横在中国现代化底层的活跃因素。因此，只有把人的素质研究置于现代化理论框架之中，或许才能对人的素质问题的本质看得更深入一些。

其次，在现代化概念的解释中，不少学者强调现代化具有各种能力，如布莱克强调对现代以前的社会发展出来的与现代化有关的接受能力的重要性，主要反映在科技进步中知识进步的作用，以及一个社会在政治、经济和生活方面对知识进步所提供的发展可能性加以利用的能力。而课题研究之所以着眼于现代化理论，就是因为现代化蕴含的这种"能力主义"和课题研究所依据的资源论不谋而合。而与能力相关的，是"成就"的重要意义，支持成就的基础是人的社会资源的多寡优劣。

再次，现代化理论对于课题研究的意义还在于支撑现代化的心理基础即理性、态度和人格的重要性。这个重要性在几乎所有的现代化研究那里都有出色而又有力的论证。现代化的精神理论隐藏在人的变化之中，是人的现代性不断增加的源头。英格尔斯在对从传统人到现代人和人的现代性研究中所提出的问题进行思考和分析时，"把现代化视为认知、表达和评价方式的改变过程。现代化被确认为个人发挥功能的一种方式，以某种范式行动的模式"。现代化过程是以人的变化为精神支柱的过程。

最后，现代化理论中对课题研究有特殊意义的还有关于现代性与传统性互补关系的观点。"现代化"概念表述了传统社会向现代社会的转变过程，"现代性"概念则表述了构成现代化特征的一组组成成分或特征。两个概念相生相失，相消相长，彼此相关。人的现代性的形成带有选择性和教化性，人的素质问题同人的现代性之建构、培养和不断提升问题是相关的，人的素质提升的核心内容是人的现代性建构问题。

二、崇高的人文关怀

（一）强调必须从资源的角度理解人的素质

人的素质与他们所拥有的社会资源有直接关系，不能脱离个体占有社会资源的多寡去探讨人的素质，社会资源是一个人或一些人能够得到何种职位、扮演何种职业角色的直接影响因素。因此，该书十分重视社会资源对于个人后天努力及其行为条件的意义，认为个人占有社会资源的多寡与人的素质提升有直接的相关关系。

现代化理论研究对人的能力高度重视，人的能力建设在现代性建构中是主调，是个人现代适应性的基础。而个人能力的大小强弱，受到许多资源因素的制约。这些资源，有智力、精力、性别等先天的，也有个人后天习得以及社会给予的。而后者才是最重要的，因此，该书十分重视社会资源对于个人后天努力及其行为条件的制约，重视社会资源与人的素质提升之间的相互关系。特别是针对弱势群体，给予他们社会关怀和社会鼓励，使之富有起来，提升其社会资源，是人类文明和现代社会不可不重视的事情。

（二）对边际人-困难群体的关怀

对困难群体的社会关怀，意在提倡一种社会精神，用全社会的人间关爱去对待这部分人，其中需重点关怀的是边际人——困难群体和他们的子女。

该书提倡用一种历史的视角去感知和理解边际人-困难群体。如 20 世纪 80 年代末期开始出现、90 年代中期剧增的下岗失业人员，他们在十多年的时间里出现了两次内容、形式完全不同却同样影响生存和生活的社会化经历，几乎没有多少力量再去学习，成为有现代科学技术、有适应能力的现代企业职工，相反，两次重要而又相悖的社会化过程，两次劳动性质、作业方式完全不同的角色转换，很容易使之产生与当下环境不协调的隔离感，他们的社会化目标的实现更加艰难。对这些群体，需要去理解这种"相悖性"及其深刻表现，给予"同情的理解"，从历史、社会环境的角度去认知他们的素质问题，不能将所有群体的素质都放在一个维度上探讨，应该针对不同群体有不同的重点维度。例如，对于农民，该书就重点讨论了他们的文化科技素质；对于职工，由于他们面临下岗潮，因此该书就分析了他们的心理素质、职业技术素质等；对于企业家，该书就分析了他们的专业素质、职业角色意识等；对于知识分子，该书则分析了他们的心理健康、身体健康素质。

（三）对社会性别人-女性群体给予关怀

沙老师认为，人的素质研究要关注到性别差异。社会在劳动分工、社会资源、社会地位等等方面都存在性别差异，这种差异被社会大多数人接受之后，就会通过社会化变为观念、看法、价值选择和行为模式而被固定下来，人们甚至不会觉得其中有问题。资源决定于地位，同时资源多寡又决定着地位的升降变化。资源的获取与角色扮演密切相关，资源的"地位变量"特性，是与角色的主体性及其意志性分不开的。女性在资源获取上向来处于弱势，这就导致了她们在社会地位上升上的困难，影响到她们的认知（当然包括对人的素质的认知），因而也会影响到她们素质的构成和发展。

只有将生理性别与社会性别区别开来，才有可能恢复社会生活中男性与女性的本来面貌以及应尽的责任和义务，看到人类自身存在及发展的意义和作用，才能真正突破性别差异去探讨人的素质问题。

三、科学的研究精神

（一）严谨的概念界定

"素质"是一个宏大概念，也是一个存在较多争议的概念。因此，界定清楚"素质"概念，是展开研究的基础。沙老师基于深厚的学术底蕴和清晰的逻辑思维能力，化繁为简，从历史性、空间性等多维度对"素质"概念进行了辨析，为研究打下了坚实的基础，也解决了诸多争议。"人的素质"作为一个学术概念，可以从不同学科视点进行不同的界定，于是也就有不同的指谓。沙老师认为，"人的素质"系指由人具有的特质所规定的活动能力及其状态。"人的素质"实际上是"素质丛"，包括诸多特质组合及其可分性，是个指标体系。它是具体的，是由各国的文化、历史和社会变迁所造成的。沙老师为了界定清楚"素质"，从以下三方面进行了重点考察：

一是国民素质与国民性之间的联系和区别的问题。沙老师认为，国民性是对一国之民的人格特质、特点及其表现方式的揭示、分析和赋予历史和时代意义的诠释。国民性无高低优劣之分，"人的素质"的高低优劣是相对于社会生活变化对人的适应能力及其发挥能力的要求而言的，就现代化而言，社会现代化是人类社会发展途中"命中注定"的过程，人也就必须因其客观性和命定性而去适应。

二是国民素质研究与个人素质研究的关系问题。国民既是个体又是总体，研究国民素质，不能离开或者抛弃对个人的研究，相反，对个人的研究是国民素质研究的基础。为了研究一个国民群体的整体素质如何，必须探究其内部的关系是怎样的，以及其个体以何种方式相互联结、互通信息、交换资源等，因此，对国民素质构成的基本设想，要引入道德素质、角色素质概念。

三是中国人素质的构成问题。沙老师认为，中国人素质的构成大致包括由五个层面上的五类特质构成的素质丛，即由健康、智力、心理（人格）、道德、角色五个层面上的诸特征构成的健康素质、智力素质、心理（人格）素质、道德素质、角色素质。这些素质体系，又可以分为基础素质和深层素质。分布在低层面上的是基础素质，包含健康素质和智力素质；分布在高层面上的是深层素质，包括心理（人格）素质、道德素质和角色素质。

沙老师研究的重点不在这五类素质本身，而在五类素质间的相互交错及其协变关系所形成的素质水平和表现状态，更看重五类素质交错点上的问题。沙老师认为，角色素质要求人们必须提高自身的智力素质和健康素质；随着健康素质观念的变化，心理（人格）素质的要求也会发生变化；心理（人格）素质与人的健康素质和道德素质密切相关。因此，该书并没有从静态角度或者说一致性角度去分析五类素质，而是特别注意五类素质的相互关系及其动态变化。这种研究取向符合现代化社会进程中人的素质不断变化的要求。

（二）求真的实证精神

"中国人素质研究"的选题属于较为宏大的选题，涉及群体较为庞大，且针对不同群体需展开研究的内容不同。该书使用了基于定量分析的文献研究法，收集了国内外相关的文献资料，然后进行归类、编码，力求科学地体现中国人的素质现状和存在的主要问题。课题组对筛选整理后的文献做全面的阅读和摘要，总结和归纳出这些文献在素质方面研究中提出的问题和研究论点，在对这些论点做全面系统的概括、分析之后，形成自己的研究思路，力图对人的素质问题做出更有依据和更深入的研究。虽然这个方法十分耗时、耗力，但是课题组仍然不辞劳苦，全面搜集了相关文献。文献来源主要是新闻、论文、著作等。检索工具主要是《全国社会科学期刊目录索引》（1993—1999 年 9 月），同时以《人民日报》《光明日报》《经济日报》《中国青年报》《农民日报》《工人日报》等报刊的光盘资源和网络资源作为补充，总共检索出近万条目录，有关素质的文献有 14 632 篇。

课题组之所以采取这种方法，主要是因为：媒体是把"问题"展现在社会层面引起公众注意和参与的最好角色，因此，媒体资料来源的信度较高；人的素质问题不是个人现象，而是群体现象，媒体中的"事件"都具有典型意义，是某种群体现象的缩影，因此，媒体资料来源的效度较高。

（三）合理的研究思路

在介绍完理论框架和文献综述之后，该书围绕四类群体——农民群体、职工群体、企业家群体和知识分子群体，分为"媒体中的群体问题和群体素质""媒体中的群体素质问题研究""关于群体素质问题的核心表现"等关键部分展开论述。

例如，农民素质篇主要介绍了媒体中农民的问题、农民的文化科技素质、农民价值观念的转变，职工素质篇介绍了"媒体职工素质""媒体职工素质问题分析""职工群体在分化中提高素质""商业职工素质研究"，企业家素质篇介绍了"媒体企业家素质""媒体企业家素质问题分析""企业家素质发展的不平衡性"，知识分子素质篇也是遵循这样的思路展开的。另外，该书对"小龄群体"等特殊群体的素质也进行了探索性研究。

（四）科学的研究结论

基于翔实的媒体资料和课题组前期相关课题的调查结果，沙老师对于中国人的素质得出了科学的结论，并分析了他们最主要的问题，特别是现代化进程中的现实问题与人的素质提升之间的关系。

1. 农民的素质和问题

农民的文化科技能力、素质低下，价值观念、思想意识保守，使之难以适应市场经济的发展，成为其自身发展的重要障碍因素。如果不解决农民的利益与负担问题，就不能彻底解决提升农民素质的问题。而农民的流动又恰恰是促使农民价值观念、社会生活方式等方面转变的基础，没有流动就没有变化，没有变化就无法实现农民素质的提升。

2. 职工的素质和问题

职工的素质问题主要集中在职业素质方面，如主人翁精神、敬业精神、职业道德等。这说明在当前中国的社会变迁中，企业职工的地位发生了巨大的转变，由此引发了他们的社会价值观念的变化，职工失去了原有的精神支柱与社会地位，自然也就出现了这些问题。

3. 企业家的素质和问题

对于企业家来说，伴随着企业体制的改革，他们的角色、地位发生变化，致使其职责和义务出现模糊不清，因此，角色不清、角色扮演失败等角色素质方面的问题时有发生。人的职业价值观念是一个人行动的动机与准则，只有把握这个问题，才能最终解决企业家的角色问题，才能在中国产生真正意义上的企业家群体。

4. 知识分子的素质和问题

就知识分子而言，知识经济的到来、知识资本的诱惑，形成了对知识分子的传统意识、传统观念的巨大冲击，对知识分子知识结构、角色素质的转变与更新提出了更高要求。知识分子的问题主要集中在待遇方面，说明知识分子的社会地位和社会评价两者不相吻合。

5. 小龄群体的素质和问题

小龄群体素质问题主要集中在素质教育和身心健康两个方面。小龄群体的心理健康问题可能比身体健康问题更严重，主要表现在带有强迫症特征的行为自控能力薄弱、人际交往困难、有人际压力感及人际不满情绪、容易出现情绪紧张和不安全感等等。小龄群体中也存在社会越轨问题，主要表现在青少年犯罪手段日趋增多、流动青少年违法犯罪案逐渐增多、女性青少年犯罪问题日益突出、犯罪的新类型不断出现等等。沙老师呼吁，社会要关爱小龄群体。

四、宏大的理论建构

对于学术理论的建构是沙老师终身的学术追求；从研究对象的日常生活行为选择、社会心态研究中，归纳、总结、提炼出适应中国社会现代化进程的理论模型，一直是沙老师在学术研究中不曾放弃的尝试。结合《中国人素质研究》一书，沙老师在探讨群体素质的现状、问题及特征后，尝试建构了该研究的理论模式。

（一）中国人素质的"橄榄形"模型

沙老师提出了中国人素质的"橄榄形"模型，探讨了群体素质的变化趋势和规律。该书并不是简单地对不同群体的素质做深描，而是非常注重群体素质的变化趋势研究，希望以此推断出中国现代化过程中人们素质的问题、发展轨迹和应对策略。

该书以个人收入和能力为参数，分析了中国人的素质状态。沙老师认为，就整体来看，中国人素质存在不均匀性，表现出两端小、中间大的"橄榄形"状态。中国人素质状态的改善和提升，需要有一群在勤奋、勇气和能力相争之中成熟起来的中产阶级作为社会生活的"中流砥柱"，这才有可能也有把握地断定中国人素质确有提升，断定中国确有迈入世界先进国家行列的指标。同时，沙老师也指出，资源对于素质的提升有非常重要的作用，不能忽视困难群体的资源短缺问题。

（二）现代性素质提升的机制机理

沙老师认为，教育、指导资格和参与是提高人的素质的重要条件。"教育"的作用不言而喻；"指导资格"在干部素质问题中占有极重要的位置，它讲的是干部的"职业角色"资格，是干部在执行领导职责、起指导作用时的角色素质；"参与"是在社会现代化过程中成熟起来的一种态度及行为特性。从人的素质研究来看参与的意义，主要有以下两点：第一，参与会使人民的价值取向带有公共性，是对"公共"事情的价值倾注，因此，参与更有益于公德意识的形成和长成。第二，参与是在比个人领域更广泛的领域创造机会，拓宽个人发展空间，施展才能，这也有利于人的素质的提升。

沙老师作为一位知名学者，在其一生当中，孜孜不倦，攻坚克难，一直追求着纯粹的学术价值和学术理想。掩书沉思，沙老师对学生的影响，是让学生终生难忘的；沙老师的学术成果，对于中国的社会现实和学术发展，也是具有很大的理论价值和实践意义的。

深切怀念沙莲香老师！

［作者简介］

张向东，河南商水人，社会学专业博士，现为河南师范大学社会事业学院副教授、党委书记，主要研究社会现实问题。

文化自觉的践行者

——重读《外国人看中国人 100 年》

文｜王君柏

《外国人看中国人 100 年》于 1999 年出版，是沙莲香教授民族性研究系列著作中的一部，是沙莲香教授与一批年轻人一起砥砺学问的成果。今天重新读来，从形式上，能够清晰看到这个群体的生动画面：老师循循善诱，学生勤勤恳恳，围绕一个问题长时间切磋讨论，是一幅生动的教书育人的温馨图景。从内容上，可以看到费孝通晚年提倡的文化自觉：已经有一个群体对自己的民族坚持"自知者明"，对他民族坚持"主敬"，也就是秉持认清自己、尊重他人的态度。纵向连接起来看，长期研究中国民族性的沙莲香教授，实际上就是文化自觉的践行者，在用社会心理学的各种方法，既认识我们的民族，也认识其他的民族，既各美其美，也美人之美。接下来我就重读《外国人看中国人 100 年》发表一点感想，算是读书札记。既然是读书札记，就不一定成系统，重在与大家讨论书中所涉及的问题。

一、民族性研究还有什么价值？

关于民族性的研究，显然属于宏大叙事，尤其是针对中国民族性这样一个时间、空间都非常广袤的研究对象，这样的叙事无疑是有很大难度的，被人认为是大而无当，也多少在情理之中。早在十多年前，英格尔斯的《国民性：心理-社会的视角》中文版面世的时候，周晓虹教授在为之写的序言中就明确指出："一方面由于国民性研究在西方学界不断式微，另一方面由于鲁迅之后在中国谈论国民性或国民性的改造日渐被视为'愤青'之语，除了社会心理学（沙莲香，1989，1990），鲜有人再对这一主题表现出高度的兴趣。"[①] 这里讲的国民性也就是我们通常讲的民族性。

---

①　英格尔斯. 国民性：心理-社会的视角. 北京：社会科学文献出版社，2012：1.

周晓虹教授的话至少表明两层意思：一方面是民族性的研究式微，中外都不太关注这个问题了；另一方面是沙莲香教授的社会心理学研究是偏重民族性问题的。

民族性研究之所以式微，虽然可能有很多不同的原因，但主要的原因应该有三个：一是在全球化时代，信息已经非常发达，国际交流频繁，在政治、经济等领域，很容易获得相关的信息，不必再借助于 20 世纪本尼迪克特、费正清等人那样的研究，加上各领域的细分，国际交流中已经对泛泛的民族性格失去了好奇与咨询的必要。二是关于民族性格的研究已经落实到一些具体的社会学、人类学的实证研究中，所以要么是一些旅行式的民族性格描述，要么是社会心理学从人格、文化等角度对民族性格予以关注。三是民族性的概念确实很宽泛，人口相对比较少的民族国家，虽然民族性格可能比较具体，但难以引起研究者的兴趣，而人口规模庞大的民族国家，其内部的差异性往往比较大，用一些范畴来描述其民族性，很容易陷入捉襟见肘的窘境。

但沙莲香教授对民族性的关注，可以说贯穿其学术生涯的始终，既不是追风式的短平快研究，她也始终没有对自己的研究价值产生过动摇①。可以说，她的民族性研究中既有她自己的诸多亲身经历，也契合了社会心理学研究的本土化过程——她是文化自觉的践行者。沙莲香教授亲身经历了一系列的政治运动，在运动中，她看到了人性的伸缩，见证了很多平时不会显露出来的行为方式，这都直接推动了她投身于研究人性、文化、民族性格。到晚年，她又开始思考一些更深层次、更具体的问题，比如天才的问题。通过对她的同行以及学生辈的观察，她常常有发自内心的感叹：某某是很有才华的，但在社会大潮中没能发挥出来。她进而和大家讨论社会与个人之间的关系到底是怎么回事，到底是社会出了问题还是个人出了问题。其实她的言下之意在于社会需要改造，结合她的民族性研究，也就是民族性格需要改造。而从社会学研究的角度看，沙莲香教授的民族性研究，又是文化自觉的践行实践。她在留学经历以及与不同文化的深入交流（她的研究生中就有不少来自日本、韩国、德国等国家）的基础上，借助

① 沙莲香，孙庆忠. 见证与诠释：中国民族性变迁 30 年：沙莲香教授访谈录. 中国农业大学学报（社会科学版），2013，30（1）.

其对人际沟通的敏锐性，很快就将"别人如何看我"的问题从个人、群体层次上升到民族国家的层次，并进行系统的研究，《外国人看中国人 100 年》只是她带领学生探讨该问题的一个片段。

所以孙庆忠老师在对沙莲香教授的民族性研究进行提炼时，用了"见证"与"诠释"两个词来概括。这两个词是再贴切不过的：自己亲身经历、见证了民族性变迁的过程，从而对之进行诠释和系统研究。虽然民族性概念有点宽泛，尤其是对我们中华民族这么大的共同体进行研究是存在很大的难度的，但在全球化时代，尤其是中国作为一个迅速崛起的大国，从国家到个人都与其他民族国家产生了广泛的交流，对于我们自己是谁这样的问题，还是很有必要时时反思的。特别是该书对近百年外国人对中国人的看法的研究，更是从社会变迁的角度来动态研究中国人民族性格的变与不变，也将民族性研究放到了国际利益博弈和交流的坚实基础上。大概也正是在这个时候，费孝通提出了"文化自觉"的概念，从这个意义上讲，沙老师正是文化自觉的践行者。

二、"自知者明"与"主敬"

作为文化自觉的践行者，在研究方法上首先要开宗明义，对于认知主体而言，追求的是"自知者明"，在对待别人的看法时采取的是客观态度——"主敬"。"知人者智，自知者明"，这是中国传统智慧发展到老子时代的结晶，既提倡"知人"又提倡"自知"。老庄思想是中国传统思想中最有思辨性和跨文化境界的思想，从来不将自己局限在一个狭小的天地，看待世界的方式是在不同的小知和大知之间层层叠进，达到自由的境界（逍遥）。沙莲香教授很好地继承了这一优秀传统，在《外国人看中国人 100 年》的总体框架中，就明确用"自知者明"为主旨。要做到自知，首先要对我们的传统文化有充分的认识和借鉴，因为民族性格在某种程度上是历史沉淀的结果。沙老师的最后一本书是《沿着中庸的美与丑：中国民族性研究随笔》，还是落在传统文化上，尤其详述了关于中庸的思考。在我申请博士入学资格的时候，选择的就是"中国文化与中国人研究"方向。记得沙老师提过好几次，说你是南开大学王处辉教授的学生，在思想史方面有基础，要充分利用这个条件，结合中国文化传统把研究做好。现在回想起来，我还是没有把老师的话好好听进去，辜负了她的期许。

"主敬"是一种客观的态度，书中明确提出"有一个鲜明的主调，就是相互尊重不同国度的人们所做的文化价值选择"。在研究民族性格这样的问题时，如果没有客观的态度，那么势必陷入意气之争和先入为主的结论先行。这种客观态度既包括"人看我"，也包括"我看人"，相当于别人是一面镜子，镜子中所呈现的内容，取决于镜子本身的性质，虽然镜子不一定如实地反映了我们，但那面镜子的性质决定了那种反映本身是客观的，我们要尊重这个现实。所以"我看人"也进一步体现了"主敬"的态度，接近孔子所谓"人不知而不愠，不亦君子乎"的立场。书中也确实做到了有闻必录，将各家的论述当作一个客观事实来进行处理。当然，这种态度是不易坚持的，反观我们时代的一些民粹主义行为就知道了。但沙莲香教授还是希望将尊重对方这一态度引入认知活动，希望把学者的这种客观态度扩大为更大的乃至于全社会的群体态度，只有这样，一种社会氛围才会油然而生，才会在更大范围内促进人我相看和文化交流。

如果说民族性研究有点宽泛的话，基于以上的方法和出发点，该研究一下子就进入实务的范围里来了。在一个快速变迁的时期，在一个财富积累迅速的时期，人们很容易认不清自我、迷失自我，同时也就不能客观地看待别人，尤其是在气焰嚣张的时候，甚至彻底看不起别人。对己"自知"，对人"主敬"，表面上看只是谦谦君子做派，实际上是更为强大、自信的表现。以"自知"和"主敬"为目的的研究，就具备了充分的现实意义。虽然不一定必须有很大的队伍从事这样的研究，但其还是不可或缺的。在此基础上将学者的客观立场向一般民众普及，可能就是大国风范的一个不可缺少的要素。这是不提国民性改造而实际上发挥此功能的工作，纵观国内外，以学风渐及民风，也是社会建设的重要内容。所以我认为沙莲香教授的研究，最大的意义就在于积极参与社会建设，正如她早年长期关注农村妇女的发展，并且在北京奥运会之前带领学生积极探索如何营造北京奥运会的人文环境，从市民素质的提高到《奥林匹克与北京奥运：2008 期待与责任》书籍的出版等等，目的都在于积极参与实际的社会改造。所以对其民族性研究的概括，除了前面提到的"见证""诠释"之外，应该还要加上"参与"二字才是完整的。

三、寓教于研：一个群体在工作中

读《外国人看中国人100年》，可以看到沙莲香教授所带领的团队，兢兢业业，围绕在沙老师周围切磋学问、砥砺品行。从干春松老师为这本书所写的后记中可以看到，本研究由沙老师组织大家讨论，铺垫好基本的写作思路，沙老师自己写了前言和导论，其他工作由团队成员有条不紊地展开。团队成员达15位之多，既有青年教师，也有研究生。很显然，这既是一项研究工作，也是一种巧妙的育人工作。由沙老师组织带头，大家共同讨论，各取自己所偏爱的话题，最终形成了一个集体的成果。该研究在20世纪末完成，而本人是于2001年进入中国人民大学学习的，时间上只相差两到三年，完全可以推测，完成此项研究的过程，也就是我当年在那里学习时所亲历的组织方式和氛围。

根据我的理解，沙老师的工作团队有几个构成：（1）她自己作为团队的核心和灵魂，主导着研究方向和课题的选择。虽然团队以民族性为核心研究内容，但后期还是在逐渐拓展研究领域。记得我刚到人大的时候，沙老师就给我定了几个研究方向，如制度心理研究、经济心理研究等。既有一个核心，同时又拓展新的领域，这种做法不仅促进了对核心——民族性的研究，也实现了因材施教，让学生充分发挥自己的专长。（2）研究生群体，以博士生为主、硕士生为辅，其中还包括一些已经毕业但偶尔可以参加讨论的学生。这样，学生不仅能与同一届的同学相熟，而且可以和其他届的学生进行交流，自然地形成一个相互学习和激励的群体。同时，这还为大家拓展了校外资源。（3）辅助导师团队中，既有本系德高望重的老师，也有校外知名学者，沙老师利用开题、研讨、临时专题课程等各种形式，邀请诸多名流一起参加并给予大家指导。总之，沙老师为学生提供了一个接触面非常广阔的学术面，在结构上形成了一个良好的生态。

团队在具体组织形式上，可谓因地制宜、多种多样。在制度性的开题、答辩等活动中，组织大家一起见证和讨论，这往往是类似的。团队中更多的是平时形式多样的小讨论，比如《外国人看中国人100年》的工作方式，就是围绕主题进行研讨并推进具体写作工作。还经常有两三个人小聚，边吃边聊的讨论形式。除学术讨论之外，偶尔还有娱乐性的聚会，或者去沙老师家，或者在餐馆，氛围就热闹得像过节一样了。总之，沙老师的团队氛围融洽，既激励大家奋进，又其乐融融。现在我自己带研究生，就很难达到这种寓教于研、寓教于乐的状态，虽然有一些其他的遁词可以搪塞，但主要还是自己作为导师在学养和个人魅力上都不够用，在学术组织上缺乏艺术性。

具体到《外国人看中国人100年》中的分工，上述的群体工作方式的优越性就很突出。比如组织统稿的是干春松老师，他本身就是研究中国传统文化的教授，协调能力也强，大家心服口服。比如王欢、裴蓉等，都年富力强，正处在学术能力旺盛时期。各节的写作，显然也是各取所好，比如"日本人怎样看中国人"部分，就是由沙老师的日本留学生成海政树写作的。重读此书，感觉这个分工很巧妙，也确实写出了其他人不易写出来的东西。成海政树所写的这一部分，应该是准备得很充分的。他首先把日本人按照年龄、与中国的熟悉程度进行分类，然后根据朝日新闻社的民意调查数据进行分析；在此基础上，分专题进行考察，比如日本人看中日交流关系、日本文学中的中国人、日本人心目中的中国革命、日本人研究中国人的历史经过，以及20世纪90年代日本人的中国观。由日本人来写日本人对中国人的看法，确实更能抓住问题的关键。以下这几点尤其让人印象深刻：

第一，明治维新后的日本人转向。"明治维新以后的日本社会，一方面崇尚西洋文化，另一方面蔑视东洋文化并丢弃了它"，对日本来讲，"东洋成了侵略的对象，进行资源掠夺和贩卖商品的对象"。明治维新后的日本人对中国人产生了根深蒂固的偏见。

第二，利益关系决定民族态度。从深层次来分析，日本人对中国人的印象，还是由切身利益导致的，能够带来好处就会催生积极的看法。

第三，部分日本人认识到中华民族的伟大与不可战胜。成海政树通过战争年代火野苇平写的《麦子与士兵》，看到了中国老百姓的深厚生命力，不禁感叹"仔细想来，与这样英勇、富于生命力的人们为敌，是多么可怕的事情"。他认为中日之战，民族性格早就决定了胜负。

第四，民间交流是准确认识对方民族的最佳手段。成海政树通过数据表明，很多日本人对中国人不感兴趣、不想了解，所以有中国生活经历的日本人对中国人的看法最准确。他指出，促进两国之间的往来，亲身接触对方的实际生活，对相互理解来说至关重要。

如果要问我们能从中继承一些什么，我觉得最重要的是沙老师带领的这种寓教于研的学术组织，把最恰当的人安排到最恰当的地方，大家各自发挥自己的特长，各自得到成长，形成一首完美的乐章。往大处说，这是一种优良的学风，尤其在当下存在很多导学关系乱象的背景下，这种学风尤其显得珍贵。

四、关于继续该项研究的想法

《外国人看中国人 100 年》一书出版于 1999 年，一晃二十几年过去了，世事纷扰，但唯有这样的作品还能把我们拉回那个温馨的时代，那时候研究没有那么多考核的压力，更重要的是在沙老师这样纯粹的学者指导下，大家都轻松快乐。今天重新阅读，时不时会有这样一种想法：这个研究如果继续做下去，还有哪些可以改进的地方？我完全可以肯定地说，沙老师更希望的是大家能够将这个研究继续做下去，而不仅仅是重读并停留在这个版本上。

首先，应该进一步重视对时间维度的观照。该书是以 100 年——应该说是非常关键的 100 年——为考察时间表的，但如果今天继续这个研究，书名中的 100 年就该为 126 年了，后续的 26 年也是非常重要的，因为最近这 26 年里，我们国家实现了很多跨越，尤其是近 10 年来，国际风云变幻，民族国家之间的关系也开始发生很大变化，继续这个研究将越来越有价值。该书在材料选择上是考虑到了这个时间范围的，但在写作过程中没有充分考虑到百年间外国人对中国人看法的时间变迁。在影响外国人对中国人的看法的因素中，其实最关键的在于中国的发展以及在世界舞台上的角色扮演，而百年来中国在世界舞台上的地位变化应该说是很大的。另外，从民族性上来讲，民族性本身也是变化的。随着自身力量的变化，民众的自我认知和行为举止也会发生变化。既然是"人看我"，那么由于我们和别人都处于动态变化中，所以只有抓住时间这个轴，才能较好地抓住这个变化，也才能更如实地反映不同时期的外国人看法。具体来讲，虽然不必完全按照逐年的顺序进行考察，但一些重要的时间节点，或者说具有标志性的时代，应该重点关注。自身的变化与他人眼中的形象的变化之间虽然可能有一个时间差，但随着信息传播越来越便捷，它们会逐步同步化。

其次，应该先厘清是哪些外国人对哪些中国人的看法。正如本书中成海政树所研究的那样，不仅不同时代的看法会有变化，同一时代的不同日本人群体对中国人的看法也差异显著，而不同的日本人群体也只反映了对部分中国人群体的看法。所以"人看我"还是很复杂的，正如鲁迅为内山完造的《活中国的姿态》所写的序中所言："一个旅行者走进了下野的有钱的大官的书斋，看见有许多很贵的砚石，便说中国是'文雅的国度'；一个观察者到上海来一下，买几种猥亵的书和图画，再去寻寻奇怪的观览物事，便说中国是'色情的国度'。连江苏和浙江方面，大吃竹笋的事，也算作色情心里的表现的一个证据，然而广东和北京等处，因为竹少，所以并不怎么吃竹笋。倘到穷文人的家里或者寓里去，不但无所谓书斋，连砚石也不过用着两角钱一块的家伙。一看见这样的事，先前的结论就通不过去了，所以观察者也就有些窘，不得不另外摘出什么适当的结论来。于是这一回，是说支那很难懂得，支那是'谜的国度'了。据我自己想：只要是地位，尤其是利害一不相同，则两国之间不消说，就是同国的人们之间，也不容易互相了解的。"①

所以分清是哪个群体对哪个群体的看法很重要，笼统地讲，很容易陷入无法自圆其说的境地。具体来讲，就是发表看法的人到底接触了什么样的中国人，以何种方式接触。这正如我们看一篇调查报告，先得看其调查方法。再权威的人，如果采取了错误的调查方法，或者调查了 A 群体却对 B 群体发表看法，那么我们仍然可以不承认结论的权威性。虽然无论别人发表的看法是否符合实际，其看法本身都是一种客观存在，而我们应该尊重这种客观存在，也就是沙老师讲的"主敬"，但依据严肃的"自知"，我们还是要分清别人看法的真与不真。

最后，基于时间维度和群体区分，选材就更需严谨和相应地分类。既然是外国人看中国人，材料的选择就不能仅仅局限于知名学者，而应该有报纸、杂志等媒体上的舆论信息。知名学者的看法当然具有一定的辐射力，可以影响相当一批民众。但需要对他们的影响进行评估，可能有一些学者的著作，根本就没有影响到一般民众。所以，作者作品的辐射范围比

---

① 鲁迅. 鲁迅全集：第 6 卷. 北京：人民文学出版社，2005：275.

作者的学术声望应该更为重要。至于中国在海外的学者，或者有海外经历的学者，因为属于边缘人角色，因此他们如何看问题倒是很有参考价值，只是他们的思想是否在海外具有广泛的影响力是需要考量的。书中部分材料的选取有失效度，比如书中对梁漱溟进行了篇幅不小的讨论，而其实梁漱溟主要是个哲学家，其"三个路向"的思想，无论是在当时还是在今天，可能都是很牵强的，而论其在民众中的实际影响，可能就是乡村建设运动了，但客观地讲，不待薛暮桥①等人的批判，他的乡村建设运动也并不是一个成功的试验。另外，书中有一些关于思想和思潮的研究、关于社会结构的研究，还不能直接等同于外国人对中国人的看法，最多只能算是外国人看中国人的背景。

总之，《外国人看中国人 100 年》是一个历史时期的成果总结，是研究这个领域的人都可以参考、借鉴的重要作品，也为我们后续进一步研究提供了思路。顺着这条路，我们可以把"人看我"的研究做得更好。

[作者简介]

王君柏，2001—2004 年在中国人民大学攻读博士学位，当时根据沙老师的要求，选择了经济心理方向，撰写的博士论文题目为《不确定性情景下的心理预期与行为选择》，实证研究是以彩票消费为例进行的。现为江南大学法学院教授、院长。

---

① 薛暮桥. 薛暮桥学术论著自选集. 北京：北京师范学院出版社，1992：108 - 113.

何在：卅年回望《中国人百年》有感

文｜周秀平

《中国人百年》这部著作的资料准备、写作思考始于 1996 年，距今已近 30 年。沙老师在"引论"中明确了《中国人百年》这一标题的用意：一是要分析中国人在 20 世纪的 100 年尤其是后 50 年的活动中所展现出来的人格力量的根本作用在何处；二是要研究这一时期中国人人格力量的根本作用为何者。"人格"概念，既具有个体意义，也具有群体意义。沙老师依据职业分类方法，将社会群体细分为农民群体、工人群体、商人群体和知识分子群体四类，基于百年间报纸媒体的资料研究这四类社会群体在历史事件中的角色行为、心理特点和精神力量。"报纸媒体直接反映出本书所涉四个群体的历史地位、作用、角色面貌，或者说报纸媒体可以把我们带入一组组事件，使我们可以比较直观地思考、分析和研究中国人是怎样走过刚刚过去的 100 年的。"[1] 沙老师认为"仕"也即干部群体有特殊重要性，需要集中专门研究，故将对干部群体的思考和分析伏笔于对四个群体的具体分析，而未将其单独纳入《中国人百年》的写作中。

20 世纪是中国人认识自己、改变自己和发展自己的历史时期。现在回望沙老师的《中国人百年》，让与她有着近 20 年师生情缘的我感触更深。这里将呈现我对《中国人百年》的感受和理解：一方面，评析《中国人百年》在沙老师公开的学术发表中的地位；另一方面，呈现中国人人格力量的根本作用在何处、为何者的著者本意和我对此的理解。

一、"居中"的《中国人百年》

在沙老师关于中国民族性的系列研究中，《中国人百年》的地位"居

---

[1]　沙莲香. 中国人百年. 北京：新华出版社，2001：2.

中"可能是合理的。从空间变化来看，沙老师的生命历程，始于她的出生地大连，也终于她的出生地大连。从时间序列来看，中年之后她的研究逐渐转向并聚焦中国民族性，她认为这是自己的人生际遇。

1936年年底，沙老师出生在辽宁省大连市的一个殷实之家。在大连市完成基础教育后，她报考了中国人民大学哲学系。1956年考入中国人民大学后，她度过了一段难忘的读书时光。1960年毕业后，她留在中国人民大学任教直至她终老。其间，沙老师曾在清华大学有过较为短暂的驻留。沙老师对中国民族性研究的兴趣与关注始于20世纪80年代初。1982年东渡扶桑，沙老师认为那时的自己首先遭遇的危机感来自"知识颠倒所带来的冲击和焦虑"，"在那里，我常常看到一些在国内遭受过'批判'的人物（比如心理学家冯特、社会学家布哈林等）却有着不朽的学术贡献，感到已有的知识在不少方面被颠覆，知识贫乏"[1]。她对"文革"动荡十年痛定思痛之后，探讨中国人问题的愿望更加强烈。在日本的学习和观察，让她积累了更加丰富的理论和方法经验，得以从中外对比的角度思考中国文化和中国民族性问题。中国民族性既是厚重的，也是鲜活的，它"表现在千千万万普通中国人的观念与行为之中，需要通过大量的实地观察和调研分析来发现其时代特征与变迁轨迹"[2]。实地观察和调研的研究方法一直贯穿于她的所有研究中。沙老师从资料整理和实地验证两方面构思和研究中国民族性的"历史镜子"和"现实心像"，陆续完成了她的代表作《中国民族性》三卷本。其中，《中国民族性（一）》和《中国民族性（二）》先后成书于1989年、1990年。而《中国民族性（三）》则正式出版于2012年，与前两部《中国民族性》的出版时间相距20多年。《中国人百年》构思于1996年前后，正式出版是在20世纪之初，刚好位于《中国民族性》三卷本出版时间的中间位置。

沙老师自己在著述中也多次直言《中国人百年》的"居中"位置："《中国人百年》是《外国人看中国人100年》的续篇。"但在资料准备和写作上，两个《100年》几乎是同时运作的。"两个《100年》是两本《中

---

① 周晓虹.重建中国社会学：40位社会学家口述实录（1979—2019）.北京：商务印书馆，2021：598.

② 同①606.

国民族性》的延续；《中国人素质研究》不论在时间上，还是在内容上，都可以说是两个《100年》的姊妹篇。"《中国人素质研究》是国家社会科学基金资助项目，比《中国人百年》的出版时间晚了一点。2004年，沙老师又出版了《中国社会心理分析》。她坦言，《外国人看中国人100年》《中国人百年》《中国人素质研究》和《中国社会心理分析》等几本著作的写作思路非常明确：一是写群体，二是写正面的。为什么要写正面的呢，她说："虽然我潜意识里面认为中国民族性的问题不少，但是我有一个愿望就是希望我们这个多灾多难的国家能好一点，想通过这几本书告诉人们我们现在还有力量。《中国人百年》的核心是'人格力量何在'，《中国社会心理分析》的副标题是'献给创造"25年中国"的人们'。"① 中国社会的发展是各个职业的劳动者、知识分子等社会群体共同创造的结果。沙老师的《社会心理学》在1987年至2015年的近30年里先后三次再版，她还在1990年出版《传播学》，2019年出版封笔之作《沿着中庸的美与丑：中国民族性研究随笔》。在从1982年到2013年长达30多年的时间里，她在《中国社会科学》《社会学研究》等期刊上发表数十篇学术论文。在中国民族性的系列研究过程中，她还开展了"对北京奥运会的社会期待及社会心理研究""北京市民公共行为文明指数研究"。2014年，她更是荣获中国社会心理学会颁发的"终身成就奖"。可见，无论是从研究时间还是从研究主题的分布来看，《中国人百年》都应该算是沙老师全部学术生涯的一部中间性作品。

二、中国人的人格力量体现在职业活动中

《中国人百年》中对中国人人格力量的追问是从人的生存和发展切入的，探讨社会发展的心理基础和人格动力。人格是不同心理要素的组合状态，带有结构性。人格力量作为支配角色行为的心理力组合，在人的各种活动中表现出其具体作用。在群体人格的意义上，《中国人百年》将中国农民群体、工人群体、商人群体和知识分子群体置于20世纪的历史事件中，展现其具体的角色行为和人格特征。"人格力量本于人的心理活动，

---

① 周晓虹. 重建中国社会学：40位社会学家口述实录（1979—2019）. 北京：商务印书馆，2021：610.

但它的作用力只有体现在人的劳动或职业活动中，才能得到最有创造性、最充分的发挥，它伴随着职业角色的全部扮演过程。"① 以重大历史事件为背景分析四类社会群体的职业角色活动，是《中国人百年》研究中国人人格力量的主要方法路径。

在 20 世纪的前 80 年，上述四类群体由于失去了与其劳动和职业相联系的"资本"和"资源"，基本上失掉了角色资格。在 20 世纪的前 50 年，中国工人群体和农民群体都是没有占有生产资料的群体。1959—1961 年，中国进入三年困难时期，自 1966 年开始又进入漫长的十年"文化大革命"。在这样的历史事件背景下，农民群体远离了土地、工人群体疏远了机器，他们的社会角色、职业角色都被赋予了严峻的政治斗争意义，他们没能扮演好其应有的角色。当时主要媒体对商人群体的报道更是空白了长达 20 年的时间。沙老师认为商人群体一度是彻底失去劳动或职业资本、职业资源的社会群体，直到 20 世纪的后十年才逐渐走到社会经济生活的舞台上来。知识分子的职业角色扮演，在 20 世纪的前 50 年基本上伴随着民族兴旺的社会使命和文化关切的社会活动，后 50 年则先后伴随着改造脑筋、清除崇美思想。其也多被卷入政治活动中，总体上与其应立足的专业没有紧密地结合。

在 20 世纪的后 20 年，四类群体与其劳动、职业活动形成了较为真实的结合。农民群体扎根于土地，家庭联产承包责任制深刻影响了农民群体的社会行为。工人群体在当时面临的最大挑战是"下岗"。商人群体逐渐引起政府和学界的正面关注。多数知识分子则始终面临资源不足的困境，疲于奔命于寻求收入、经费和专业发展机会。沙老师认为，农民群体在 20 世纪的 100 年中相对来说是最受社会关注的群体，直到现在，农民群体也是中国社会发展的基本力量，是中国社会稳定的基础。工人群体在 20 世纪的 100 年里的受关注程度仅次于农民群体。农民和工人共同构成了中国社会发展的主要阶层基础。商人群体受关注的曲线在 20 世纪 90 年代以后逐渐攀升，说明了对该群体的认识逐渐充分和恰当起来。新中国成立后，知识分子受关注的春天始于 20 世纪 80 年代，直至今日知识分子都

---

① 沙莲香. 中国人百年. 北京：新华出版社，2001：8.

仍被积极关注，说明"知识的力量"为全体中国人所认同。但是，沙老师认为在这 100 年中，四类群体的职业角色没有发挥好合力，在独立扮演过程中遭到的破坏也多于支持，角色扮演总体上看是不太成功的。2012 年，在接受孙庆忠老师访谈时，沙老师对"民族的创生性力量到底在哪里"这一问题的态度依然是不乐观的。她说中国民族性的创生性力量无法被简单地判断为有或没有。在正常的社会生活里，人格力量正常发挥作用。但在变动时期，人格的分化就很厉害。能够经受住考验的只是少数，大多数人是经受不住的，多数是中庸的，处在中庸曲线的"大肚子"里。那么，是什么样的正面人格力量、什么样的文化精神支撑着各类社会群体走出困境，迈向有活力、有勇气、有创造性的职业角色呢？具有创造性的少数群体在哪里呢？这就转向了沙老师学术生涯后期主要着力的研究主题——中庸研究。

三、"中庸"作为中国人的根本人格

社会发展中的现实问题始终是激发沙老师开展中国民族性研究、着力于中庸研究和思考的来源。这样的思考一直贯穿她的学术人生。对中国民族性研究的缘起是她对"文革"中极端社会行为的反思："国人到底怎么了？"沙老师自己在文章和访谈中多次言明，直接参与《中国人百年》写作的干春松老师也曾专门提醒，"文革"是沙老师研究的一个主要社会背景。在分析框架上，《中国人百年》采用的是知行互动论。"文革"中人们社会表层的反常行动与社会底层"温情脉脉"的正常行动形成了强烈的反差，令陷入"国人是怎么了"的追问中的沙老师感受到了一点人性或者说中国民族根性犹在的亮光。当韦伯认为儒家人格缺乏"紧张感"，故而无法指引或激励中国人俗世的职业角色时，沙老师不同意韦伯的判断，她认为墨子刻的"相互依赖说"较之于韦伯的"紧张感"论断进步了，但她认为墨子刻还是没有领悟到中华文化精神的核心，故主张换个研究立足点。把上帝的"伦理要求"与"人类缺陷"之间的"紧张关系"之有无，类比于儒家人格"内部动力"之有无的研究是不全面的，不符合中国人的思考方式和行为方式。把"紧张感""焦虑"等心理现象的根源归因到西方文化里的"先知"预言，也不是中国人思考方式的特点。而知行观是中国文化的核心思考方式。立足于知行互动，为在现实中分析中国人社会行动、

职业角色的知行统一和知行不一的具体现象留下了足够的空间。"知"的自致过程吸收了《中庸》一书中"博学之，审问之，慎思之，明辨之，笃行之"的认知观。在从《中国人百年》到《中国民族性（三）》的 20 多年时间里，沙老师始终以现实的社会问题为自己研究中国民族性的基本社会背景。她认为自己是一个比较弱的、悲情的人。她不否认中国人社会心理要素中的负面成分，相信负面心理有转向积极动机的可能。于是，她坚持运用正面视角去描绘和分析各类社会群体，而底层，则是她对于中国民族性能否坚守中庸的期待与忧虑。比如，对于农民群体而言，土地与土地制度是形塑和影响该群体角色资格的核心因素。在当代中国，宅基地与墓地不仅仅是农民从活着到死去的"归属"与"寄托"，更是血缘、地缘心理结构存在的客观根基。对于当前部分地区出现的集中上楼、集中平坟的现象，她是深感痛心的。社会需要让劳动者占有其生产资料，支持他们扮演好其职业角色和社会角色，是沙老师的研究发现，也是她的一贯研究立场。

中庸研究是沙老师生命后 20 年的研究主题，《中国人百年》对中庸的关系功能和手段选择功能已有相对成形的思考，至于后期对中庸与博弈论关系的研究，在《中国人百年》中尚未凸显出来。《中国人百年》较为集中和完整地分析了中国文化中的"天人合一"命题及其与中庸的关系，再就是中庸人格的关系处理功能。

可从天人合一追溯中庸作为中国文化精神气质的缘起。"天人合一"是中国儒学的基点。孔子并没有对"天"进行严格的界定，但从孔子的思想论述中可理解孔子对"天命"的重视。"知天命"在孔学那里是实现人生最高精神境界的途径。"天下治"则是孔学对世俗社会秩序的最高理想。在天与人的关系判断上，沙老师认为：天为本，人性本于天。宋明理学赋予"人性"和"天"形而上的意义，构成了此后中国文化探讨天人关系的逻辑起点。"天人合一"命题最初由北宋思想家张载提出，在宋明理学对孔孟思想的继承和发展过程中，被纳入儒学整体的文化体系中。在"天人合一"说中，人性和心性的源泉在人之内，也同时在天。修性是自我超越，"天人合一"成为道德力量和人生品质的终极原因。"致中和"是《中庸》的灵魂和核心。喜、怒、哀、乐之未发，谓之中，发而中节，谓之和。"致中和"是一种可以无限接近却不可能达到的理想状态。"致中和"

对个体修性的本质作用在于对关系处置方式的选择。"关系互动"是现实，"关系均衡"是理想。

中庸人格对关系处理的影响的关键在于"手段选择"功能。"关系"是人类社会生活中主体与客体之间、客体与客体之间、客体构成要素之间可以相互沟通、由此达彼的种种"通路"。它是社会生活的形式，而不是社会生活本身。"关系"的本质是社会的。沙老师可能最早是受到了梁漱溟的"伦理本位，职业分途"思想的影响，后在吸收费孝通、金耀基、许烺光等人研究成果的基础上，提出了关系的三个理想类型，即个人本位、集团本位和社会本位。她认为中国社会的关系属于典型的社会本位，重点在关系而不在个人。集团本位的典型是东亚的日本、个人本位的典型是英国和美国。"己"是中国文化的单位，但受儒家文化浸润的"己"不具有独立性。从社会构成单位来看，"己"被包裹于家；在心理学意义上，"己"受制于人伦关系。故中国文化环境中的"己"的形成和社会化，伴随着非独立性的"仁训"过程。"己"位居关系圈的中心，需要处理人际关系和上下级关系多个关系圈。关系的内外有别、远近亲疏形成并推动关系结构的稳定和变化，"做关系"遂成为中国人的人生艺术。沙老师主张"手段选择"是中庸的中心功能，并将其与中国人现实中具体的学、问、思、辨、行等社会行为联系起来，使得中国人社会行动"选择"的对象和过程明朗化。她将忠恕、笃行和中庸构成一个分析框架，主张：忠恕的现代意义是认知和动机设定，己立立人，己达达人；笃行的积极现代意义是积极参与、认真做事；而居中的中庸，则对行的动机和价值取向进行选择和转化，同时寻求手段的合理化。

中庸是中国人基础人格的核心。沙老师的这一论断不是说它的质地优劣，仅仅是就其人格结构及其功能而言的。引发外国人批评的中国人的那些人格特质，比如自私、讲关系、焦虑、紧张等，并不独中国人具有，也存在于其他民族性格中，关键在于不同人格特质的群体分布。中庸处于中国民族性构成的核心位置，是中国民族性的基本特质，并对其他特质构成支配作用。中庸是中国人之为中国人的核心规定，对于解读中国民族性具有方法论的意义，是解开外国人眼中中国人的"谜团"的"键"。在《外国人看中国人100年》中，她用了一个类似梯形的图形表示忠恕、中庸和笃行的关系，其中在上的忠恕重在修内，居中的中庸重在修道，居下的笃行重在显发。从人格结构的功能来看，中庸最具组织、配置的正负功能。中庸作为中国文化模式的核心，为行为选择开拓了多种多样的可能性。行为可能性是指某种明确而又比较固定的目标行为可能通过多种路径和手段实现。行为可能性也是一种未来状态，至于人们最终究竟选取哪一种行为，取决于多种因素。其中，风险是最重要、最值得重视的行为选择因素。正是行动主体对行动情景中风险的态度、识别和感受的差异性，使得中庸并不只是一个稳定的秩序或结构，而是自带多种可能性的"变动不居"。

　　三载"沙门"求道，廿年师生情浓。海棠花树啊，我敬爱的沙老师，今何在？

　　［作者简介］

　　周秀平，湖南常德人，2006—2009 年师从沙莲香教授攻读社会心理学博士学位。现任北京师范大学中国教育政策研究院副教授，主要研究方向为基础教育政策、教育与社会治理政策创新。

从"茧房"再窥现代青少年
社会观念的形塑影响

——以《传播学》一书为解释

文｜梁　昕

恩师沙莲香教授的《传播学》一书出版于 1990 年 2 月，距今已有 30 余年的时光了。据序言自述，老师出版此书的初心为想为国内的传播学"做点什么"。虽然按老师的说法，此书是一本教材。但这本书贯彻着老师编教材的风格——看似教材，却不仅仅是教材。

书内除开绪论部分，共有九章内容，内容层层递进，从基础的传播学的历史、理论和特点，至传播中的媒介、受众、方式和影响。抛开最后对于传播研究的方法的介绍，余下的章节娓娓道来，缓缓展开，将传播学的基础知识如同一幅画卷一般慢慢展现在读者的眼前。"展卷有益"应当说的就是这样的阅读体验，不论是已沉浸相关知识多年的学者，还是刚刚入门的学生，都可以在书中汲取到所需：信息、知识、理论甚或是精神的力量与家国的归属感。

在编写此书的两年前，也即 1987 年 9 月，清华大学发出了中国第一封电子邮件，内容为"Across the Great Wall, we can reach every corner in the world"。当时谁也未曾想过 30 余年之后互联网会成为人们生活中的必需品。而本书付梓之后几个月，钱天白先生代表中国注册了属于中国的顶级域名 CN。人们在信息传播上的两大主要途径由此逐渐建立和延伸。

传播媒介的革命实际上就是生产力的变革，从过去的结绳记事、口口相传的语言媒介阶段，到由邸报至现代报刊的文字媒介阶段，直至电视、电影和互联网等出现并迅速发展的电子媒介阶段，每一次传播技术的迭代更新都是传播范围、传播速度乃至社会观念的一次巨大变革。"人们对社会政治生活、经济生活、文化生活的了解无不有赖于此，它大大缩短了人与人之间的距离，扩大了人们的视野。"①

或因我的博士毕业论文是根据网络舆情信息写就的，因此我对于互联网的观察始终未曾停止。2020 年前后，我注意到互联网小视频的评论中逐渐出现了"信息茧房"一词。

信息茧房（information cocoons）最早由桑斯坦在《信息乌托邦：众人如何生产知识》中提出。他认为在网络信息传播过程中，由于公众的信息需求并非全方位的，他们将会选择性地注意能使自己产生愉悦和共鸣的信息。而后网络会根据大数据算法，更多地推送同质性的信息给受众，最终会形成像蚕茧一样层层包裹的茧房效应。②

虽然对于"信息茧房"一词学界尚未有统一的说法，但随着青少年的"低头行为"比例的逐年提高，网络传播的观点越来越能够左右青少年一代的思维、认知和心理③却是不争的事实。以"信息茧房"为关键词在中国知网中进行搜索，所获取的与社会心理学等相关的论文多数提及了一个词——价值观。这说明已有大量的学者注意到了频繁的"低头行为"对青少年的价值观的影响。

根据一项调查所获得的数据，在被调查者中，每天观看短视频时长在30 分钟以下的占 12.85%，在 30～90 分钟的占 37.11%，在 90～120 分钟的占 23.59%，在 120 分钟以上的占 26.45%。从观看频率来看，"只要有时间就看"的占 18.05%，"空余时间观看"的占 47.43%，"每天偶尔观看"的占 24.75%，而"数天观看一次"的仅占 9.77%。从观看时间段来看，集中在"中午或晚上睡觉前"观看的占 45.31%，在"节假日时间"观看的占 17.81%，在"用餐时间"观看的占 12.55%，在"早晨起床后""下课时间""上课期间"观看的占比分别为 9.18%、8.77%、6.39%。④这意味着许多青少年的生活中充满了短视频的痕迹，价值观、人生观和世

---

① 沙莲香. 传播学. 北京：中国人民大学出版社，1990：120.

② 桑斯坦. 信息乌托邦：众人如何生产知识. 北京：法律出版社，2008.

③ 根据第 53 次《中国互联网络发展状况统计报告》，截至 2023 年 12 月，我国网民规模达 10.92 亿人，较 2022 年 12 月新增网民 2 480 万人，互联网普及率达77.5%。其中，我国网络视频用户规模达 10.67 亿人，网民使用率为 97.7%，居所有互联网用户首位。

④ 艾楚君，孙淑雅，马钰莹. 短视频对青年大学生价值观的影响及应对策略：基于 10 305 名青年大学生的调查研究. 中国青年研究，2023（11）.

界观还未完整树立的青少年受到来自短视频的潜移默化的影响。

《传播学》一书中引用了同是沙老师所编著的《社会心理学》中的一段话，沙老师认为大众传播媒介的普及和媒介环境的复杂化、多样化会对国人尤其是青少年有很大的影响。"在这种环境中，人们购买、问安、书信等可借用电话甚至电视、录像在瞬间完成。人生活的物理空间缩小了，而行为半径却可以借媒体神威延伸到很远的社会空间。于是，人的感情表达、动作姿势等可见可感的成分在人际关系中的作用减弱了，人与人的关系在很大程度上直接表现为人与媒体的关系。这也就是说，人与社会环境的关系在很大程度上表现为人与信息环境的关系"[①]。实际上，虽然当时沙老师所处的社会的信息传播速度远不如今天，但其暴露出来的问题却早已被深刻洞察。

沙老师认为，媒介环境会给青少年带来很大的影响。从负面影响的角度反观当今社会，青少年自伤自杀等危机事件频发、不同年代的各类"黑话"层出不穷、网络直播低龄化等等令人忧心的负面现象和认知，无一不印证了这些在近40年前所形成的结论："心理上的封闭""口头俗文化的传播""行为的模仿"。在青少年的情绪、心理和心态上，沙老师引进了日本的一个专业词汇——"容器人"——来进行分析。她认为，信息环境中的人把自己封闭在"自我"之中，成为所谓的"容器人"。对"容器人"经常起作用的就是大众传播媒体。这样的"容器人"将大量的时间和精力耗费在大众传播媒体之上，其生活、消费、工作、娱乐几乎全部都在网络上，而在现实生活中的人际交往能力下降、社会功能退化则可能会导致其产生忧郁、焦虑的情绪。虽然可能有人会说，并非如此，我仅仅是"社恐"。但事实上，"社恐"一词本身就代表了社会功能的消解和被破坏[②]。线上学习 App 的出现，在令学生可以无师自通地了解各类解题思路的同时，削弱了师生之间的交流和联系；对小视频的频繁观看或可使人足不出户便知天下事，但在大数据算法之下，这或许反而会限制观察世界、了解真相的视角。

而后随着网络传播的发展，人们在通过网络增长着对世界的了解的同

---

①　沙莲香.社会心理学.北京：中国人民大学出版社，1987：19.

②　HOGE E，BICKHAM D，CANTOR J D. Media，anxiety and depression in children. Pediatrics，2017.

时，也同样接触到了阳光之下的阴影。2014 年爱尔兰剧作家斯蒂芬·拉蒂根在 YouTube 上对《小猪佩奇》的"魔改"，最终导致一些别有用心的人"毒改"青少年最喜欢的各类动画片角色。由于其中使用最多的是《冰雪奇缘》中的艾莎，因此网络史称此次毒动画现象为"艾莎门"事件。在当时，大量的青少年接收到各类"有毒"的信息，"蜘蛛侠和冰雪女王艾莎成了枪手""小猪佩奇的爸爸用杀虫剂帮佩奇清理脚上的虫""小黄人姐姐点烟给弟弟抽"等等错误、暴力、色情和下流的镜头充斥各大视频网站，甚至一度成为动画片的主流。网络传播是媒介环境中的"亚环境"，也是现在的主流传播环境，其暴力、色情、误导性的认知若是传播给缺乏识别能力的青少年，势必对青少年的发展产生很坏的影响。因此，2018 年当这样的现象在国内的各类视频网站上也频繁出现时，国内开展了持续至今的净网行动。

2024 年 5 月的"郭有才事件"则凸显了网络媒介环境带来的另一个负面问题——行为的模仿。班杜拉的社会学习理论认为，儿童会模仿其榜样的行为。郭有才是一位流浪歌手，因在菏泽南站外直播唱歌而一炮走红，短期内狂赚几百万而成为一位现象级网红。自其之后，大量网红涌入菏泽南站的广场，期待可以用"蹭流量""蹭热度"等方法博取到流量并变现为资本。其中不乏奇装异服、五音不全及行为低俗之人。而今，甚至有评论家认为过去的孩子的梦想是当科学家、航天员，而现在的孩子只想当主播、直播带货。2023 年"双十一购物节"淘宝直播一哥李佳琦狂揽50 亿人民币，创造了一个网络直播带货的神话。而后，直播开始出现低龄化的现象。不少儿童和青少年企图利用自己的年龄、身体和性别的优势获得流量，并快速变现。2024 年，全国政协委员、著名演员靳东曾经对这样的现象做出过评价："现在的网络环境真的是让人觉得悲哀。……许多年轻人误以为只要在网络上走红，就能轻松致富，而忽略了真正有意义的工作和学习。"网络带来短期暴富的幻象让很多的儿童和青少年产生了错误的认知，从而在行为上也形成了错误的模仿。

大量的此类事实充斥于网络，更别提网络模仿犯罪等行为。媒介环境的污染会对现实的社会环境造成严重的影响，危害公共秩序，降低人们的文化意识水平，引发错误认知。加之大数据算法推送的推波助澜，很容易令受众处于"茧房"之中而最终形成错误的"三观"或者偏执的心理。尼葛洛庞帝在"我的日报"式的信息筛选方式还未真正实现之时，就已经表达了他的忧虑。他认为："信息传播的走向将由广范围变得越来越有针对性和个人化，直到只剩一个人。"① 事实上在网络时代，当信息获取的途径逐渐缩减成为一个智能设备或者单一渠道之时，就代表信息获取的主动权已不再掌握在受众的手中。人们不再看报、很少看电视，更多地是通过各种类型的互联网平台获取自己所需的信息。人们获取信息的途径史无前例地被拓宽，但在拓宽的同时，人们也将自己的喜好、个人信息甚至是隐私信息透露给了各类媒介主体，从而导致各种风险。

在法律和监管未完善的情况下，伴随着巨大利益的诱惑，有些媒介主体会轻易跨过一些底线，凭借算法推荐等等行为强行窄化受众的信息视野，令受众的信息视角刻板化，形塑受众的认知和"三观"，甚至扰乱受众的常识判断，挑战社会的公序良俗。

在《传播学》一书中，媒介文化是指"在社会总体文化系统中，以媒介影响人的方式为主要原因而构成的亚文化系统。它可以使我们从宏观到微观地研究由媒介而产生的或在媒介活动中显现出的社会文化现象"②。沙老师在书中认为，媒介文化实际上存在两种表达：其一是在大众传播之中所形成的时间、空间、心理上的同一趋势。其二是媒介主体如何引导大众判断某一问题是否重要和确定如何讨论问题。2020年盛行的"凡尔赛文学"便是一个典型的例子。"凡尔赛文学"又被戏称为"凡学"，是网络中以自嘲的方式反向炫耀自己的优越感的一种语言表达方式，以微博博主"蒙淇淇77"为代表人物。此人在微博上用先抑后扬、明贬暗褒、自说自话的方式分享其在北京的奢豪生活。其后网络中"凡尔赛文学"四起、甚嚣尘上，不少"90后"和"00后"通过"凡尔赛文学"这种语言表达方式，将网络世界演变为一种全民泛娱乐化的文化场域，并试图通过"凡尔赛文学"的语言方式实现向现实世界传达他们的态度、表达他们的想法、寻找他们的归属并最终获得认同的目的③。

---

① 尼葛洛庞帝. 数字化生存. 3版. 海口：海南出版社，1997：192.
② 沙莲香. 传播学. 北京：中国人民大学出版社，1990：156.
③ 贾晓宇. "凡尔赛文学"视域下"00后"青年网络社群交往特征呈现、动因与纠偏. 连云港师范高等专科学校学报，2022，39（3）.

"凡尔赛文学"实际上就是媒介文化的建构，也是受众社交心理的一种异化表现。不少人为了获得关注、博取流量采用了各种自夸的方式，其中不乏一些青少年采用各种自娱自乐的"凡尔赛文学"语言来表达和宣泄压力，并由此开启了全民"娱乐至死"的节奏。尼尔·波兹曼在其《娱乐至死》一书中认为，传统的、理性的以阅读为基础的文化终会变成以娱乐为核心的基于电子媒介的不良文化，现实世界里的所有主体都终将沦为娱乐的附属品。而这恰恰也印证了《传播学》中提及的媒介文化对于人们价值观的潜在引导，同时也说明了媒介环境所产生的负面作用。

一些人在网络上肆意输出自己的情绪，毫不约束、妄加论断，"键盘侠""水军"层出不穷，幕后推手、网络渗透暗度陈仓，网络上的信息真假难辨，一旦一个现象级的事件出现，便会涌现出大量的非理性的言论和评价。网络媒介环境总是会因为其匿名性、公共性而逐渐失范，而后规则被打碎之后重构，网络逐步由全民狂欢向着全民理性的方向发展。成年人尚且容易激动"上头"，对情绪易激惹的青少年而言，一旦"茧房效应"形成，他们会更容易受到"茧房"的束缚而导致"三观"出现偏差。

对于青少年来说，他们接触大众传媒的最初目的是满足认知的需求，因此一有信息就会全面吸收。而这样的"全面"实际上可能会导致青少年在"同一性"之上出现价值观念、自我概念等等建构上的偏差。因此在讨论如何应对互联网给青少年带来的危害时，沙老师引用了库尔特·勒温的"守门人"理论。她认为，信息总是通过某些关口传递，因此在信源与受众之间应当有一个"守门人"的角色来决定信息的中转、中止和传递。从信息的采择到文字的编辑、图文的审阅，在网络信息传播的过程中会有许多的"守门人"，而这些"守门人"会将适合于青少年的信息放在网上，尽量减少"茧房效应"给青少年价值观造成的影响，屏蔽那些"有毒"的信息。而这恰恰是各类网络安全监管部门、媒介主体、社会各界和监护人都在做的事情。

合书掩卷，沙老师的《传播学》一书至今依然具有旺盛的生命力和解释力。它如同我的老师一般，每当我读它时，我都会从中汲取到生命、生活和研究应当有的品质和态度。恩师已离去两年多，数次梦中隔海、隔江、隔河相望，更是无数次看见相似的身影就会停留驻足，哪怕知道不是她，我也期望可以从那仿似的身影里再次看见她。老师是深邃的，如同她的书一般，近 40 年后再次品读，依然可以让你甘露洒心、醍醐灌顶。

[作者简介]

梁昕，沙莲香教授 2011 届博士毕业生，现就职于合肥师范学院教育与心理科学学院心理学系。

促进变革的社会教育：《一个贫困村的变迁——龙居的昨天·今天和明天》

文｜孙庆忠

1995 年 5 月，沙莲香教授赴台参加在台湾大学举办的国际华人心理学家学术研讨会。会后，她顺访辅仁大学并谒见李振英校长。在得知中国人民大学女性研究中心在河北龙居村的脱贫致富社会教育之后，李校长深受感动，并促成台湾宗倬章先生教育基金会资助出版了《一个贫困村的变迁——龙居的昨天·今天和明天》一书。这本书的内容从村落的自然环境到人文历史、从家庭组织到经济从业、从医疗状况到人才信息，可以说是龙居村过往与当下的"百科全书"。尤为可贵的是，作者以细腻的笔触，生动地记录了女子流动学校给山村妇女带来的深刻变化。在这场以"脱贫致富"为目标的社会教育中，我们目睹了行动者带领村民由生活教育转入职业教育和市场经济教育的能力，也感受到了村民价值观念的转变及其给村庄生活带来的勃勃生机。

一、社会教育的前缘：贾俊乔与女性研究中心的相遇

《一个贫困村的变迁——龙居的昨天·今天和明天》一书曾这样介绍龙居村：龙居村地处太行山东麓、河北省中部，隶属于保定市满城县辖区，距县城 10 公里，距离保定市区 60 公里。全村面积为 22 平方公里，包括耕地 44.6 公顷（669 亩）、山场 2 000 公顷（30 000 亩）。1995 年普查时，全村共 351 户、1 031 人，其中男性 570 人、女性 461 人，以邸、王两姓为主体的 13 个姓氏，不均衡地分布在 10 个村民小组。1990 年之前，龙居村人均收入低于 70 元，主要来源于务农、少数的果树收入以及外出打工。当时，村里的交通极为不便，只有一条山路通往易县，另有一条 1982 年修建的小公路。村民常年吃国家补助粮，是个典型的贫困山村。

贾俊乔出生并成长于龙居村，1972 年高中毕业，1975 年至 1993 年担

任村妇女主任。这 18 年间，她帮助妇女寻找赚钱的出路，除了通过绣花、纳鞋等劳动使她们获得一点必要的经济收入添补家用，她最为突出的贡献是，从 1990 年开始响应全国妇联发出的在农村妇女中开展"双学双比"竞赛活动以及向山区妇女提出搞三八绿化工程的倡议。她和两个妇女委员商定，先在卧龙岗承包百亩（6.7 公顷）土质最差、最难开发的山地作为村妇代会的试验基地。如果成功了，就为全村开发荒山蹚出一条路。而后她们三个妇女干部集资 500 元，作为开发荒山的资金，同时召开妇女大会，动员大家走出家门，做绿化荒山的先锋。三年后，曾经光秃秃的穷山岭，变成了以卧龙岗为主干的三条果树"经济沟"。贾俊乔也因此被授予保定市劳动模范、省"双学双比能手"、全国"三八绿化奖章"等一系列荣誉。1993 年，她通过村民选举成为村委会主任，不仅是龙居村历史上的第一位女"当家人"，同时也是当时的满城县的第一位女性村庄"一把手"。上任的当年，贾俊乔便发动村民出义务工，在农林部门 3 000 元资金的支持下，为村里垫上沙石路，使出山的公路不再颠簸；从市水利局获得 1 万元资金用于水利设施的修建；还给小学教室房顶都盖上塑料布，防止漏雨。次年，她从县财政获得 6 万元资金，在村里打了 3 眼井。至此，村里的交通、水利、教育等基础设施大为改善。

1994 年 9 月 4 日，《农家女》杂志负责人谢丽华女士在河南新乡举办了"农村妇女发展与对策"研讨会。贾俊乔受邀与满城县妇联主席李秀敏共同参会，并做了题为《立下绿化巾帼志，当好致富带头人》的发言。她的实干与坦诚、渴望与恳切，深深地感动了与会人员。北京外国语大学的吴青教授在会上发出帮帮贾俊乔的倡议，并带头捐了 300 元。贾俊乔说："那次会议上给我捐了 1 650 块钱，拿着钱，我流了一大碗眼泪。为什么掉泪？我觉得特别难受，因为我这个性格不想跟别人要钱。"这次会议除了带给贾俊乔 1 650 元的捐款外，她还有两项意义重大的收获：其一是结识了周素雯老大姐和热心于扶贫工作的吴敏先生。会后，吴敏先生很快找到了北京市海淀区私营个体经济协会秘书长刘永泉，获得了该协会 20 万元的资助，用于龙居小学的改建。其二是结识了中国人民大学女性研究中心的邓春黎老师，邓老师很希望女性研究中心正在计划的筹备女子流动学校的设想能够在龙居村变成现实。正是这样的机缘，拉开了中国人民大学女性研究中心与龙居村人联结的序幕。

二、脱贫致富的行动：女子流动学校与龙居村的改变

1994 年 10 月，贾俊乔和李秀敏来到中国人民大学女性研究中心与沙莲香教授深入交流，希望能为改变龙居村的贫困面貌，特别是改变山区妇女的生活状态寻找出路。为此，1995 年春节前夕，女性研究中心的杨志、邓春黎和路红三位老师前往龙居村调研，对村民希望通过技术脱贫的渴望有了切身的体会。回京后，她们与沙莲香教授开始酝酿到龙居村开展全面的脱贫致富社会教育，并于"三八"妇女节这一天，正式成立了中国人民大学女性研究中心女子流动学校龙居分校，贾俊乔担任分校校长。女子流动学校的宗旨是：

> 依靠基层力量，为农村脱贫致富奔小康服务，为农村培养人才。这里的基层力量，除了基层组织和基层干部，还有小学教师和农村有初中以上教育程度的青年。在授课的同时，培养当地社会教育师资力量。当社会教育基础教材编写出版，当地教师开始独立施教之日，便是女子流动学校开始撤离之时。①

在女子流动学校成立之初，学者们便意识到，对龙居村每次的物质扶贫都属于当务之急，救济了贫困中的村民，却改变不了龙居村的贫困命运。因此，女子流动学校在对村民进行生活教育、卫生健康教育之后，将重点转向职业教育和市场经济教育。其目的是让村民了解全国社会改革和经济发展情况，鼓励他们用自己的双手和知识改变现状，尽快脱贫过上小康生活。

1995 年 5 月 28 日杨志和邓春黎老师在给妇女们上课时得知，她们最关心的事情是果树的病虫害管理。同年 7 月 27 日至 30 日，在女子流动学校的咨询活动中，绝大部分妇女关心的是技术和信息，渴望通过"双手＋技术"脱贫致富。在此次上课的前一周，女性研究中心针对全村 20～49 岁参加劳动的 177 名妇女进行了问卷调查，以期了解她们的身体状况、家庭构成、脱贫愿望，以及价值观念和行为取向。调查的结果显示：她们

---

① 沙莲香. 一个贫困村的变迁：龙居的昨天・今天和明天. 北京：中国人民大学出版社，1997：189.

普遍重视子女教育及卫生健康，不安于经济现状，希望走出去见世面，愿意参与家乡发展，要求掌握技术的行为取向迫切，在家庭生活中具有强烈的自主意识。这些积极的反馈信息，无疑都预示着山区妇女观念的深刻变革。

与建立女子流动学校同步的是，女性研究中心积极为村庄发展寻求外援。1995 年 5 月，沙莲香教授通过香港浸会大学的钟慧慈教授，得到香港新界社团联会妇女中心及叶顺兴主任对龙居村的三年脱贫资助。8 月，村里用第一笔资助款购置了小尾寒羊 104 只、彩电和录像机各一台、图书 40 余册。正是这些物质性的帮助，打破了龙居村历史上山羊独霸的畜牧业结构，培养了村里的"科技小秀才"，最关键的是，让农民看到了自己的力量，开始相信自己能在市场经济中占有一席之地。因此，物质援助的目的是对农民自强、自立精神的培育。正如沙莲香教授所言：

> 这些有限的物质性帮助，不论对于龙居人说来，还是对于帮助者说来，抑或对于中国人民大学女性研究中心说来，只是龙居脱贫的手段，是工具性的东西，得到物质性帮助，并不意味着龙居觉醒。物质的重要性，除了用于发展生产、增加收入，更希望通过物质性帮助，促进龙居人觉醒，培育龙居精神。①

1995 年 9 月 4 日至 15 日，联合国第四次世界妇女大会在北京召开，贾俊乔参加了妇女论坛，并发表了《贾俊乔参政前前后后》的演说。在大会上，她被妇女世界首脑会议基金会授予"农村妇女生活创造奖"。这份殊荣对女村委会主任和龙居村妇女而言，无疑是鼓舞斗志的强心剂。在这一年 11 月 8 日开幕的"国际科学与和平周"活动中，中国组委会和全国妇联举办"中国妇女与科技发展"学术研讨会。女性研究中心为龙居村妇女争取到 20 份与会邀请函。这是妇女们第一次进京，欢悦的心情无以言表。她们与中国人民大学档案学院的学生、女性研究中心的老师欢聚，畅谈龙居村的变化。在 1996 年 9 月 15 日开幕的"国际科学与和平周"活动中，中国组委会和中国人民大学女性研究中心共同举办"科技没有忘记妇

---

① 沙莲香．一个贫困村的变迁：龙居的昨天·今天和明天．北京：中国人民大学出版社，1997：4.

女"学术研讨会，龙居村妇女又获得了 20 个参加会议的名额。第二次进京，她们再度满载荣光而归。此时，一年前从山东郓城引进的 104 只小尾寒羊产崽 187 只，经过试验，它们已在龙居村扎了根。1996 年 12 月 3 日，满城县人民政府在龙居村召开小尾寒羊养殖基地现场会及龙居基地建设汇报会。为庆祝这次现场会，小学生准备了节目，妇女们除了大合唱，还扭起了大秧歌。沙莲香教授认为，这是山区妇女登上经济和社会舞台的表现，实属农村妇女在性别角色变迁中的一次飞跃。①

以沙莲香教授为代表的中国人民大学女性研究中心，从 1994 年开始在龙居村推动脱贫致富的社会教育，到 1997 年《一个贫困村的变迁——龙居的昨天·今天和明天》出版，历时三年，不仅实现了山村妇女观念和行为的转变，也让我们看到了她们在改变自身贫困命运的过程中所蕴含的巨大能量。而今，重温 30 年前的这段往事，我们感慨的不仅是岁月的流逝，更能生起一份由衷的敬意——为农村妇女寻求改变的心力，为学者们的使命担当。仅就成书的过程来看，社会教育的推动者便已表现出了卓然的行动理念：

> 本书第一稿的作者全部为龙居秀才。由他们来撰稿，一是他们最了解龙居，最热爱龙居，能写出真情。二是他们写龙居，又是提高他们文化知识素养的过程，他们要调查，要找资料，要思考，有时甚至要重新架构自己的认知方式，扭转以往一些保守看法，从而会诱发新的需求，形成合理的成就动机。三是便于我们这些"书生"了解并学习龙居人的品格。中国人民大学老师、学生，凡是去过龙居的，无不被龙居人的质朴和热情感动，无不喜欢龙居。②

这段叙说传递了两个重要的信息：其一，作为外来推动者，学者们充分认识到村民是脱贫致富的主体，是改变自身命运的主力军，因此没有放过任何可能带来改变的教育环节。龙居人挖掘村落资源、撰写书稿的过程本身，就是为建设家乡树立自信心的过程，就是为自己寻求热爱乡土的依

---

① 沙莲香. 一个贫困村的变迁：龙居的昨天·今天和明天. 北京：中国人民大学出版社，1997：7.

② 同①1-2.

据的过程。其二，教育是一个双向互动的过程，中国人民大学的师生也在认识乡村和服务乡村的行动中，获得了心灵的滋养，在助人的教育行动中拥有了成就感和幸福感。

三、卅载回首的叹息：村落精英与外援退去之后

1997 年 8 月，《一个贫困村的变迁——龙居的昨天·今天和明天》出版之日，正是龙居村发展的高光时刻。这之后村庄发生了哪些变化？2001年，我进入中国人民大学社会学博士后流动站从事社会心理学研究，其后10 年在沙莲香教授的嘱托下，一直关注女村委会主任贾俊乔和龙居村的发展，我因此数次驻扎在村里，亲身感受村庄的种种变化。

自从女村委会主任贾俊乔受到外界的普遍关注，令村民无法预料的外来资源接踵而至。然而，在道路、学校等基础设施得以迅速改善之时，却发生了"巅峰时刻的颠覆性事件"。村委会成员带头上访，状告贾俊乔有经济问题，贪污村庄的扶贫款。这是一种村民与基层精英之间矛盾的大爆发。1997 年下半年上访事件结案，"县委书记亲自到中纪委汇报，经查账目没有问题，并张榜公布"。虽然结果给了村民一个交代，但是也折射出村领导班子在财务上有失透明，与村民沟通过少的事实，这是干群矛盾激发的主要原因。1998 年 1 月贾俊乔当选河北省第九届人大代表，政府赋予的政治性荣誉，再度唤起了她改变村庄面貌的热情。1998—2000 年，她带领村民铺设了全县第一条由一个村庄独立修建的水泥路。这期间她又组织村民打了 5 眼机井，解决了村里灌溉水不足的问题。此类无可争议的功绩，也使上访事件得以暂时平息。

为了让龙居村走上一条可持续发展的小康之路，贾俊乔在积极筹划以道路为主的基础设施建设和配套的水利设施建设的同时，1999—2001 年策划了耗资 500 万的大西梁生态园开发工程，在政府的支持下修建了4 000 多米盘山水管；2003 年修建了 5 000 多立方米的蓄水池及上山高低压线路；2004 年在生态园修建了 3 000 多平方米的旅游住房和 1 000 多米的葡萄长廊，完成了 5.7 公里上山路沙石路面的铺设，并修建了用于防洪的顺水墙，还在山上栽种了 10 余万棵树。为了应对巨大的资金需求，2005年开始农业生态项目与外部企业合作开发经营。尽管农业生态项目有着长远的发展意义，却难以在短期内获得预期利润，其结果是企业投入的主动

性和积极性降低，村庄发展重新陷入两难的境地。正是这项耗费资金巨大的工程，成为 2013 年村民再次上访的引子，并最终致使贾俊乔退出村庄管理层，龙居村从此一蹶不振。

作为缺乏集体经济的山村，除了人民公社时期留下来的 1 000 多棵磨盘柿子树的收入和荒山承包收入外，龙居村几乎没有任何其他的集体收入来源。荒山的开发难度大，承包费很低，因此，对于缺乏内力的村庄来说，村级公共产品和公共服务的供给极度依赖外部的援助。龙居村自 1993 年以来的巨变正得益于贾俊乔的制度外"化缘"和执着的"愚公精神"。在此我们看到，贾俊乔个人的奋斗精神和强大外援的支持，曾经改变了一个贫困村的命运，与此同时，也暴露出乡村基层治理的两个困境：其一，在能人治理实现了村庄公共产品的有效供给之时，如何强化村民的参与意识，进而建立起干群之间有效的交流机制？其二，当精英个体与外援退去之后，村庄将向何处去？这是龙居村的发展历程所昭示的普遍性问题。

沙莲香教授一直关注龙居村的发展，2020 年之前一直与贾俊乔保持密切的联系。她一再说龙居村是她深入了解中国乡土社会的窗口。我在中国人民大学期间，正值北京奥运会的筹备期。作为一名具有敏锐洞察力的社会心理学家，沙莲香教授认为，申奥的成功对于中国人整个的精神走向将会产生重大影响，人文奥运这一重大的事件就是中国民族性提升的契机。2008 年奥运会刚刚结束，她便邀请龙居村妇女来北京参观鸟巢、水立方等国家体育场馆，让她们感受北京的新变化。2017 年，在回顾龙居村以及当了 18 年村委会主任的贾俊乔时，她曾这样写道：

> 俊乔在一位有眼光的县妇联主任李秀敏的支持下走出山沟沟参与社会生活。她是一个山村的女性，一个社会底层的女性。从她那里，也从她组织起来的村里妇女那里，我看到了农村女性在不可承受的生活困惑中自发地组织起来改变山水丛林，依靠自己的艰苦行动去寻找生活出路；看到了她们自发地组织起来学习农业技术，组织起来唱歌扭秧歌，寻求自由；看到了她们有自己养殖的小尾寒羊，有承包下来的果树和累累果实；看到了她们来到北京开会和参观所表现出来的喜悦之情。但我没能看清村子里姓氏关系的复杂和一旦结怨便生出的复

仇心理，没能看清女性在创造自己的同时还需要顾及周围"社会"和这个"社会"投射出来的"议三论四"，而这后者或许是俊乔也没有顾及的。后来，当我知道她在不少时候为村里一种不同力量所裹挟并活得艰难之时，我心无以安之。我并没有真正了解农村。①

沙莲香教授是率直而真诚的，每一次读到这段文字我都深受感动。这里记录了她对龙居村女子流动学校投入的情感，以及扎根乡村的社会教育实践的足迹。我在中国农业大学工作的 20 年间，特别是在她告别讲台之后，我每一次下乡，她都是一个"粉丝"级的追踪者，她会问我暑假在哪里、寒假是否去边疆，并嘱咐我无论走到哪儿都别忘了给她发照片，告诉她那里的农民今天生活得怎么样。每每这个时候，我的心里都会涌起一股股热流，我知道在这份深切的关怀里，有她对学生的牵挂与期待，更寄予了她对乡土社会发展以及中国民族性研究的深入思考。

[作者简介]

孙庆忠，2001 年毕业于中山大学，获人类学博士学位，嗣后进入中国人民大学社会学博士后流动站，师从沙莲香教授从事社会心理学研究。2003 年入职中国农业大学，现为人文与发展学院社会学与人类学系教授。兼任农业农村部全球重要农业文化遗产专家委员会委员，中国农学会农业文化遗产分会副主任委员。长期致力于民间社会组织、农业文化遗产与乡村发展等领域的研究。从 2014 年起，先后在河南辉县、陕西佳县、内蒙古敖汉旗、河北涉县、云南红河哈尼族彝族自治州、浙江开化县等地，进行以文化撬动乡村建设的系列试验。

---

① 沙莲香. 沿着中庸的美与丑：中国民族性研究随笔. 北京：中国人民大学出版社，2019：155 - 156.

第四编

追忆与缅怀

追思沙莲香老师

文｜胡鸿保

1985 年秋，我入职新成立的中国人民大学社会学研究所，有缘认识了沙莲香老师。当时她尚不满 50 岁，自日本留学归来①，充满活力和进取心；而我是 37 岁，刚从中央民族学院（现为中央民族大学）民族学专业硕士毕业。那时社会学研究所人员很少，讨论撰写教材《社会学概论新编》，多次开会都不是在办公室，而是在沙老师的家里进行。这也让我有了更多机会接触、了解沙老师。

1987 年，沙老师出版了专著《社会心理学》，继而又出版了《中国民族性（一）》（1989）、《中国民族性（二）》（1990）。新书一出，她都赠送予我，并很认真地说希望听取我的意见。当时的我学术功力甚浅，没能写出什么评论。时隔多年之后，她又出版了《中国民族性（三）》（2012），依旧送我一册。作为回应，这次我勉力写出了一篇短评②。写作书评时的我已经退休四年，而沙老师仍然"壮心不已"地指导博士研究生。查阅人大图书馆资料得知，经沙老师指导的博士学位论文共计 41 篇。第一位博士生裴蓉毕业于 1999 年夏，当时我应邀参加了她的论文答辩；而最后一位博士生朱丹景完成学位论文则是在 2021 年年底。

凭我感觉，沙老师一直对民族学、文化人类学相当重视，大概也充满"好奇"。她认为社会心理学研究者，理当掌握这些相邻学科的基础知识。

---

① 据沙莲香自述，"1982 年 4 月 24 日至 1984 年 4 月 24 日，在东京大学进修，实实在在地读了两年书"。（沙莲香．沿着中庸的美与丑：中国民族性研究随笔．北京：中国人民大学出版社，2019：10.）

② 胡鸿保．一位社会学家的悲情与期盼：《中国民族性（叁）：民族性三十年变迁》读后感．中国民族报，2014－06－20.

后来，沙老师曾叫我为她的三位博士生（章军、石伟和潘宇）授课。那是在她的研究方法课程中由我穿插讲一段"文化人类学方法"，在 3 学分的课程中占 1 学分。此事也是对我的一种"提携"吧，让我见习日后担任博士生导师该做的工作。

尽管与沙老师在同一个单位共事 30 多年，可是，中国社会的"人相与"委实难解。一般而言，只有上了年纪的人才会感觉到了吐露某些往事的时候——好似沙老师所言，"对自己的一种交代"①。所以，读罢年逾八旬的沙老师的研究随笔和受访口述之后，我对她的处世方式有了新的理解，也对一些共同经历的往事恍然若有所悟②。

沙老师暮年生活节奏改变，心境愈趋和缓：住在世贸天阶（公寓）期间，往武英殿看画展、苍松，去断虹桥看石兽、古槐，前后三次走进太庙拍摄古柏……虽然她自己总结一生的弱点是"不争"③，但我却从长时段对比中觉察，早先的沙老师并非"无为"，而自有其积极进取的"争"的一面。在招收博士生方面，就是如此，有两次给我留下深刻印象。

一次是录取博士生王欢。我记得当年系主任李强曾召集系里几位老师来讨论。在沙老师的争取下，王欢最终得以录取。三年之后，王欢交出博士毕业论文《残留孤儿的日本社会适应性研究："血缘边际人"的根性特征》（2003），顺利取得学位。后来论文改成专著出版［《归根——日本残留孤儿的边际人生》（世界知识出版社，2004）］，可说是令导师脸上有光，也向我们证明了沙老师当初没有"看走眼"。

还有一次是调剂报考她的考生改读人类学专业。沙老师有学术雄心，愿意多招生。她总是积极鼓励学生报考她的研究生。这样固然可以"多中

---

① 沙莲香. 沿着中庸的美与丑：中国民族性研究随笔. 北京：中国人民大学出版社，2019：311.

② 沙莲香. 探索中国民族性的变迁轨迹//周晓虹. 重建中国社会学：40 位社会学家口述实录（1979—2019）. 北京：商务印书馆，2021.

③ 同①198-199，281-300，238.

选优"，但是，人大研究生院规定每年给每位博士研究生导师的招生名额却不能满足她的期望。于是，给笔试过线考生谋出路，成了"爱（学）生"的她给自己出的一道难题。争取扩招，按当时研究生院的规则，操作非常困难。而我由于个人脾性"无为"以及专业原因（人类学专业属于冷门），有好几年报考我的考生无人笔试过线，我都接受了本系社会学专业的调剂生。2007年报考沙老师的笔试过线的考生较多，她为学生着想，便来找我商量，从中调剂一名过来，改读人类学专业。

沙老师自言她研究社会心理学并非科班出身，而是从多学科的交叉点步入这个领域的。她在言谈中多处显现出对于"学科出身"十分在意，同时她也意识到"不专业"就需要付出更多的努力。[①] 我觉得，"把对人的研究具体化为民族性研究"[②]，恰恰是因跨专业的缘故才出现了纰漏。我在阅读《中国民族性（三）》后，就有这样的感受。

或许正是因为当初沙老师执念于"中庸"，才会在"中国民族性的研究一开始便遇到了'中庸'"[③]。从《中国民族性（一）》收集的资料来分析，前贤的同类论述并非都会劈头一来就碰上"中庸"。这是我的一点肤浅体会。

还是沙老师说得好，任何作品的文字背后都含有特定的历史语境。她的《沿着中庸的美与丑》开头有段哲理颇深的话语，那是她有感于阅读自己早年的文章而发："多年之后阅读这些文字，感到文字背后的'思境'是其时其思之下的东西，若在'当下'是再也写不出来了的。"[④] 我想，老年学人读了，多半会引起共鸣。

数十年来，沙莲香老师孜孜矻矻，辛勤耕耘，硕果累累，殊为难得，值得我们晚辈景仰、缅怀。

---

① 沙莲香.沿着中庸的美与丑：中国民族性研究随笔.北京：中国人民大学出版社，2019：1-2.

② 同①1.

③ 同①2.

④ 同①16.

沙老师与社会学系同事合影（1991年5月于人大校园）

携女儿与沙老师及其门生合影（1993年9月于人大校园）

[作者简介]

胡鸿保（1948—　），上海人。1989年毕业于中山大学人类学系，获历史学博士学位。1985年入职中国人民大学社会学研究所，历任讲师、副教授、教授、博士生导师，现已退休。主要研究方向为中国社会学、人类学史。曾主编《中国人类学史》（2006年）、《中国民族学六十年》（2012年，与杨圣敏共同主编）；著译主要有《中国人类学逸史》（2000年，与周燕合译）和《文野互动——民族考古文集》（2010年，与林春合著）；在学术期刊发表论文《中国社会学中的人类学传统》等数十篇。

怀念沙老师

文｜杨宜音

沙老师离世，我觉得很突然，因为她一直活跃在微信群里，也因为她一直那么有活力，以开朗达观的形象，刷新着我对老年人的想象。还记得在重庆开会的那一年，从校外的住宿宾馆门口出发，她被学生簇拥着一路走向会场，一路洒下欢声笑语。

印象里，沙老师是一个极富个性的人，她敢于表达自己的观点，态度鲜明，但同时，她又特别呵护自己的学生和晚辈，那时又像一个慈祥的奶奶。我们背地里有时候叫她"沙老太"，多少有些戏谑，但更有亲近的成分和敬重的意思。

认识沙老师，大概是在 1983 年以后我参加的中国社会心理学会举办的几次会议上。从那时起，记忆之中沙老师的名字就一直与学会的工作和活动连在一起。沙老师是学会中的重要领导者之一，曾担任学会常务理事、副会长多年，对学会工作非常投入。我在担任学会秘书长期间（第五届，2001—2005 年；第六届，2006—2010 年），和沙老师交往的机会不少。虽然学会工作都是兼职，又没有任何报酬，但它关系到学科的建设、学界的风气、学术的尊严，需要具有社会责任感和公民意识的人来参与。沙老师就是以这样一种精神，不辞劳苦，认真负责地参与学会的学科建设中的各种讨论和学术交流，从不缺席。

学会会刊《社会心理研究》于 1990 年创刊，沙老师是当时的 10 个编委之一。创刊号上就刊有沙老师贡献的一篇论文——《中国人民族性格研究》。由于经费紧缺，会刊一度出现出版中断的情况，沙老师和其他编委一起，毅然决然地自掏腰包，凑集资金维系了会刊的出版，这笔钱到了 2000 年左右才陆续还清。到 1996 年学会开完了第四届全国代表大会，会刊编委会规模扩大到 17 人，沙老师还继续担任编委。直到 2006 年新的编委会成立，沙老师才不再担任这项工作。

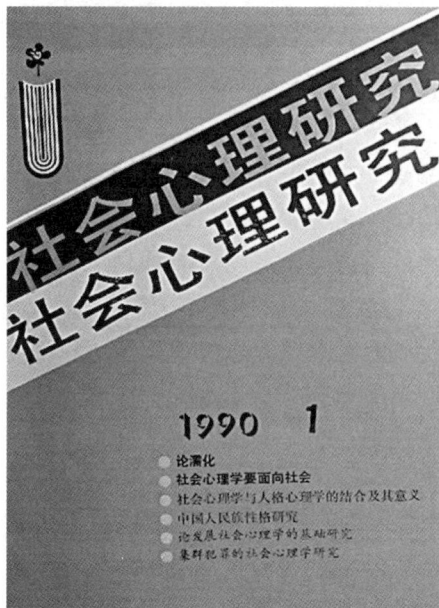

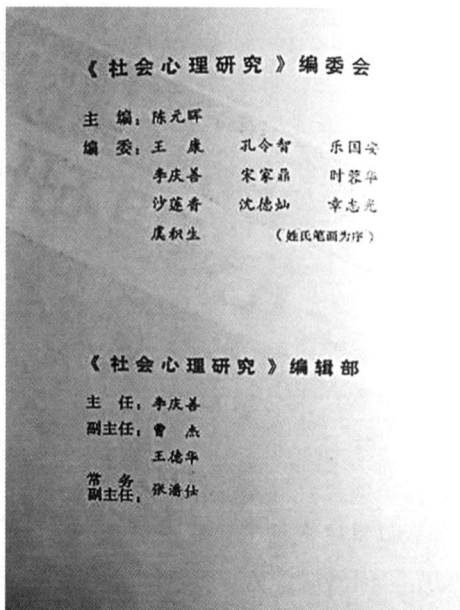

《社会心理研究》创刊号

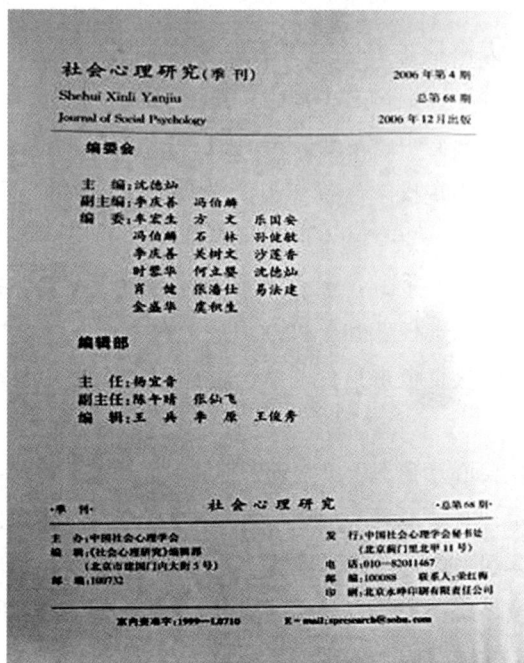

《社会心理研究》2006年第4期

2014 年，中国社会心理学会给沙老师颁发了"终身成就奖"。那一天，我坐在台下，看着她走上台，听着她中肯的、朴素的发言，觉得几十年的岁月凝聚在了那一刻。从 20 世纪 80 年代到 21 世纪头十年，在 30 多年的时间里，正是有沙老师这样的学者，伴随着中国改革开放的艰难历程，以一种对社会、对民族的忠诚，不遗余力地参与到恢复重建社会心理学这门学科的事业中来，从无对个人功名利禄的计较，毫无保留地贡献出自己的才智和心血，才有了这门学科如今的繁荣。

中国社会心理学的恢复是从 20 世纪 80 年代初起步的，重建之初，百废待兴，急于补课，也亟待选定方向和做出成果。沙老师赴日留学回国后，即思考中国社会心理学的发展方向，以一种国际视野、从文化社会的角度提出了自己的观点并从多个层面做出了自己的努力。

在学科建设方面，她几乎是竭尽所能，全面发力。她编著《社会心理学》教科书，系统介绍社会心理学这门对当时的社会科学界来说已经生疏的学科，从 1987 年初版至今已经修订到第 4 版，发行量很大，对学科基础教育做出了很大的贡献。在科研机构建设上，在以"社会心理学"命名的学术机构还很少的年代，1993 年，她在中国人民大学建立了社会心理学研究所，树立起学科的旗帜，吸引和栽培学科人才。为此，我见她一有机会就动员年轻学生加入学术队伍，用自己的热情和责任感去感染他们。见到我，她会不厌其烦地向我介绍所里的每位老师和他们的长处，她爱学生、惜人才的心，溢于言表。而实际上我知道，社会心理学由于自身的学科性质，在社会学界和心理学界都往往被置于边缘，因此维系一个研究所必须有一种坚持精神，才能百折不挠、有所建树。沙老师还积极参加学会工作和期刊编辑工作，为学术共同体的建设默默奉献。她看到了中国社会心理学的本土文化特性，努力推动国际交流以及大陆与港台学者的交流。在 1991 年学会举办的社会心理学暑期系列研讨会上，她是五位大陆主讲者之一，与三位港台主讲者一起，参与对年轻学子的培训。在 20 世纪 90 年代中期，她作为大陆首批赴台参会的社会心理学家，与台湾学者结下了深厚的友谊（我还记得杨中芳老师来京时，我陪她去人大林园拜访沙老师，对她家那只大黑猫印象深刻）。

在理论建设方面，沙老师关注中国社会心理学的学科发展方向，深入思考其中的理论问题。她一方面开拓性地进行了中国民族性问题研究，坚持不懈，成果卓著；另一方面又面对中国社会变迁中的现实问题，做出了具体的理论解释。在理论应用方面，沙老师还通过研究介入社会的改造和建设，例如开展北京市公共文明程度评估研究等，收到了很好的社会效果。

在我的书架上，现在还摆着沙老师的几本大作——《中国民族性》三卷本、《社会心理学》、《传播学》等，这都是每次沙老师来中国社会科学院参加学会的工作会议时专门送给我的。她的声音似乎就在耳畔："宜音，这是我出的新书，送给你啊！"每到这种时候，我总觉得很内疚，因为沙老师几乎每次来开会，都带给我她的新书，而我还没有什么值得回馈给她的学术成果。好在这种激励，一直伴随着我，让我不会怠惰。

在学术之外，沙老师也是一位亲切的长辈。记得有一次开年会，我和沙老师住在一个寝室，我们天南地北地闲聊，包括家庭，包括人际关系。沙老师以自己的生活经历，给了我一些提醒和建议，特别是担心我的身体，对我嘱咐来嘱咐去，真是一个"沙老太"。

时光匆匆，学会的一些老学人（沈德灿教授、章志光教授、张世富教授、孔令智教授……）陆续走了。如今，沙老师也离开了我们。不过，想想看，他们和沙老师身上闪烁的精神如此有生命力，一直散发着光芒，护佑着社会心理学这一学科在中国发展壮大。

回首往事，沙老师对生活的热爱，对学术的执着，对明辨是非的坚持，对朋友、同人、学生的友爱，是那样宝贵、那样值得珍视、那样值得传承！

[作者简介]

杨宜音，中国社会科学院社会学研究所社会心理学研究室研究员，曾任中国社会心理学会秘书长、会长。

忆沙莲

文｜黄蔼明

　　记得 2016 年春，我儿子开车从天津送我到人大参加老同学女生聚会（沙莲做东，在人大的俄罗斯风味餐厅）。沙莲知道我身体不好，见了面就安排我在沙发上躺下，又忙着沏杯热饮！在同去的孙子的要求下，她热情又耐心地向他讲解了有关社会心理学的问题，走时还送给我们礼物！沙莲的盛情令我们全家感动，至今怀念！

[作者简介]

黄蔼明，系沙莲香老师人大的同学。

沙老师的三堂课

文 | 彭泗清

2022 年 4 月 8 日，沙莲香教授不幸与世长辞。在沙老师的弟子们自建的微信群"人大社心"中，大家纷纷表达悲伤，追忆往事。由于疫情防控的原因，大多数同学无法到线下参加悼念活动，只能在线上回忆各自与沙老师交往的点点滴滴，其中的许多故事都很感人。我的脑海中也储藏着很多关于沙老师的故事。重温这些往事，我们似乎又回到了沙老师的课堂，听老师娓娓道来。

自 1988 年到中国人民大学社会学系读沙老师的研究生，迄今已经 30 多年，我似乎一直没有离开过沙老师的课堂。我印象最深的，是沙老师的三堂课：求真课、行善课、和美课。

一、走进沙老师的课堂

我第一次走进沙老师的课堂是在 1987 年，为了准备考研，我提前来听沙老师的课。

我是 1983 年开始上大学的，在清华大学化学与化学工程系学习。20 世纪 80 年代是"思想解放""走向未来"的年代，当时思想文化界很活跃，新技术革命浪潮以及对中国文化和民族性的反思影响很大。逐渐地，我对社会科学产生了浓厚兴趣。当时清华文科还在恢复重建中，师资比较少，我经常到北大听一些相关的讲座，也旁听一些课程。读大二时，清华开始试点并联双学位（即本科五年中可同时攻读两个学位），于是我报了社会科学的辅修并被录取。1988 年毕业时，我获得了工学和法学双学士学位。

读社会科学的双学位时，我遇到了不少名师。西方思想史的老师是何兆武先生，他慈眉善目，上课娓娓道来，如数家珍。中国思想史的老师是钱逊先生——国学大师钱穆的儿子，他严谨内敛，不苟言笑。社会心理学的老师是从北大心理学系请来的汪青先生，他谦谦君子，和蔼可亲。社会学的老师是沈原先生，他目光如炬，言辞犀利——当时他很年轻，是社会学的少壮派。

大学时我读了不少费孝通先生的书，如《乡土中国》等。在《社会调查自白》中，费先生说："我一生的目标，唯一的目标，就是了解中国和中国人。"当时读到这句话时，我心里一亮，好像突然被感召了，有了读社会学、社会心理学研究生的想法。经过沈原老师的推荐，我准备报考沙老师的研究生。此前，从清华大学环境工程系毕业的袁方已经考上了沙老师在人大招收的第一届研究生（1987 年入学）。我找袁方打听到了沙老师上课的时间和教室，就直接跑到教室去旁听，并向沙老师说明了报考她研究生的意向。我记得沙老师微笑着表示欢迎，并让我在纸上写下了自己的名字和本科专业。就这样，我以一个旁听学生的身份走进了沙老师的课堂。一年后，我如愿以偿考入人大，正式成为沙老师的学生。

二、沙老师的求真课

在《从实求知录》中，费孝通先生强调"从实际生活当中得到知识"，"要用我们所掌握的认识客观事物的科学方法，直接去看、去观察、去分析社会生活里的事实、秩序、格局和基本规律"。这种社会学、人类学的基本训练，也是沙老师身体力行，教给我们的重要一课。其中的要义，一是要深入生活，进行实地调研，因此求真课的课堂往往是在"祖国大地"；二是要采用科学的方法，透过现象看本质；三是要深入思考，有提炼、有发现、有创新。

1988 年 7 月，我大学本科毕业，正值暑假，还没有到中国人民大学报到，沙老师就让我加入科研课题组去大连碧海山庄调研，同行的有罗新、袁方、唐顺益等。我们做的是使用人类学方法的参与式研究，沙老师和我们几名学生一起，住在碧海山庄，白天到山庄的餐厅帮厨，就餐时段与餐厅工作人员一起劳动，其他时间去做访谈和问卷调研。碧海山庄当时是大连的一个新开发的旅游景点，暑期游客非常多。我们在那里调研了一个多月。

1988 年暑假，沙老师带领其研究生在大连碧海山庄调研（前排左一为沙老师，右一为唐顺益，后排右二至右四分别为袁方、彭泗清、罗新）

当时有一件事情让我印象很深。餐厅快餐窗口有一位上了年纪的工作人员，人很耿直、很善良。他给顾客打菜时有自己的偏好：面对看起来规规矩矩的老实人，他打菜时就多给一点；面对那些留长发的年轻男孩，他觉得人家不够本分，打菜时就少给一点，也不给人好脸色。一些顾客对此有意见，老大爷则觉得自己是爱憎分明，没有错。当时沙老师让我们讨论这个现象，在大家畅所欲言之后，沙老师向我们阐释了个人好恶与职业道德的不同：老大爷有自己的审美偏好与个人好恶，这本身没有错，但是在工作中，他应该遵守职业角色的规范，对顾客要一视同仁。虽然留长发的男顾客在发型上不符合老大爷的偏好，但是人家没有违法，花同样的钱就餐，应该得到同样的待遇。结合具体的事例，沙老师给了我们很多启发。很显然，如果不深入实地调研，不以人类学的方法躬身入局，只是凭借抽象的理论思考，或者只是看问卷调查的数据，我们就很难体会到真实的生活，也就难以把握真正的世道人心。

在研究方法方面，沙老师也通过自己的示范，给了我们很多启发。其中最重要的是历史与现实的对照。沙老师让她的研究生参与了她主持的国家社会科学基金"七五"重点研究项目"中国人民族性格与中国社会改革"课题。沙老师谈道：中国民族性是厚重的，根植于延绵几千年的中国文化之中，有大量的历史文献需要梳理；同时，中国民族性又是鲜活的，表现在千千万万普通中国人的观念与行为之中，需要通过大量的实地观察和调研分析来发现其时代特征与变迁轨迹。课题研究有两个相互衔接的出发点：一方面从历史上有关中国人研究的资料出发，沿着历史线索思考、设计和构思课题；另一方面从现实生活中的当代中国人出发，通过调查，得到大量实证材料，再从历史文化中去寻求解释。这两个出发点分别对应构成课题的相辅相成的两个部分，即"历史镜子"和"现实心像"。有关"中国人民族性格"，古今中外有各种各样的论述，其中不乏相互矛盾的看法，令人莫衷一是。但是，借助"历史镜子"和"现实心像"的观照，我们就可以从一个更大的视野、更高的层面上去思考，看到更全面、更丰富、更深入的真相。

三、沙老师的行善课

对于我们学生，沙老师还有一个很重要的影响，就是慈悲胸怀和积极心态。这是沙老师一辈子都在教我们的"行善课"。

慈悲胸怀不仅要有韦伯所说的"同情式理解"，即站在他人的立场看问题，而且要有仁爱之心，即发自内心地愿意帮助他人，包括各种有缺点的人；积极心态则是在诸多问题面前看到光明的一面，看到希望，并尽力促成积极的转变。慈悲胸怀是对他人的行善，尽可能理解他人、包容他人、帮助他人；积极心态是对这个世界的行善，不管世界上有多少令人失望的地方，仍然满怀希望，以建设性的心态添砖加瓦，共建美好世界。

沙老师带我们去河南镇平县进行"国情调查"时，有一堂生动的"行善课"，令我至今难忘。当时，我们到一个非常偏僻的乡村做入户调查，走进一户人家时，只有一位七八十岁的老奶奶带着她六七岁的小孙女在家。老奶奶非常朴实热情，招呼我们进屋，小孙女也很懂事，搬出椅子让我们坐，然后去倒水给我们喝。其中有一个小细节让我们很诧异：小孙女先拿抹布擦干净椅子，接着用同一块抹布擦茶杯，再给我们倒水。不用说，我们几个学生都有一个自然的反应：擦完椅子的抹布，怎么可以去擦茶杯？多脏啊，这水怎么能喝？

沙老师似乎没有注意到这个细节，乐呵呵地喝了水。我们随行的几个学生有人没有喝，有人礼貌性地喝了一小口。离开这户人家后，我们说起这个细节。沙老师和我们讨论了很久。其实，沙老师注意到了这个细节

（她平时是比我们更爱干净、更注意卫生的人），她让我们先不要争论杯子里的水干不干净、该不该喝，而是先试图去理解小女孩为什么这么做、小女孩自己是怎么想的。经过沙老师的启发，我们理解了小女孩的"行为逻辑"：作为待客之道，先要请客人坐下来，再给客人倒水喝。所以，先擦干净椅子，然后再去擦干净杯子，这个顺序肯定没有错。那么，为什么没有用不同的抹布，而是用已经脏了的抹布擦茶杯？这背后其实与小女孩对"干净"的理解有关。对于受过现代教育的人，干净的标准是没有污迹、没有灰尘、没有细菌；但是，小女孩还没有接受现代教育，没有"细菌"的概念，她从生活中学到的干净的标准只是没有污迹、没有灰尘。在这样的知识背景下，她的行为很正常，没有什么不对。通过这件小事，沙老师让我们真正明白了"同情式理解"和"善待他人"的真谛。

在行善方面，沙老师一直以身作则。20 世纪 90 年代她到河北省满城县龙居村做调研，不仅深入了解这个贫困村的具体情况，而且想方设法进行帮扶，为当地引进了小尾寒羊养殖等产业。为了表达感谢，龙居村推荐村里一个优秀女青年到沙老师家做保姆。令人没有想到的是，沙老师像对待家人一样善待这位保姆，帮她补习文化课，后来又帮助她上学。这份奇缘，成为当地的美谈。

四、沙老师的和美课

和谐美好，是沙老师一生的追求，为人为学，都是如此。沙老师的"和美课"，体现在她的言行中、她的著作中，其中，《沿着中庸的美与丑：中国民族性研究随笔》可以被看作一本和美课教材。在这本书中，有对"人文精神的召唤"，有对"中庸的美"的向往，有对"北京市民公共行为文明指数研究"的详细阐释，更有对"中国人的素质构成与社会发展"的探讨。它内容包罗万象，主题却十分鲜明：天人合一的环境、文明进步的社会、和谐美好的人生。

沙老师自 20 世纪 80 年代初开始进行中国民族性研究。当时学界和社会上普遍存在简单否定中国传统文化和中国民族性的错误倾向。在学术立场上，沙老师坚持从积极正面、动态发展的视角来研究民族性。她明确指出："虽然中国民族性中不同程度地存在一些问题，但我有一个愿望，就是希望国家能够发展得更好，我要通过自己的研究告诉人们国家是有力量的。中国社会的发展是万众一心共同创造的结果。作为教师，我们应该从正面的、积极的角度来思考问题，探索传统和民族性传承与创新的途径。"沙老师坚持十多年进行北京市民公共文明行为的研究，身体力行推动市民文明程度的提高，就是这种学术立场与和美价值追求的生动体现。

沙老师的三堂课，是真善美的学术化、具体化、生活化，也是"莲"的品格的具体化：花之君子，中通外直，不蔓不枝，香远益清。

重温沙老师的三堂课，我想到一个值得探究的问题：沙老师 1936 年出生于辽宁大连，幼小时感受十四年抗战的烽火，上大学时经历各种政治运动，工作时又遭遇十年浩劫。国家经历磨难，个人也难免受到冲击，在这样的背景下，为什么她老人家仍然心存善念、求真求美、乐观向上？

对于这个问题，我想到了莲花"出淤泥而不染"的品格，想到了电影《苦菜花》里的台词——"苦菜花根苦，可开的花是香的"，还想到了沙老师的一本著作《中国人百年》。这本书以 100 年来在中国社会生活舞台上活跃的四大群体（农民群体、工人群体、商人群体、知识分子群体）为主线，试图找出支撑中华民族历经磨难而未衰的人格力量。这本书提出了"沙莲香之问"：20 世纪的中国多灾多难，四个群体都有过职业角色遭到破坏、个人身心受到很大冲击的经历，他们究竟是以什么样的精神气质来应对逆境的？沙老师用一生的努力，提交了自己的答卷。我们祈福：新时代的中国人，将提交更加美好的答卷。

[作者简介]
参见《重读〈中国民族性（二）〉》关于作者的介绍。

老师，来生再见

文｜罗　新

　　我最后一次见沙莲香老师，是在 2019 年 11 月下旬。

　　在那之前，我基本上每年都回国两次，每一次回去，都会和沙老师见面。

　　2019 年 11 月，我回国探望母亲，照例还是去探望了沙老师。

　　这一次，我们一起去看画展。沙老师很喜欢艺术，看画展是我们经常做的事情。

2019 年 11 月和沙老师一起看画展

　　那时的我，觉得这样的会面还会有很多次。

　　虽然，每一次见沙老师，都会觉得她的身体又差了一点，但是，衰老

2019 年 11 月和沙老师一起看画展

是一种不可逆转的自然现象。沙老师的生活还能自理，思维也还敏捷。

所以，每次告别沙老师，我都没有太多的离愁别绪。毕竟，再过几个月，就又能见面了。

那时候的我，根本无法想象，一场世纪疫情，阻断了我以及无数人回国的路，而且一隔就是三年。

那时候的我，也根本不知道，2019 年 11 月的那一天，与沙老师挥手再见，就是永别。

一场 30 多年的师生缘，竟以这样的遗憾结尾。

我出生于一个教师世家，自己又是从大学、研究生一路读上来，从国内读到国外。我遇到过许许多多的老师，但是，沙老师是其中非常特别的一个。

我第一次见到沙老师，是 1987 年秋季的一天。那时，刚刚升入大四的我，开始考虑毕业后的去向问题。

我想读研，但是我所在的北大社会学系，下一年只招四个研究生，竞争非常激烈，加上我对社会心理学挺感兴趣，又觉得换个环境也不错，于是把目光投向了人大社会学系。

人大社会学系那时候只有三个老师可以招研究生，分别是郑杭生老师、贾春增老师和沙连香老师。沙老师的主要研究方向是社会心理学。

于是大四刚开学不久的一天，为了准备考研，我跑到人大社会学系去听沙老师的课。

那是我第一次见到沙老师。她的个子在女性中算是较高的，身材略瘦，看上去文雅中透着干练。

下课后，我向沙老师表明了自己想报考她的研究生的意愿，我们的师生缘就这样开始了。

从那时开始，我就经常去听沙老师的课。

在课堂上，我还遇到了也想报考沙老师研究生的来自清华大学的彭泗清。我跟他说：咱俩都能考上。

那时候的人们，好像还不知道互相防备、互相嫉妒、互相伤害。

听了半年的课，我和沙老师也越来越熟悉，还几次去她在人大校园里林园的家做客。

1988 年春节之后，我的研究生考试笔试结果出来了，我进入了面试名单。

面试那天，我见到了日后我的同届同学们，一共九人，我是年龄最小的，也是唯一一名女生。

参加面试的，有一个男生，他面对几位老师，太紧张，几乎一句话都没说出来。

面试完，我看见他闷头沮丧地站在人大操场的篮球架下。面试失败，他自己也觉得这次考研没戏了。

但是，沙老师收了他。

他其实并没有报沙老师的研究生。沙老师看见他的情况，于心不忍，把他调剂了过来。

沙老师就是这样一位有着慈母心的老师。

就这样，我、彭泗清加上这名男生，成为沙老师的第二届弟子。

这名男生，终究还是因为心理健康问题，没能读完研究生。其实，他的问题在面试那一天已经一览无遗，但是沙老师还是愿意给他提供继续深造的机会，并把他招到身边。

纯善、亲切、设身处地为别人着想，使得沙老师在我们这些学生心中，不光是恩师，更像一个慈母。

在被录取后，还没迈进人大的校门，我就开始参与沙老师组织的各项课题。

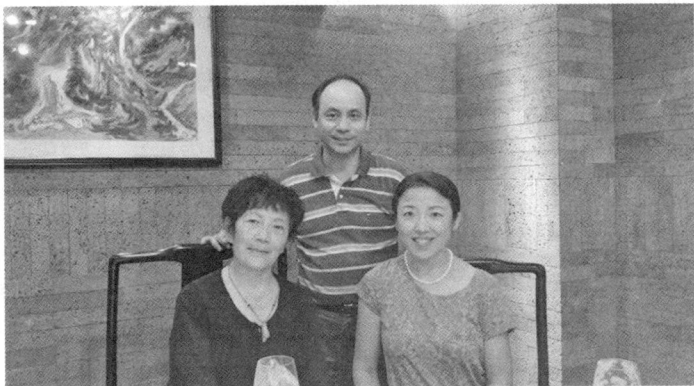

罗新、彭泗清和沙老师聚会

我在大学毕业那年的暑假，就和沙老师以及几个研究生，一起到大连的一个避暑山庄搞社会调查，每天和餐厅的师傅一起干活，观察山庄的游客情况。

我们和沙老师同吃、同住、同行。她把那个山庄作为课堂，身体力行地带领我们观察、研究、讨论。

从那时开始，我跟着沙老师学习了三年。当时，社会学在重建之后，正处于蒸蒸日上的阶段，我们跟着沙老师研究中国民族性，研究大众传播，研究各种各样的社会心理现象。在我研究生毕业之前，就有好几本我们师生共同创作的书得以正式出版。

我觉得自己非常幸运，因为很少有研究生可以在上学期间就参与国家级课题，并且在正式出版的书里有自己的名字。沙老师对学生是真正的无私、公正、关爱。

沙老师是一位有影响力的著名社会心理学家，但是，她给我们的影响，远远超出学术的范围。

她慈爱、体贴，从心里把我们看成是她的孩子。

三年在校期间，我们这些学生在沙老师林园的家里，不知吃过多少次饭。

沙老师曾去日本讲学几个月，还特意交代自己的先生请我们几个学生吃大餐，"补一补"。

就这样，我跟着沙老师学习，搞社会调查，做问卷分析，组织和参与研讨会，和中国台湾、日本、美国等地的学者见面……忙碌而充实的三年，匆匆而过。

研究生毕业后，我去了海南。很多师生关系，在天各一方之后，就渐渐淡下来。

我和沙老师却一直有通信联系。所以，她几年后组织妇女研讨会的时候，也邀请我来参加。

这一次，我又见到了阔别几年的沙老师，以及当年的同学们。

这次会面的结果，就是又一本书的诞生。这本书由沙老师主编，我的文章也在里面。

再后来，我出了国，和沙老师基本上只能是回国的时候见一面。

这些时候的见面，少了之前那些主要围绕学术的师生之间的研讨和交流，而是逐渐演化出像亲人一般的关系。

毕业后每次我们回去跟她一起吃饭，她怕我们抢着付账单，就提前一天去饭店，把钱先预付了。或者是吃饭的时候，假装上洗手间，其实是去结账。

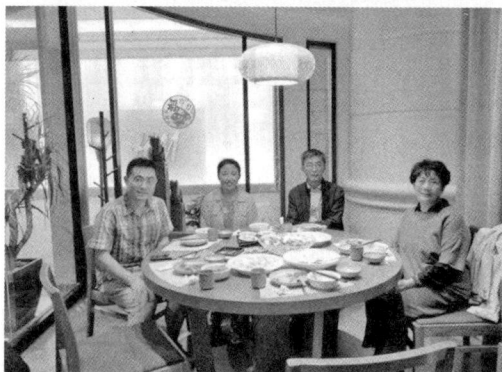

每次和沙老师一起吃饭，她总是和我们抢着付账单

有一次我回国赶上海南台风，停水停电，她听说了很着急，给我手机里充了 1 000 元话费，说你的孩子没事可以玩玩手机。

我使用国内手机的机会不多，这 1 000 元话费花了好几年。

还有一次我带孩子去看她，离开时叫了出租车，我上车后她拉开车门，塞给司机 200 元做车费。

这些举动，不知今天的师生关系里，还会不会有。

她就是把我们当成她的孩子。孩子不管多少岁了，不管多么功成名就，依然会被保护在母亲的羽翼下。

我的每一条朋友圈，沙老师都会点赞、评论。

所以，即使隔着千山万水，我也感觉她就像是生活在我的身边一样。

她知道我的孩子的每一点成长；她读了我写的每一篇文章；她看过我走过的每一个地方；她感受到了我生活中的每个点滴。

每一次回国，我们都一起吃饭、聊天、看画展、在公园散步。

去家中探望沙老师

一切都是那么自然、宁静、美好。

大约是 2021 年 10 月的时候，我发现沙老师有一段日子没给我的朋友圈点赞了，也有一段日子没有在师生群里发言了。

我有些担心，在群里询问，才得知一个多月前她中风了，后来回到大连疗养。

陪沙老师逛公园

最后一次给沙老师拍照片

一个我们这些学生都不愿意承认、都在害怕的事实，摆在了我们面前：沙老师老了、病了。

优雅的、坚强的、处处为别人着想的沙老师，一直是我们主心骨的沙老师，到了需要被照顾的这一天。

疫情，不光阻断了我从大洋彼岸回国的脚步，也阻断了在国内的众多学生和后辈的脚步。我们不能去探望沙老师，只能真诚地祝福，祈祷她能够好转。

沙老师果然好一些了，因为她又开始给我的朋友圈点赞了！

虽然由于中风，她的手不受控制，无法打字，但是，她开始给学生们的朋友圈都点赞，也可以转发一些文章到群里了。

看见那个点赞的小红心，我的心也安稳，知道她还在，她还能读，她还能用点赞的方式和我们交流。

我在纽约看了一次梵高的沉浸式画展。想到沙老师那么喜欢艺术，我就给她发了许多照片和视频。我想，沙老师一定会特别高兴。虽然她无法去现场观看，但是这些照片和视频也能让她大致了解这个展览。

其实我知道，对于沙老师来说，健康，已经渐渐远去。但是，只要老师还在，我的心就还踏实。

接到噩耗那天，有点猝不及防。廖菲老师在微信群里说：沙老师凌晨2：50走了。那天是2022年4月8日。

走了？什么意思？这不可能！

3月底的时候，她还给我的朋友圈点赞呢。

我不想接受这个事实。她的所有的学生，都不想接受这个事实。

可恶的疫情，让我不能见沙老师最后一面。

所以至今，我还有那种感觉：沙老师没有走。

时间过去近三年了，我一直不想写纪念文字，因为在我的内心深处，不想与沙老师正式告别。

沙老师，真的走了吗？

从此，我不能再陪她看画展了。

从此，我无法感受到那种超越师生关系的、发自内心的关爱了。

余生的每一刻，我都失去了一份真诚的祝福。

老师，谢谢您。来生再做您的学生。

[作者简介]

罗新，1988 年毕业于北京大学社会学系，同年考入中国人民大学社会学研究所，师从沙莲香教授。在校期间，参与了沙教授主持的"中国民族性"课题研究及著作写作。1991 年毕业后到海南省人民政府研究室工作。在海南工作期间参与了沙教授的《中国女性角色发展与角色冲突》一书的写作。2000 年与家人定居美国，工作之余从事自媒体写作和社会公益活动。

灿若夏荷，馨芳永续

文｜王彦斌

2022 年 4 月 8 日凌晨，导师沙莲香教授在大连不幸仙逝。

尽管 2021 年同门们就知道老师轻度中风在大连休养，听说这事后大家都很想去看望她，但由于疫情管控无法实施，大家都希望等老师休养得再好一些且疫情管控松解后再安排时间与老师一起好好聊聊。没有想到的是，4 月 8 日这天上午，我正在跟博士生讨论论文修订问题，左旭东忽然打电话告诉我同门群里传来了猝不及防的消息，敬爱的老师离开我们驾鹤西去了。我真的不愿相信，因为就在不久前老师还在微信群里上传了一张她头戴庆生花环的照片，她体态安详、神采飞扬，一点都没有衰弱的迹象。

回想起来，跟老师最后一次见面已经过去三年多了。2018 年 5 月 26—27 日，我们"沙门"在母校举办了聚会，那次到会的同门非常多，最远的是从大洋彼岸来的许风海。老师非常高兴，同门们也一样快乐，关爱、关心与期待洋溢在聚会的整个过程中。

在聚会前，我们在社会与人口学院的教师办公室与老师畅谈。记得老师特别自豪地说"我是乘坐地铁来的"，意在强调她自主意识和自主行动能力的强大。那时大家都觉得老师一切都很好，心情愉快、头脑清晰、思路敏捷，而且身体非常健康。其间老师告诉我们，她已经为自己的晚年生活制订了新的规划——要通过练习画画强化自主意识和自主行动能力，我们相信老师的画一定能够画得很好，因为她少年时期就对画画有较高的天赋和极高的悟性，加之她自我控制能力非常强大，还有一个做画家的学生齐鹏可以提供帮助。为此大家还跟老师约定，回头要办个"沙门"艺术展，我们真的很期待这个展览能如期举办。此后，我更加注意利用各种机会拍摄社会摄影照片。那天她还告诉我们，要注意锻炼身体，说她每天都要花时间锻炼，通过养生锻炼的方式增强体质，以保证身心一致。谁知，那一次竟然是永别……

我和旭东是同门，更是博士学习时的同窗，这些年因为他一直在昆明工作，我们常见面，见面时经常会提到老师：老师对弟子学术成长的重视、对弟子工作发展的关注，以及对弟子生活的关心。2021 年年底知道老师中风只是轻微的，而且正在积极康复，我俩都相信我们和老师一定有时间再次见面。那天噩耗传来，悲痛之余我们谈到了因为疫情防控无法见老师最后一面的遗憾，都表示将把对老师的深深怀念永远珍藏在心里。后来同门们希望能够出一本纪念老师的集子，大家都纷纷撰写缅怀小文以表达自己对老师的怀念之情。旭东对我说，他每次到北京都会去看望老师，此生对老师的感恩和怀念他将永志不忘，纸上写来终觉浅，他更愿意在心底里感恩老师、纪念老师。

老师已经离我们而去，相信她去到的那个世界一定繁花似锦，充满着温馨和友爱的氛围。因为按照某种观点，每个人所追求的世界一定如自己所期望的那样。老师一生矢志不移的事业追求和似水的为人处世，就是她人生的写照，也应该是她在天之灵的归处。

作为著名学者，老师学富五车、风范犹存，学界已有定论。作为学生，我们更愿意回忆老师的那些别人所没有看到的美好。

我与老师的第一次见面是 1988 年的硕士研究生复试，但真正开始熟识则是在入学之后。而我真正把社会心理学研究当作自己矢志以求的目标，缘于在中国人民大学社会学系攻读硕士学位时聆听了老师讲授的"社会心理学"课程。对于社会认知、社会情感等社会心理现象，老师讲得让人耳目一新，一学期的课程结束后，我收获很大。我的课程论文是讨论旁观者冷漠现象的，这篇论文我写得很认真，后来在人大办的研究生学术期刊上发表了。而我的硕士学位论文尽管是一篇关于西方社会学理论的探讨文章，但其中很多思考都与社会心理学的学理有关。

20 世纪 80 年代的人大社会学系与社会学研究所两块牌子、一套人马，三届研究生加起来只有 20 人左右，而老师们都住在学校里，所以我们和当时系里的三位研究生导师（除了沙老师和我硕士时的导师贾春增老师外，还有郑杭生老师）都很熟，也经常去沙老师在林园 7 楼的家中听她的教海。记得硕士研究生毕业答辩后，我们 5 个硕士研究生毕业的同学一起在图书馆前跟沙老师合影留念。硕士研究生毕业后，我的社会学研究中少不了社会生活的群体心理问题，所以一直跟沙老师有联系。后来我攻读博士学位时选择了沙老师的社会心理学方向，2000 年正式成为"沙门"弟子。

从与沙老师正式结上"沙门"师生缘开始，中国人的中庸之道的问题，尤其是亲情关系的重要性就从老师的口中时时听到。从国家社会层面直到人际关系层面，老师都曾涉及，认为这是社会心理学应该研究的重要问题。而且老师在学习方面和生活方面都视弟子如孩子，始终秉持中庸之道。

在博士生的学习方面，老师是严师，更是充满温情的良母。她始终以母亲般的关爱关心弟子的研究选题，希望我们既有兴趣做也能够认真做好。这其实与老师一直研究的中国民族性的中庸特质是一脉相承的，从 20 世纪 80 年代开始，老师就以中国民族性为主题进行研究，并发现中庸之道是中国人的重要特质。成为老师的弟子后，最开始老师想让我继承衣钵，直接做与中国民族性相关的研究，因为我在云南工作多年，按官方的说法，这里有 26 个世居少数民族，所以她希望我能从少数民族的角度入手，选择少数民族民族性研究作为博士毕业论文的选题。正是由于我在云南大学工作，接触过大量的少数民族文化现象及问题，也进行过一些研究性工作，当我把我所见所思的问题跟老师详细说了之后，老师没有再让我做这方面的研究选题，为此我的研究选题定为与老师的认同研究相关，也是我一直关注的组织凝聚力的维持和提升方面。最终，我在老师的指导下完成了我的博士毕业论文《组织整合与组织认同研究》。在学术研究上，老师有自己的研究主题，希望弟子能够继承衣钵做相关的、更加深入和拓展性的研究，但她更多的是以建议方式提出引导性思路，使我们有更大的研究空间，更具有研究创新的可能性。师从老师后，我一直以组织认同这种中观层面的社会心理现象为自己的研究主题，也基于老师关于社会心理既有内过程也有外显性特征的思考，形成了自己的学术研究观点和研究特点。感谢老师的学术宽容和引导。

在生活方面，老师对学生更是关怀备至。最让我不能忘怀的是，2007年我妻子癌症晚期到北京治疗，好像是旭东把我们去北京寻求治疗的情况告诉了老师。没过几天，老师给我打电话，说是要到医院看望我妻子，我无论如何劝说都无法阻止老师到医院，最后只能让老师这位古稀老人到了医院，让我妻子在生命的最后阶段知道我的恩师对她也一样关心牵挂。我妻子看到老师亲自到医院看望她非常激动，感激的泪水从她的眼角流下。我们到北京住院治疗后没多少天，带去的钱就开始告急，老师知道情况后，马上就让我到她那里去取。我回昆明筹到钱后还给老师，她却说她的那些钱就给我妻子贴补着作为治疗费用了，她的钱每个月够花，每个月都有工资进项。最后我对老师说："您在我最急需用钱的时候给我提供帮助就是对我的最大支持，我只能领心意，您不能这样。"老师才收下我还给她的钱。我们在北京的那段时间，隔三岔五，老师总会给我打电话了解我妻子的情况。最后我们在无奈的情况下离开北京时，老师还对我反复叮咛，要我多注意自己的身体。料理完我妻子的后事后，我向老师汇报了我当时的境况，老师非常关心我的工作状态和身体状态，希望我能够从阴霾中走出来。在我到沈阳工作后，老师对我的生活更加关心，如母亲般嘘寒问暖、无微不至。非常值得一提的是，在我走出那段无以名状的困境期间，旭东一家也一直在帮助我，而旭东的为人之好是老师常常在我面前提到的。我们作为"沙门"弟子，真的很庆幸有这样一位母亲似的好导师。

老师在学术上对真的追求，在生活中对美与善的执念，以一种生活方式的形式影响着我们。尽管"沙门"弟子分散在地球的不同空间，但是一说到是沙老师的弟子，都会有一种油然而生的亲情。这其实与沙老师的日常教诲分不开，老师无时无刻不以学问、以人格向我们展现对亲情关系的关注。作为学生，继承老师的衣钵最为重要，得益于老师的谆谆教诲，我现在对自己名下的学生也像老师当年对我一样要求，要他们把这种情怀推及社会生活，带到自己的生命与生活之中。"落红不是无情物，化作春泥更护花。"虽然老师已经离我们远行，但她夏荷般绚烂的生命，将永远向我们传递爱的温暖。

沙老师与王彦斌合影（2017 年 10 月于人大 1958 餐厅）

沙老师与刘军奎、孙庆忠、王彦斌、栾殿飞合影（2017 年 10 月于人大 1958 餐厅）

沙老师与在校"沙门"弟子合影（**2001 年 5 月于人大图书馆前**）

[作者简介]

王彦斌，云南大学哲学学士，中国人民大学社会学硕士和博士。2000年正式入"沙门"师从沙莲香教授，2003年毕业获博士学位。现为云南大学二级教授，社会学专业博士生导师。主要研究领域为组织与制度、文化与社会行为。

师恩难忘，风范长存

——怀念敬爱的沙老师

文｜刘世能

转眼之间，敬爱的沙老师离开我们已经近三年了！

在我的潜意识里，还未能完全接受这个现实。有时候本能地拿起手机，想给她老人家打个电话，问候一下平安，却突然想起她老人家已不在凡世，内心不禁一阵悲凉。

怀念沙老师，总让人不禁想起与她老人家在一起的点滴往事。仔细品味，这些往事都很平凡，没有什么波澜壮阔的大叙事。但恰恰是这些平凡的小事，体现了沙老师教书育人的不平凡，体现了她老人家师爱的伟大和师德的高尚。

一、严格要求，为我校正启航方向

记得 1989 年秋季我进入中国人民大学时，沙老师正在日本东京大学做访问学者。当时国内社会经商风气盛行，人大的很多学生忙于课外经商，有开办各种培训班的，有编辑出版考研教材的，有贩卖紧俏商品的。由于导师不在国内，我很快加入了"办班"的行列，忙得不亦乐乎。除了必修课外，很少有时间读书学习。

半年之后，沙老师回到国内。她召集我和部分师兄弟开会，要求"沙门"弟子，务必专心学业，并且"约法三章"：办班者开除！经商者开除！不务正业者开除！不仅如此，沙老师还给我们规定了具体任务目标：每周课外要读 5 本书；每周六晚上与她一起讨论读书心得；每学期要参与一项课题研究；每学年要发表 1～2 篇文章。自此开始，我彻底告别经商，专心学习，课外大部分时间都"泡在"图书馆，阅读了大量的学术著作，学业上大有长进，研究能力显著提升。

现在回想起来，在人大读研的时期是我读书最多、收获最大、过得最充实的时期。如果没有沙老师的严格要求，那么我在人大的三年想必是要虚度光阴了。

二、授我以渔，使我得以终身受益

在进入人大读研之前，我比较喜欢文学，看问题、写文章明显具有形象思维特征，欠缺学术研究的问题导向、逻辑思维和实证研究方法。

针对我存在的问题，沙老师一是给我规定了读书任务，二是安排我参加部分课题研究，三是安排我参加社会调研活动。

以读书为例，沙老师要求我每周必读5本学术著作，并要求读懂、读透。说实话，一周时间内除了上课，要读懂、读透5本书难度很大，关键是阅读效率上不去。为此，沙老师教给我"一快二精三思考"的读书方法，即：一是通过快速浏览，把一本书尽快看完，明确全书大意；二是回过头来精心阅读重点内容，抓住思想精华；三是读完之后静下心来思考作者的观点，提出我们自己的思路与看法。通过这种方法，我培养了良好的阅读习惯，不仅仅提高了读书速度和效率，更重要的是提高了思考问题、分析问题、提炼观点的能力。这对我后来从事研究和咨询工作帮助很大，可以说使我终身受益。

三、关爱他人，为我树立人生风范

沙老师为人善良，待人真诚，对学生、对朋友、对弱者、对社会充满爱心。

记得在人大读研期间，无论是从家乡返校，还是从外地调研归来，我都要到沙老师家中向她汇报所见所闻。每当谈到弱者的不幸、民众的疾苦时，她都表现出深深的同情，总是询问是否能为困难者做些力所能及的事情。

沙老师在学业上对我们严格要求，而在生活上对我们非常关心。当遇到困难时，我们总能得到她的支持和帮助。因此，想起沙老师，我总是充满尊敬和感激！

若沙老师在天有灵，我想对她说：师恩难忘，风范长存！

［作者简介］

刘世能，中国人民大学社会学系 1989 级硕士，中国社会科学院研究生院农经系 1992 级博士。曾任北京市人民政府顾问、中国社会科学院民营经济研究中心副主任、中国房地产业协会文化地产专家委员会主任。现任北京富达尔产业发展研究院院长。

忆恩师

文 | 路 红

2022 年 4 月 8 日，是一个周五。上午，我和广东省社会心理学会有关负责同志一起商讨学会换届会议后的具体工作事宜，讨论很热烈，有手机依赖的我居然一直没有看自己的手机，直到要去吃午饭时，才看到了廖老师在微信群里发出的信息："沙老师凌晨 2：50 走了。在大连医院。"噩耗传来，我觉得自己仿佛宕机一般，一时间停住了交谈的话语，愣了半天。随之而来的是一遍一遍地在脑子里问自己：为什么？为什么那么自信？为什么那么拖延？为什么没有按照先前的计划去看望先生？自从去年得知先生病后回大连休养，我就和师妹刘敏商量要去大连探望，最初定的是学期末去，但由于学校的疫情防控规定难以请假，便推延到春节；然后，春节时北方疫情变化不定，又不能成行；然后，又在考虑是否可以五一假期前往；然后，就没有然后了，再来的就是化不去的遗憾了。

回到家中，翻看那些久封在柜子里的相册，泪水忍不住地夺眶而出……

也许冥冥中真的有根线把先生、社会心理学和我连在了一起。大学时，我最喜欢的课程是"社会心理学"，大抵是因为认为这门课程和现实联系最紧密，用现在的话说就是接地气。所以，工作后决定重回学校继续学业时，我毫不犹豫地选择了社会心理学作为自己的专业方向，心理学专业出身的我还很想从社会心理学的另一个母体学科——社会学出发进一步认识它。我便鼓足勇气，报考了仰慕已久的沙先生的硕士研究生，并非常幸运地于 1994 年 9 月正式成为先生的学生。

甫一入学，先生就给我指定了学习重点——女性角色发展与角色冲突，为参加 1995 年在北京召开的第四次世界妇女大会期间举办的妇女论坛做好准备。记得我当时接到先生布置的第一项任务是为一位美国学者查找有关中国妇女现状的文献资料，那时候还没有电子文献库，更没有互联网可以用，我就去图书馆先查到各种原始资料，之后复印、裁剪并粘贴成简报，交给先生。因为做事马虎，求量求快，我的那个简报真的很不美观，好多内容被我贴得歪歪扭扭，就这样，我的第一份工作成果被先生批评了，现在想起来都能感到脸微微发烫。先生和我说，别小看这个貌似简单的工作，要完成好，不能光满足于内容准确，还应该注重形式表达有条理，照顾阅读者的感受。接下来，她就亲自和我一起返工，重新制作简报。这是沙先生给我上的第一课：做事无论大小都要认真，要做到内容真、形式美。

如同她对我的教导一样，沙先生的治学，坚信笃行、精益求精，而且不断寻求自我突破，永远保持学习之精神，令我敬佩。在校时，我们几个"沙门"学生通常去位于人大林园的先生家中与先生一起开读书会。初时，我还以为先生平时就居住在那里，后来才知道，她是每天早上骑自行车从校外来到学校工作，风雨无阻。要知道，她当时已经是接近六旬的人了，这种勤奋和自律精神，让所有后辈、学生都佩服、敬仰。第一次和先生见面交流时，她就对我说，要利用自己的心理学学科背景，从科学出发，以科学的方法研究社会心理与行为，同时，还必须跳出个体化的、微观的思维模式，从群体的、宏观的角度去审视研究问题，这样才能有创新、有成绩。在我三年的硕士学习过程中，她还曾不止一次和我说，要想做好事情，可不是仅仅靠智力因素，后面拼的是非智力因素。现在回想起来，还能感受到先生给我的鞭策，这其实也是她老人家一生治学做事的写照。

1994年，为迎接第四次世界妇女大会，沙先生发起成立了中国人民大学女性研究中心，与学校里不同学科的女教师们一起围绕妇女论坛筹划与组织，开展了一系列学术活动与社会服务工作。非常幸运，我正好在这一年进入"沙门"学习，更加幸运的是，先生让我这个在读学生加入女性研究中心，全程参与了这次妇女论坛活动，使我有机会接触到了来自社会各界的女性精英，不仅在文本上了解了中国女性发展状况，还亲身感受了来自各行各业的女性的生活和工作状态，让我第一次从性别的角度对个人的发展有所自觉。印象最深的是 1994 年冬天，先生对我说，她认识了一位优秀的山区女村委会主任，想去她的村子看看，了解贫困山区的实际状况与需求，不过她当时正好有其他事情不能前往，就让我代她去做一次实地调查。于是，就有了中国人民大学女性研究中心的第一次河北省满城县龙居村调查之行，那次前往龙居村考察的有中国人民大学经济学院的杨志老师、劳动人事学院的邓春黎老师和我。回来之后，先生立刻找我听取了整个调查过程，并且让我尽快完成一份详细的调研报告，这应该是后来先生在龙居村社会工作项目的最早文字资料。先生就是这样一个以学问观照现实社会的人，知行合一、以知促行、以行求知，身体力行关怀弱小、发扬大爱。

相信在见过她的人眼里，沙先生一定是优雅知识女性的代表。先生一生爱学问、爱美、爱学生，她讲话永远儒雅轻柔，如沐春风是我能想到的用来形容和先生的交流最恰当的词了。无论是在生活还是在学术研究中，先生都总是会想到我们这些学生。爱学生是她的一种生活方式。在学术研究中，她想尽一切办法为我们提供各种与国内外学者交流学习的机会，让我们学习、历练。一旦我们有一点成绩，她就会积极肯定。记得我写的第一篇小文发表后，她专门在师门的读书会上表扬我、发奖励，让我难以忘怀。自从有了微信，我这个远在外地的学生与先生的联系更加方便了。除了节日的问候，我会向她汇报我的生活和工作情况，先生会经常发些音乐、美学信息与我分享，还会找出她那里留存的当年我在龙居村和世界妇女大会上的照片发给我。她对学生的爱不仅给我们这些弟子，还会惠及他人。2019 年年初，看到我的微信朋友圈里转发的社会学系朱万文学弟关于他家乡老父亲果园血橙滞销的信息后，沙先生就立即给我发微信，转钱给我让我帮她买果助农。我读书时，她外出归来经常会给我们这些学生带一份小小的纪念品，我书柜里的七福小挂件、小茶垫都是当年先生送我的礼物；甚至我工作多年后，她还告诉我她那里有个小坤包很适合我，要寄给我做新年礼物。如今每每看到这些礼物和先生的著作，都让我感动，那上面满是先生对我们这些学生的爱，她的爱是包容的、温柔的、无私的，是上天的恩赐。

1995 年在沙先生带领下参加了在第四次世界妇女大会期间
举办的妇女论坛

1995 年 8 月与沙先生及同学在人大校门口

**2018 年 5 月在"相遇'我们'自由谈——中国人民大学社会心理学
四十年"交流会上与沙先生合影**

30 年前，我幸运地遇见了您，是您为我打开了门，让我迈进了社会
心理学的门槛，在生命的旅途中和您相互陪伴三年，是您引导我踏上了专
业的道路，让我从此有了安身立命的本领，谢谢您！

人生太匆匆，唯爱不可忘。

永远爱您，我敬爱的沙先生！

[作者简介]

路红，博士，1994 年 9 月至 1997 年 6 月就读于中国人民大学社会学
系，师从沙莲香教授，现为广州大学教育学院心理学系教授、脑与认知科
学中心副主任，硕士生导师。主要从事社会心理学、管理心理学与心理健
康教育等领域的教学科研工作。兼任第十届中国社会心理学会常务理事，
第三届广东省社会心理学会副会长、秘书长，广东省心理学会理事。

跟随导师做学问亦学做人

文 | 裴 蓉

　　入沙老师门下、做沙老师的学生，迄今已有 28 年的时光。这段光阴，也是我人生最重要的阶段，它镌刻着我成长的印记，也伴随着许许多多难以言表的心路历程。老师的一言一行始终像路标一样矗立在我人生的岔路口，为我指引着方向，为我"传道、授业、解惑"！

　　记得第一次见到沙老师，是 1995 年 9 月在怀柔，在第四次世界妇女大会期间。我当时是中国妇女用品博览会组委会主任助理，当杨志教授告诉我沙老师是其中一场女教授论坛的主席，我能够见到沙老师时，我内心非常激动。在这个论坛上，沙老师带领中国人民大学女性研究中心的女老师们，展示了她们所做的、表达了她们所想的。沙老师在论坛上发表的见解和展现的风采让我折服，女性研究中心的一群人，让我看到了另类的"知识女性"，她们身上都带着光。对于那时正处于人生低谷的我，这不啻一抹绚烂的霞光，照亮了我灰暗的、几近看不见前途亮光的心路和生涯之路。而在夜晚，当沙老师说"裴蓉啊，陪我去逛一下夜市吧"时，我有点懵！原来，教授还可以是这样的？我们在人群中穿行，在跳蚤市场上流连忘返，我疲惫的心也舒展了。老师亲切温和的声音，打消了我的紧张与窘迫，在这么一个特定的场景下，我见识到了一个女教授的高光时刻和热爱生活的细腻美好竟然能够如此完美地结合在一起！从此，我便追随着沙老师的足迹，开启了人生的另一种活法。也是在这个会议上，我第一次知道了龙居村和女村委会主任，知道了社会调查和社会支持，知道了可以用这样的方式扶贫，用这样的方式诠释女性的独立和智慧。也许，从那时候开始，我心里就播下了一粒关于女性话题的研究与行动的种子，在之后的几十年间不断开花结果，从我的博士毕业论文以"知识女性"为研究对象和调查样本，到我在《家族企业》杂志开设女性专栏，并倡导设立中国家族企业传承最佳女性贡献奖，为女性从后台到前台的贡献以及鲜为人知的经历和遭遇而鼓与呼。

跟着沙老师做学问，我真正是从一个学术小白做起的。特别受益的是，老师要求我读原著。最早阅读的是《论语》，老师说，你最好找到没有断句的文言文，反复熟读，自己去断句，寻找感觉。我认真地照着老师的要求去做，一开始很费劲，读多了就渐入佳境，不断有新的惊喜。这也让我在今后对于中国传统文化的思考形成了自己的判断尺度。老师在"外国人看中国人 100 年"的研究项目中，也是先让我们看原著，并选择其中的一些书进行点评。我记得当时老师让我阅读的是日本内山完造的两本著作《活中国的姿态》和《一个日本人的中国观》。我一开始完全不得要领，就去找老师诉苦：读不进去啊，读不出来啊！老师说，你要平心静气地读书，暂时放下别人的评价，专心读眼前的书，读到心里去，自然会有想法浮现出来，书中提到的人和事，若能在现实中找到，可以对应起来思考。现在回想起来，老师要求我阅读原著的过往种种，成为我珍藏的一笔价值不菲的精神财富，也是我做研究的重要方法。反复阅读原著的习惯我一直保持至今。

老师的研究主要聚焦于中国民族性、社会心理学，而在晚年醉心于对中庸的研究，使我对中国民族性的认知达到了新的高度。记不清有多少个日日夜夜，聆听着沙老师不断冒出来的新词——中庸的求解功能、"间性思维"、中庸曲线的普遍性意蕴、中庸与黄金分割点等等，不断被老师敦促着去思考、去琢磨、去参与；讨论与争论的场地，也从人大社会心理学研究所到台湾辅仁大学。当我于 2016 年在德国泽佩林大学的"跨文化领导力峰会"上做题为《领导力与中国人的中庸哲学》的主旨演讲以及后来与德国教授、企业家探讨中庸话题时，脑子里总是会不断闪现老师常用的那些概念和观点。老师独树一帜的解读，甚至是老师解释某个用语时的表情和动作，总是会让我感觉到自己驾驭这个话题研究时的羸弱与不足。以至于当收到老师在退休后完成并出版的专著《沿着中庸的美与丑：中国民族性研究随笔》时，我爱不释手，那种欣喜与踏实的心情无以言表。我想，随时阅读老师的这本书，就仿佛随时在与老师对话，和老师在一起。即使在我退休后的日子里，这个话题也仍然是我一提起来就兴致勃勃的所在，它是我一辈子感兴趣的话题，无论是在研究中，还是在生活实践中。

老师在社会心理学领域的成就和造诣，不仅仅影响着我的学术生涯，更是深刻地影响着我的日常生活，我由此获益匪浅，终生难忘！我近十多年来，健康状况不太好，动不动就身体有恙，那毛病多如牛毛，套用一句俗语：按下葫芦浮起瓢！疾病此消彼长，没完没了，我的很大一部分时间和精力都用来与疾病抗衡了。有一次，我实在很消极了，给老师打电话说："我这破身体，真是烦死人了！一天到晚都这样，没意义得很！"老师却说："裴蓉啊，身体给我们付出了很多，我们不要埋怨它，而是要感谢它。不妨试着和自己的身体对话！"老师的话醍醐灌顶，警醒了我。之后，我不断地尝试与自己的身体对话，与疾病共生存，熬过了许多"至暗时刻"。我由此受益，便也常常把老师的教诲传达给我身边的人，使更多的人获益！

老师对人的性格的认知和判断是深刻的、睿智的，也总是充满善意的，常常令我感动。我们这些学生，生活背景不同，经历也不同，碰到一起时常会争论不休，有时也会论人长短，不乏激进之处。老师听到后，总是慢声细语、循循善诱，让我们转换角度去看问题。我跟随在老师身边多年，耳濡目染，渐渐地也就习惯于像老师那样去做了。老师的知性与善意，至少对我来说，可以帮助我在遇人遇事时，能够尽可能地摒除偏见，客观和公正地把天平摆正，但同时也能够透过现象看本质，能够对事实了然于胸。

老师自始至终都能保持一颗年轻的心，生命不息、学习不止！现在回想起来，老师对于新事物总是抱着巨大的热情，"与时俱进"这个词用在老师身上是千真万确、名副其实的。我们在创新创业语境下常说的"跨界"，其实老师在自己的研究活动中经常采用，记得那时候讨论中庸问题时，老师就和信息学院的陈禹教授及其团队一起探讨"中庸的量化研究"。不同学科在对同一问题的研究上所呈现的视角与思考路径的差异，引发相互碰撞，不断迸发出新的火花。老师对于数字化时代的来临是积极拥抱的，也有深入的思考，在之后的关于"另解中庸"以及民族性的诠释等的文章中都能看到老师的思考和见解。

老师使用微信点赞和评论的热情和频率，完全不像一个80多岁的老人家。我也经常能从老师的这些点赞和评论中感受到老师的思想和情感，感受到老师始终就在我们身边，和我们一起讨论着社会热点问题，提点着我们！

2012 年 4 月 9 日，裴蓉和沙老师在当代商城咖啡厅讨论有关中庸的现实问题

2013 年 7 月 12 日，在人大沙老师办公室开完会后，裴蓉与沙老师
在当代商城鼎泰丰一边吃饭一边讨论未完的话题

2018 年 9 月 14 日，裴蓉、叶远厚夫妇去看望沙老师，
在世贸天阶的餐厅共进午餐

老师突然离世的消息传来，我震惊，我茫然！我始终不愿意直面这个事实，以至于总是把自己的思维和镜像画面定格在"老师出远门了"的界面上，至今不愿意去想，不愿意去触碰！老师没有走远，老师在我们的心里！老师还留下了这么多她用心写就的书，我们总是可以在书中徜徉和流连，在书中和老师对话。老师的精神永在，源远流长！

师恩难忘！铭感肺腑！

[**作者简介**]

裴蓉，江苏常州人。1996 年考入中国人民大学社会学系师从沙莲香教授，于 1999 年毕业并获得法学博士学位。现为北京理工大学管理与经济学院教授，北京理工大学中外家族企业联合研究中心创始主任。

中通外直，不蔓不枝

——沙莲香教授的学思追忆

文│潘　宇　干春松

沙莲香老师 2022 年 4 月 8 日凌晨在大连离世的消息，传到北京已经是当天中午了。自从 2021 年 8 月份她出现轻度中风后便去了大连治疗和康复，那里是她的故乡，其间病情有所好转，因为她在微信群里时不时地还参与一下话题的讨论。我们这些学生也一直商讨怎么去大连探望她，但疫情肆虐，难以成行，最终等来的却是噩耗。

一、读书思考，是她的一种生活态度

我们在 1983 年考入中国人民大学哲学系，那时候郑杭生老师和沙莲香老师分别从英国和日本进修回国。20 世纪 80 年代初有海外学习经历的老师比较少，所以，他们无论是衣着还是讲课风格都与其他老师有着明显的不同。比如郑杭生老师给我们开设现代西方哲学课程，他来上课，爱穿一套米白色的西装，头发一丝不苟。这让我们刮目相看，而且觉得与他所教的课程很贴合。而沙老师的衣着体现出日式随意中的精致，与系里其他女老师总是穿着蓝色卡其布的保守衣着形象迥然不同。很快，郑杭生老师和沙莲香老师先是在哲学系建立了社会学研究所，后来社会学独立建所建系，我们与他们之间的联系，就只有通过他们的书和文章了。

与沙老师进一步熟悉起来是 1990 年之后，当时潘宇已经在人大出版社工作，是沙老师系列著作的责任编辑，并且从 1997 年开始跟随沙老师读博士，而干春松则在中国社会科学院哲学研究所编《哲学动态》杂志，参与了沙老师也在其中的由当时国家发改委领导魏礼群主持的有关中国人素质的研究课题。那时候，我们住在人大东门附近名为红一楼的筒子楼里，她住在林园七号楼，相隔不远。沙老师第一次上门找我们的过程，我们现在还能清晰地回忆起来。她跑到红一楼，邀干春松参与她的课题。干春松说我是学哲学的，不太了解社会学的课题该如何做。沙老师说，这个不要紧，课题组还有其他人，你的任务是提出思路。

其实，对中国人素质的研究是沙老师用力最多的领域，她并不需要干春松的思路，只是需要一个相对年轻的对话者而已。不过，当时还没明确学术方向的我们，十分感谢她的鼓励。后来干春松也读了博士，做起了老师。

我们有时也去沙老师家，与20世纪90年代大多数老师的居住环境一样，她的房子不大，但有一些与众不同的地方，就是她养猫，家里有许多日版和港台版的书。日文书，我们也就看个书名，虽循着书名，有许多感兴趣的，不过没有阅读能力。但对金耀基、杨国枢和黄光国等人的被称为中国"本土心理学"的代表性作品，我们是从沙老师这里最初接触到的。杨国枢等人通过对中国台湾的实证调查研究中国人"孝道"观念的现代转化，黄光国对儒家关系主义以及面子等问题的研究，对干春松后来更为侧重从社会制度来思考儒学的现代转化有巨大的启发意义。

由于沙老师经常去日本和中国港台地区交流，因此她家里有许多从日本和中国台湾带回来的精美文创产品，比如日本的文具和布袋子，台北"故宫博物院"的仿制画和扇子之类，每次见面她都会将这些物品作为伴手礼送给我们，让人爱不释手。后来，干春松去台湾和东京访学、旅行，也总会去寻找这些物件，分送给朋友。

20世纪90年代末，沙老师搬到五棵松附近的财政部家属院以后，我们也经常去拜访她。这个时候，沙老师的居住空间有了很大的改善，她养了一条小狗，十分可爱。我们的孩子甘蔗十分喜欢狗，这可能也是我们去的次数略多的原因之一。这个时期，沙老师转向思考"中庸"问题。她的问题意识既与对中国文化的认识有关，也与她自己的生活经历有关。以她自己的经历而言，她一直在思考以中庸作为最高人格理想的中国人，为什么在实际的社会生活和个人思维中，经常表现出极端化的倾向。尤其是沙老师在"文化大革命"中的经历一直牵引她的思考。按照她在《中国民族性（三）》前言里的说法，是要揭开"文革"之乱的人心面相，以促进民族性的改造和结构性突破。

1997 年，我们的女儿甘蔗即将进入人大幼儿园，沙老师特意
安排时间陪我们带着孩子到幼儿园熟悉环境

为了推进这个目标，2007 年开始，沙老师联合中国人民大学信息学院的著名教授陈禹、社会学系的王卫东等人成立了"中庸读书小组"。这个小组探讨了许多我们这些偏重文献研究的人不太可能涉及的问题，比如陈禹教授等写作的《"中庸"与"博弈"的相通与互补》，再比如从"非典"之后的"北京市民公共行为文明指数"的变迁，来考察市民行为选择的"中庸"性。

沙老师在研读中也有一些有趣的发现，她说："虽然孔子高度赞美中行，但他最反感的却并不是中行的两个极端，即'狂'与'狷'，而是貌似中行的'乡愿'。"① 又过了几年，沙老师做了一个很不"中庸"的决定，她卖掉了五棵松附近的房子，用其中一部分钱来租了紧邻北京热闹、繁华的世贸天阶购物中心的一处国际公寓，这一方面是因为离她女儿工作的地方比较近，另一方面则是因为这里国际、时尚又闹中取静，物业管理上乘，楼下购物方便，每次我们去，照例是在世贸天阶的"总布胡同"烤鸭店吃饭。

这个时候，沙老师的阅读兴趣转向了王阳明。她开始仔细阅读吴光老师等编校的《王阳明全集》，思考"致良知"和"万物一体"等问题。

---

① 沙莲香. 中国民族性：三. 北京：中国人民大学出版社，2012：280.

2013 年前后，干春松开始协助汤一介和乐黛云先生张罗一些什刹海书院的工作，书院聘请了一批德高望重的学界前辈为导师，同时也邀请北京乃至全国最有影响的文史学者在"儒释道易"四季论坛和国医论坛上做讲座，一时为京师书院之盛。沙老师很高兴受邀成为书院的导师，每次书院的活动她都特别积极地参加。在这里，她遇见了 20 世纪 70 年代中国人民大学停办之后她转去清华大学共同课教研室时的同事钱逊先生，还有心理学界的著名学者林崇德先生，特别是她与乐黛云先生甚有谈缘。书院依托始建于辽代的北京广化寺，她开玩笑地跟我们说，她是一个有佛缘的人，她姓沙，佛门亦称沙门，观世音端坐莲花宝座，她的名字莲香亦与之契合。可见，这里给了她一种心灵上的安宁感。

2016 年岁末，干春松和潘宇陪同沙老师
去北大朗润园看望乐黛云先生，前排为乐黛云先生

2020 年疫情起，沙老师搬到同一公寓的一间略小的房子里。她说房子大收拾起来太费事，小一点更方便。但房间变小之后，她的书便无处存放了。她给我们打电话说，要把自己的大部分书处理掉，分送给自己的学生们，让我们看看有什么书是我们需要的。我们去挑了一些"文革"时期的阅读材料，还有就是她做了很多笔记的《王阳明全集》。难以想象她与这些书告别时的心情，或许她的内心已然光明，或许她希望我们能像她一样，把阅读和思考作为自己的生活方式。

二、中国人民大学、清华大学和东京大学

沙老师的青少年时代是在大连度过的。她喜欢绘画和外语，本来升学的目标是考上北京外国语学院（现在的北京外国语大学）学俄语，这也很符合 20 世纪 50 年代的氛围。但她在高中毕业前得知中国人民大学提前招生，如果没被录取还可以参加全国统一招生的消息，就想试一试。

当时中国人民大学提前招生的学科包括历史、新闻、经济和哲学。相比之下，哲学文理兼修，比较符合沙老师的个人兴趣。当哲学系的录取通知刊登在大连的报纸上时，震惊了沙老师的家人，也开启了沙老师的学术人生路。

1956 年中国人民大学哲学系招收了 200 名学生，这在今天听上去有些天方夜谭的感觉。这一方面是因为国家百废待兴，急需社会建设者，另一方面则是因为作为中国共产党创办的第一所新型正规大学，其有培养一大批马克思主义理论宣传和教育人才的使命。这样，人大哲学系 1956 级有 200 名学生也就不足为奇了。从随后几十年的发展可见，这样从全国大规模地招收成绩优秀的学生，辅之以高质量的教育教学，给中国人民大学哲学系累积了巨大的学术声誉。在这批学生中，许多人成为未来哲学研究领域的代表性人物，比如撰写了《实践是检验真理的唯一标准》的胡福明、新中国伦理学研究的代表人物罗国杰等。还有许多人担任了重要的领导职务，比如中宣部理论局原局长靳辉明、教育部社科司原司长杨瑞森等。我们自己的受教育经历也与这个 1956 级的哲学大班关系密切。潘宇的硕士导师李淮春，干春松的硕士导师葛荣晋、博士导师方克立，都是 1956 级的同班同学。但后来在我们跟沙老师的交谈中，她谈得最多的并不是她这些在学术上和事业上取得巨大成功的同学，而是因为复杂的社会历史环境遭受苦难的那些同学。正是这些经历和见闻，时常警醒沙老师，使她矢志终身来关注民族性和中国人思维方式的问题。

20 世纪六七十年代在中国人民大学任教期间，沙老师主要就是被动参与各种政治运动，一度去江西鹰潭参加劳动锻炼。干春松曾进行过 1949 年之后哲学界知名人士"口述史"收集的工作，许多人都提到了去江西劳动锻炼的事。印象很深的是人大哲学系原副主任杨彦钧老师的回忆，他说他们劳动锻炼的地方是江西余江，上百人住在一个棚子搭成的简

易房子里，有些老师打呼噜的声音比较大，就会被安排在靠近门口的床铺，这样可以略微减轻对其他人的干扰。不过这些教师大多难以承受繁重的体力劳动，即使最大的呼噜声也难以刺激他们极度疲惫的身体。沙老师虽是女老师，但依然要参加繁重的体力劳动，她所在的"建工队"的工作是把石块打成长方形，再从坑里抬出来。沙老师说，这些劳动锻炼让她颇有"铁姑娘"的体魄。去鹰潭，已经是沙老师的幸运了，因为清华、北大和人大的部分教师所去的余江，是血吸虫病流行的地方，这对许多人的身体造成了终身的伤害。

1970 年，中国人民大学解散停办，教师被分配到不同的学校，有的去了北京师范大学，有的去了北京经济学院（现在的北京对外经贸大学），沙老师则被分配去了清华大学共同课教研室，与她同去的同级同学还有著名的中国逻辑史专家孙中原等。

沙老师的清华岁月是"寄居"性质的，但却给她后来的学术生涯以极大的帮助。因为在"四人帮"倒台之后，清华大学更早地感受到了"科学的春天"，每个老师都在寻找适合自己的学术方向。而清华大学所开设的许多科学前沿的课程，对沙老师有很大的吸引力。她去旁听了计算机课程，甚至还有高能物理的课程等，尤其是她结识了清华大学的心理学家李卓宝教授，并跟她讨论了学习心理学以理解中国人的"人性"的可能性。经由李卓宝教授的介绍，沙老师认识了北京大学心理学系的孟昭兰和姜德珍教授，并在北京大学系统地旁听了王甦和邵郊两位老师开设的心理学课程。2022 年 4 月 14 日，在中国人民大学举办的沙老师追思会上，中国社会心理学会会长、中国科学院心理研究所原副所长张建新回忆说，当时他在北大上学，每次上课都能看到沙老师坐在教室最后面认真听讲和做笔记。这种学习态度对他们在校生来说是极大的激励。

由心理学联想到如何促进人性的复苏，这是 20 世纪 80 年代拨乱反正时期的一个主题，那时候的伤痕小说，尤其是戴厚英的《人啊，人！》，都是在呼唤人与人之间正常的情感。对于沙老师而言，她经历了将人甚至是同学、老师划为不同"阵营"，对立、斗争的漫长岁月，也在思考富有情义的中国人为何会产生如此的"人性"崩塌，因此，她把关注点聚焦在社会心理和民族性等问题上，从而找到了自己的学术归宿。

1978 年，中国人民大学复校，沙老师回到了母校工作。为了适应改革开放的新形势，教育部开始选派教师出国进修学习，沙老师获得了去日本东京大学进修访学的机会。沙老师说她在日本感受到的最大的冲击就是"知识的颠倒"，还有就是东京大学图书馆琳琅满目的图书和与国际同步的新刊所带给她的"知识爆炸"的紧迫感。这种"颠倒"和"爆炸"的双重冲击，让她每天几乎是废寝忘食地学习。

沙老师在东京大学的指导教师是辻村明教授，他作为社会学取向的社会心理学家，与沙老师从哲学转向社会心理学的知识结构，可以产生同鸣共振，且有更大的价值理念上的触动。经济领域的开放和社会治理模式的转变固然是改革开放有形的政策和方针，但如何重拾中国人所失落的文化价值和具有自由、平等、竞争等观念的现代人格特质，则是沙老师试图以自己的研究来推动社会进步的内在动力。

1984年，沙老师从日本回国，参与郑杭生教授主持的社会学研究所以及后来的社会学系的创建。按中国人民大学社会学系原主任李强教授的说法，当时社会学系的建立是以郑杭生、沙莲香和贾春增教授为班底的，贾春增是在海外获得了博士学位，而郑杭生和沙莲香则分别在英国和日本进修，因此社会学系从建立伊始，就有很强的"国际性"。

沙老师回国后，把日本和欧洲流行的 Seminar 讨论班的方式引进来，围绕学术主题成立不同的讨论小组，这些经验也成了干春松现在和学生交流的主要方式。随着沙老师主编的《中国民族性（一）》《中国民族性（二）》和《社会心理学》教材的出版，沙老师开始了她学术贡献的迸发期。

三、民族性和社会心理学的开拓性研究

每一个成功的学者，都有一个带有他的标签的学术领域，中国民族性研究可能是最带有沙老师个人印记的研究领域。

民族性问题是伴随中国现代化的过程而生发出来的。甲午战争失败之后，严复开始引入西方的进化论，翻译出版政治法律主题的著作。他认为中国要富强，必须学习西方的科学知识和制度体系，而要做到这一切，需要提升民智、民德和民力，即建立在逻辑而非想象基础上的思维方式，建立在个体平等和权利、竞争基础上的道德，还有健全的体魄。严复从中西对立的立场来批评张之洞等人试图调和中西方文明的"中体西用"论。20

世纪初，梁启超撰写了《新民说》，以建立新型民族国家为目标，提出了
与严复思路接近的新的人格理想。经过思想变革与戊戌变法、共和革命的
迭代努力，1911年，国人终于推翻清政府而建立起新国家。但中华民国
初期混乱的政治局面和袁世凯等人对帝制的迷恋，引发了陈独秀、李大
钊、鲁迅等人对于国民性的批判和"觉醒国民"的探索。鲁迅先生哀其不
幸、怒其不争的国民性批判至今仍振聋发聩。

不过，将经济落后、政治混乱全部归咎于文化传统是一种文化归因主
义的做法，而且帝国主义列强也借文明批判来宣扬西方中心主义，因此，
在改革开放的大背景下，以民族自尊和文化自信来重建国家凝聚力，同时又
要对因循守旧、忽视个人权利的观念形态进行批判和改造，成为沙老师进
行民族性研究的现实动力。

1989年，沙老师主编的《中国民族性（一）》出版，该书实质上是对
国内外中国民族性研究的资料汇编。戴逸先生在序言里说，书中有些人的
观点"入木三分"，有些人则"见解肤浅、失之偏颇"。这个评价是中肯
的，但在沙老师看来，尽量多地容纳对中国民族性的不同认识，既是对民
族性问题的多样化认知的呈现，也是对研究者提出的更高要求，即如何在
前人研究的基础上有所突破。

沙老师的突破，主要在于研究方法上。《中国民族性（一）》中所收录
的观点，大多是由观察所得的经验性认知，而沙老师在《中国民族性
（二）》中指出，她的民族性格的研究"采用整体的观点和整体论，即把中
国人的民族性格作为一个整体去考察。从总体上考察，民族性格既不是一
个个个体心理的多次、多方面的表现本身，也不是一个个个体的心理特性
及其表现的简单之和，它带有系统科学上的整体论或社会科学上的结构论
特点"①。具体地说，沙老师用"历史镜子"和"现实心像"相结合的方
式来理解、认识中国的民族性。所谓"历史镜子"就是从历史上对中国民
族性的论断中归纳出十几个典型观点，而"现实心像"就是按不同社会身
份的人群选择不同的年龄进行抽样调查，从而归纳出20世纪80年代中国
人对于这些民族性格的认知立场，进而了解国民的心理倾向。这些研究虽

① 沙莲香.中国民族性：二.北京：中国人民大学出版社，1990：25.

在今天看来或许有许多值得反思的地方，但毫无疑问是那个时代最为出色的研究，并与改革开放时期日趋创新的民族性格一起，互相影响、不断进步着。

中国的改革不断深化，沙老师也没有停止她的民族性关切。到 20 世纪 90 年代，随着市场经济体制的确立，中国社会的阶层发生了很大的变化，以商人为代表的新社会群体越来越多地影响中国社会的价值观和行为方式。当时沙老师的想法是从一百年间中国人社会群体结构的转变来探讨中国人人格力量的转化。为了追踪这样的时代变迁，沙老师开始了一项新的研究，即以工人、农民、知识分子和商人四个群体为代表，从他们与时代精神的不同关联来厘定时代精神的重塑和建构。这个研究与当时兴起的社会分层与流动研究有共同的问题意识，不过沙老师侧重于从民族性格的变化入手。课题成果以《中国人百年》一书呈现出来。与此同时，沙老师开始构思《中国民族性（三）》的写作。与《中国人百年》相比，《中国民族性（三）》的视角有了很大的改变。沙老师认为在民族精神的重构中应注重个体和人文关怀，这与她习惯从群体、从社会心理出发来理解社会不同。她认为我们的文化鼓励集体主义，但对于工人、农民这样的群体，还缺少对其个体价值的成熟认知并设置制度性保护。沙老师说："要改造和提升民族性，必须重视真实的人性，重视个性的发展。"因此，她的《中国民族性（三）》一是以鲜活的个案来呈现并分析中国民族性变迁的轨迹，二是写出她自己的反思和担心，并在此基础上，强调"中庸"在民族性结构中的核心作用。

沙老师另一个重要的学术领域是社会心理学。其实，可以这么认为，中国民族性研究是她从事社会心理学研究的一个典范性成果。

在创建中国人民大学社会学学科的时候，郑杭生老师侧重社会运行理论，贾春增老师偏重西方社会学，沙老师的重心是社会心理学。在很长一段时间里，沙老师在中国人民大学开设社会心理学课程。在 2022 年 4 月 14 日的追思会上，当时的人口研究所的学生、时任中国人民大学副校长、社会与人口学院教授杜鹏回忆了他听沙老师讲课的经历。他说，20 世纪 80 年代诸如《丑陋的中国人》等书十分流行，对当时的青年学生影响很大。虽然沙老师讲授的是社会学取向的社会心理学，但她在课堂上也十分注重量化分析和理论思考的结合，既注重从历史的视野来看待中国人社会心理的文化基础，又能结合改革开放的实际，批评"丑陋"论的片面性，探索民族性改造和重组的可能性，这给学生以很大的启示。杜鹏教授还回忆说，沙老师在上课过程中，喜欢与学生讨论，往往在下课之后，还一直与学生交流思想，这种平等又负责的教学态度是沙老师的课最吸引人的地方。

沙老师近 20 年的哲学教学经历，是她进行社会心理学研究的重要理论支撑。早在 1986 年，她就在《中国社会科学》杂志上发表了《论社会心理学的理论基础和总体框架》一文。在这篇文章中，沙老师梳理了社会心理学从哲学和心理学中分离出来而独立成为一个研究领域的过程。她指出，西方的社会心理学研究忽视从社会关系和人的社会实践性角度去理解社会和群体，虽然能抓住社会心理的一般性特征，但缺乏从社会关系的角度去理解人的本质的面向，这样也就难以深入地把握社会心理的总体结构及对其变化规律的认知。由此她提出了要从社会认知、社会动机、社会态度、群体心理等要素出发去整体理解社会心理的结构。该文发表之后，著名科学家钱学森专门致信沙老师，对如何处理社会群体心理和个体心理的关系、如何对待不同文化和思维层次的人的心理反应、如何利用系统科学进行社会心理研究等问题提出了他自己的意见。在这些意见中，尤其是系统科学方法的运用、对集体和个体辩证关系的强调等都成为后来沙老师进行中国民族性研究的重要主题。

2018 年 5 月，在"相遇'我们'自由谈——中国人民大学
社会心理学四十年"交流会上，潘宇与沙老师合影

[作者简介]

潘宇，1997—2001 年师从沙莲香教授攻读社会心理学博士学位。现为中国人民大学出版社编审。

干春松，1998—2001 年师从方克立教授攻读中国哲学博士学位，根据研究方向，方克立教授聘请沙莲香教授担任其副导师。北京大学哲学系教授，北京大学儒学研究院副院长；南开大学哲学院院长，中华孔子学会常务副会长。研究领域为儒家政治思想、儒学与现代中国等。

中国妈妈

文｜成海政树

　　1997 年至 2001 年的四年（包括一年的休学），作为日本留学生，我是沙莲香教授门下的硕士生。这次，非常感谢能够参与纪念沙老师的作品征集活动。我在中国度过了 15 年，其间结识了很多中国人并成了朋友，在他们的热情鼓励和支持下，我得以在中国过上了丰富多彩又充实的生活。其中，沙老师是我最重要的恩人之一。如果没有沙老师，我在中国的留学生活就不会如此顺利。我谨表示衷心的感谢和深切的哀悼。

　　我从小就对中国人和中国社会很感兴趣，一直梦想着有一天能够深入地了解和体验。当时我在日本，几乎每天都是忙于工作，考虑到我已经 35 岁了，想实现我的梦想，还是尽早行动，所以我决定去中国留学。那时是 1996 年 2 月，中国正进入快速发展时期，整个国家正在经历日新月异的变化和进步。最初的一年半，我完成了汉语的学习课程。1997 年 6 月，我联系了中国人民大学社会学系。当时帮助我的人是沙老师，她本人有日本留学的经历。沙老师认真地听取了我作为一名日本中年留学生的求学愿望，并给我介绍了她的学生来帮助我做入学考试的一些工作。入学考试对我来说无论是知识还是语言都相当难，但幸运的是我通过了，实现了我长久以来的梦想。

　　尽管硕士研究生第一年的公共课程让我感到紧张又忙碌，但是久违的学生生活也让我有兴奋、新鲜的感觉，而且我很高兴能够和中国同学们一起研我最喜欢的中国社会。第二年的时候，沙老师的社会心理学研讨会开始了，我从而有机会直接了解她的理论，而且将中国社会和她深度了解的日本社会放在一起讨论非常有趣。我的硕士毕业论文主题是西方个人主义、日本式集体主义和中国式中庸主义的比较理论。然而，正当我准备毕业论文时，远在日本的母亲身体不适，需要护理。此时我很纠结自己是否应该继续学业，所以我咨询了沙老师。沙老师和我母亲同岁，对我很体贴，认为38岁的儿子照顾生病的母亲是理所当然的，她建议我暂时放下学业，把母亲放在第一位。于是，我决定休学一年，马上回到了日本。幸运的是，一年后，我母亲的病情有了很大好转，弟弟接手照顾她，我也得以重返校园。当我回到北京时，沙老师像欢迎儿子一样欢迎我，我感觉沙老师不仅仅是我的老师，更像我的另一个母亲。

在沙教授和同学们的大力支持下，我于2001年完成了硕士毕业论文，获得了学位，并从中国人民大学毕业。之后，我在山东省的一家日资公司工作了三年，然后在北京的一家日本政府下属的国际合作机构工作到2012年。在这段时间内，我娶了一位中国妻子，当我向沙老师报告这件事时，她像母亲一样高兴，并给了我们衷心的祝福。此后，每次见面时，我都带着我的妻子一起，沙老师对待她就像是对待自己的儿媳一样。在北京工作结束后，我又被同一机构派往肯尼亚，所以见到沙老师的机会就少了，但当我妻子回北京娘家时，我们就一起与沙老师会面。那时候每次听沙老师讲起她正在做的研究，就感觉随着年龄的增长，她越来越有活力了，我对她产生了深深的敬佩之情。在肯尼亚工作了五年后，我又被派往吉尔吉斯斯坦，虽然它的地理位置离中国很近，但我去北京的频率与我在肯尼亚工作时差不多。后来，由于新冠疫情的影响，我无法再去中国旅行。到了60岁退休年龄后，我便回到了日本。我最后见到沙老师是在2017年，从当时的情况来看，她似乎比我同龄的母亲年轻有活力很多，我感觉她还会健康地继续活跃下去。

改革开放以来，中国社会以前所未有的速度发生了重大改变，这种趋势至今仍在继续。我们这一代人在第二次世界大战后的经济高速增长时期经历了日本社会的巨大变化，我后来生活在中国，也经历了中国社会的巨大变化。生活在一个不断发展的社会中，对每个人来说都是幸福的。另外，在"明天会比今天更好"的氛围包围下，即使会遇到各种大小问题，也不会太陷入其中，你总能生活在积极乐观的状态中。我有幸在日本和中国经历了两次幸福，但也感受到了不同社会产出的幸福的不同。因此，在沙老师的指导下，我决定根据社会特征来思考和比较其中的差异。

中国社会比日本社会更大、更多样化。纵观历史，人们建立了适合每个时代的社会，并继续不间断地生活着。当我思考使这成为可能的主要概念是什么时，沙老师关注的是中庸，当我将其视为关键词时，我可以清楚地看到中国社会与日本社会的差异。在变化比日本社会更加激烈的中国社会中，中庸是人们保持平衡的必要条件。近年来，中国正从增长期转向稳定期，新冠疫情似乎也导致了各种新的社会现象不断涌现，但为了保持个性身份，平衡是必要的，我们需要中庸主义的原则。在全世界中，社交媒体和人工智能的发展带来的快速社会变革主要发生在"Z世代"中，我们每天都深切地认识到我们正在进入一个传统社会学理论无法涵盖的时代。然而，我非常遗憾再也听不到沙老师用她的中庸理论来分析这个世界了。为了在远比日本社会竞争压力大的中国生存，我们必须保持适度的平衡，否则我们的个性身份就会崩溃。中国人的生存智慧非常深奥，作为日本人，我想继续学习。我衷心希望两国人民能始终保持相互尊重的睦邻友好关系。我仿佛听到沙老师说："与周边国家搞好关系，要中庸精神，要互相体谅。"不管怎样，能够和沙莲香教授一起感受快速发展时期的中国社会，并接受指导去分析它，对我来说是无上幸福的。再次向她表示衷心的感谢，并祈愿她的灵魂安息。

每次见面时，我都带着我的妻子一起，
沙老师对待她就像是对待自己的儿媳一样

生活在一个不断发展的社会中，对每个人来说都是幸福的。
在"明天会比今天更好"的氛围包围下，即使会遇到各种大小问题，
也不会太陷入其中，你总能生活在积极乐观的状态中

[作者简介]

成海政树，1997—2001 年作为日本留学生进入中国人民大学社会学系，跟随沙莲香教授攻读硕士研究生。在中国学习、工作 15 年，现已退休回日本定居。

与沙老师接触的日子点滴

文｜郭玉锦

在到中国人民大学读博之前，我已经在国内的一所高校（哈尔滨工业大学）讲授社会学和社会心理学了，所以，进入人大后除了第一年统一上"大课"，后来上课比较少，更多的是为沙老师代代课和在沙老师的指导下进行课题研究。我感悟较深的是，沙老师的思维方式给了我许多启迪，能让我从一个角度换到另一个角度思考问题。沙老师不仅在学理思维上是良师益友，在日常生活中也是如此。每次到沙老师家里，我都要从沙老师那里接收到一些东西，沙老师爱学生就像爱自己的子女。有意思的是，沙老师就像磁石一样吸引着我们，同门间像是兄弟姐妹一样。我心里念叨着："沙门"同门，亲如家人。比如，我在人大读博期间乃至后来所取得的一些成果都受到了同门潘宇的帮助，感激之情时常涌动。当时的同门还有章军、裴蓉、王欢、丁夏荣、廖菲等，我们相处如同亲人。每次回想起在人大的读博岁月，我心里都感到非常充实、愉悦……

与沙老师的沟通中给我深刻印象的有两句话。一是"郭玉锦，你要学会同时做几件事情"。二是在写博士毕业论文的时候，我跟沙老师说，我写论文的这段时间里，晚上都睡不着觉。沙老师说："写论文的时候就是要睡不着觉，能睡着觉，就写不好论文。"这两句话，伴随着我后来的学习和工作，甚至接续传承到我的学生那里。

在与沙老师的交往中，时间久了，我深切地体验到了一种"中庸之美"——从她身上时常流露出来，沁人心田……

沙老师带着我们做课题、写书，其中我参与了《中国社会心理分析报告》。对于沙老师的学术形象，下面附录中对沙老师的评价是比较中肯的。

2002 年 9 月，"沙门"同门在沙老师家中聚会

2018 年 5 月，在"相遇'我们'自由谈——中国人民大学社会心理学
四十年"交流会上与沙老师相聚

[作者简介]

郭玉锦，1998 年进入中国人民大学，师从沙莲香教授攻读博士学位。
博士毕业后在哈尔滨工业大学任教，2002 年调到北京邮电大学工作，一
直讲授社会学、社会心理学及相关课程，后来学术兴趣转移到互联网社会
学方向，2017 年从北京邮电大学退休。目前在广州一家高校继续教书，
讲授社会学、互联网理论及其应用课程。

附录：

关于《中国社会心理分析报告》的说明

董事长、俞总：

　　根据集团领导精神，我们就《中国社会心理分析报告》一书与作者进行了磋商。现将新提纲呈上，同时就一些情况补充说明如下：

　　一、费孝通先生将为此书作序

　　沙莲香女士为中国人民大学资深教授、博士生导师，国内外享有盛誉的著名社会心理学专家，在中国属于费孝通先生之后的第二代社会心理学专家，被费孝通先生视为推进、繁荣中国社会心理学的重要专家之一。沙莲香女士届时将邀请费孝通先生作序。

　　二、中国社会心理学的发展状况

　　正如费孝通先生所言，社会学和心理学在中国正处于开拓和发展的阶段，与西方相比，还有一段路要走。在西方学科细分趋势的影响下，中国社会学在原有范畴之外，生长出自然心理学和社会心理学两种。这样，社会学、自然心理学、社会心理学构成了中国社会学的整体格局。

　　社会学这些年来最有成就的是社会分层、阶层流动研究。其中最有影响的是由李铁映主持、中国社会科学院陆学艺主编的《当代中国社会阶层研究报告》一书。

　　自然心理学一方面深入探索感知、认识、情感、心理疾病等等纯粹心理内容，另一方面侧重微观的、实用性的人力资源培训。这方面很有影响的是中国科学院以时勘为核心组成的研究团队，但因其注重微观、实用性的培训，学术类著作并不多。

　　严格说来，上述两类学科在西方有深远的传统，在中国已有较长历史的积累。社会心理学则基本上是一个新学科，一个更为社会、民众所需要，同时又急需长足发展和突破的学科。此一学科吸取社会学和自然心理学的研究成果，侧重人们在社会变迁中的心理因素。这方面突出的专家，则以中国人民大学的沙莲香为最。

　　三、沙莲香女士的适合性

　　寻找最权威、最适合的专家，是我们完成这一选题的初衷。包括陆学艺、时勘、周晓虹等专家都曾进入我们的视野，但我们在交流中发现：陆学艺重阶层不重社会心理；时勘重微观、自然心理而缺乏宏观视野和社会心理研究；周晓虹是近年来社会心理方面的新锐（南京大学博士生导师），但过于趋新（如关注中产阶级）而缺乏历史的综合意识。这些专家在坦陈自己的优劣、倾向之后，不约而同地向我们推荐了一个人，即沙莲香女士。

四、以权威性和可读性为中心的选题设计

凭借开阔的思想和兼容的胸怀，沙莲香女士对本书的设计在与我们多次交流之后终于同我们达成了一致。本书的权威性，主要表现为融会社会学、心理学多年的研究侧重，以社会心理学独有的方法来考察 25 年来中国社会心理的变迁。本书的可读性，不在字里行间的煽情或仿制虚构的"趣味"，而在惊人的事实、准确的数字以明白晓畅、流利自如的文字娓娓道来；让艰涩的术语堆砌从书中隐去，让历史浮现出本来的面目。这是一本撩开面纱、让 25 年来凹凸起伏的社会心理呈现自身曲线的权威书。

五、本书的几个观念

1. "阶级/阶层"的对象选择问题

以阶级/阶层来把握社会的整体结构，是本书所采用的方法之一。"阶级/阶层"的观念，无论事实还是研究者的界定，都有了变化。常用的阶级概念，也就是无产阶级和资产阶级、中产阶级。工农兵学商，是社会分工所带来的阶层，而非阶级。目前中国社会学分析中，常用的是"阶层"。陆学艺在《当代中国社会阶层研究报告》中，将中国分为五大社会等级，等级之下又分十大阶层（国家与社会管理者阶层，经理人员阶层，私营企业主阶层，专业技术人员阶层，办事人员阶层，个体工商户阶层，商业服务业员工阶层，产业工人阶层，农业劳动者阶层，城乡无业、失业、半失业阶层）。这十大阶层，都是崭新的概念，已非原有的阶级/阶层观念所能涵盖。

本书怎么来选择自己的"阶层"呢？沙莲香女士结合传统观念与最新的分析成果，以"三最"标准来划定自己的对象。这"三最"为：最典型、最大多数、25 年来心理变迁最剧烈。作者所选择的几类群体（如提纲所示），不仅以点带面地体现出中国的全貌，而且抓住了 25 年来脉搏跳动最激烈的人群。

2. 重点章节的体例问题

写作重点与体例结合为一体。5 个章节即 5 类人群。每一类人群即为一类阶层。写作中首先是对各类阶层、人群 25 年来的整体描绘，类似一个"总报告"；之后突出该类阶层中最富有表现力的代表性群体，如农民阶层中的农民工、知识阶层中的文化精英。如此，整体与个案、传统与新锐结合在了一起。

3. 社会心理的着眼点

社会学分析着眼于给人在社会上定位，自然心理学分析着眼于心理发生的人体原因，社会心理学分析则着眼于性格和社会行为。本书所考察的是 25 年来中国社会整体的心理变迁，在沙莲香女士那里，其分析的着眼点便锁定在"群体性格"上。这本分析描绘 25 年来社会心理变迁的书，将描绘和分析历史剧变期代表性群体的"性格"如何变动、如何养成，以及将走向何处。

以上说明，敬请审阅、指示！

辽宁教育出版社

2004 年 3 月 11 日

我想活成您的模样

文｜王　欢

2022 年 4 月 8 日，一个寻常日子的上午，我在"人大社心"微信群里看到了恩师沙莲香教授离世的噩耗。那一刻，我不敢相信、无法相信，在震惊中连忙求证于人大同门。是的，亲爱的沙老师真的不在了。我回到北京再也无法见到沙老师了，一种绝望的痛弥漫开来……沙老师之于我不仅仅是学术引领者，更是我的人生楷模，是我理想中女性知识分子应有的样貌，更是我希望穷尽一生能够达到的目标。

一、结缘恩师

当我还在东京大学留学的时候，因为我先生要回国工作，我不得不纠结于是否一同回去的问题。我把这件闹心的事情和同学张文良说了，张文良建议我去中国人民大学继续读博士，并且给我介绍了同样有东京大学学习经历的沙莲香老师。至今，我甚至还能回忆起张文良沉浸式地表达对沙老师的崇拜之情的画面，他从沙老师的服饰到讲话的声音，都一一描述，这成了我们之间相当一段时间内的谈话内容。久而久之，沙莲香老师成为一个遥远的寄托，在我心里挥之不去。1997 年 11 月，得知人大的刘元春老师到东京大学开会，在刘老师回国的前一天晚上，张文良说要去酒店看望刘老师，问我要不要给沙老师带封信。我立即在图书馆写了一封情深意长的信，带着一盒点心，和张文良去了酒店。我们等了很久也没有见到刘老师，便直接把信放在点心袋子里留在了酒店前台。12 月的一天，我收到了我父亲的信，说人大的沙老师打电话到我家，告知博士招生考试已经开始报名，需要准备各种报名材料。那一刻，我特别感动，说实话，我并没有奢望沙老师能够搭理从未谋面的我。我在东京街头电话亭拨通了沙老师的电话，吴侬软语传来，我很震惊，因为我从来没有听过如此文雅的声音，我坚定了回国考博士的信念。

1998 年 2 月回国的第二天，我去了恩师在人大林园的家里。沙老师与我想象的一模一样，有高贵的气度、和蔼的语气，她询问我在东京大学的学习情况。虽然沙老师非常温柔，但我还是感到了巨大的压力，觉得自己配不上如此有独特女性魅力的老师。沙老师一定是看出了我的忐忑不安，安慰我好好复习。这时，一只可爱的小白狗跑了出来，沙老师很自然地抱起小狗，并抚摸小狗的脑袋。这也是我第一次见到大学教授家里养小狗。爱护小动物的人多有良善仁爱之心，我紧张不安的情绪有所缓解。

因为强烈地仰慕恩师，我在复习的时候患得患失、心绪不宁，甚至备受煎熬。沙老师计划只招一位博士，我排在第二位，属于候补。沙老师鼓励我第二年再考，我也做了再战的准备。结果很好，我如愿在 1998 年读了博士。多年以后，我也成了研究生导师，才突然感觉到沙老师当年为我能被录取尽了太大的心力。我何德何能，让当时认识不过三个月的沙老师去"协调"并为保全我的颜面而从未提及。亲爱的沙老师，就在此刻，我依然无法克制我的泪水，让我如何不想您？

博士毕业论文答辩时作者一家与沙老师的合影（2002 年 12 月 22 日）

二、沐浴师恩

沙老师总是风轻云淡、不急不缓的样子，即使她对我们这些学生不满意，最严厉的话也就是软软地说："你们不可以这个样子逼迫老师。"沙老师策划了中国人研究系列丛书，我参与了《外国人看中国人 100 年》一书的编写。一开始，大家觉得写起来没有头绪，表现出畏难情绪。沙老师不会喋喋不休地催促大家，反倒是经常在讨论问题的时候，带来各种高级零食。每次开完会，我们都很汗颜。沙老师温柔的坚持，力量非凡，她认准的事情，绝不会轻言放弃。我们在内心深处还是挺怕沙老师失望的。所以，沙老师主导的事情最后总能圆满完成。

沙老师也是我先生读博士的主推力量。我先生工作特别忙，也没有想过读博士。沙老师对我先生说："妻子读了博士，最好丈夫也能读，这样有利于家庭和谐。"她帮助我先生写推荐信、找导师……圆了我们夫妻从本科、硕士到博士都是校友的梦想。

三、人生榜样

我非常倾慕沙老师的一生，因为，沙老师活出了那个时代的女性所不具备的风采。沙老师早年学习、生活的年代是一个各种运动频繁的年代。身在其中，沙老师能够安然于时代变迁，不断进取、成就卓著，实属不易。谈起过往，沙老师没有抱怨、牢骚、愤怒，只是轻声说："经历大的社会变迁，可以更清晰地洞悉人性。"

沙老师根植于骨子里的教养总是在不经意间发出光芒，那是对人性的尊重和理解。沙老师每次提出建议的时候，一定会说："你看这样好不好？"即便遇到很急的事情，沙老师也不会一遍又一遍地催促。我去看望沙老师，她每次必问到和我一起生活的婆婆，并送给我婆婆礼物。

沙老师有着可爱的孩童般的单纯气质。我们一起去台湾的诚品书店，沙老师非常用心地挑选很多可爱的书签、明信片和各种各样的小玩意儿，拿回来送给弟子们。沙老师的办公室、家里的门上贴着好玩的小饰品，家里的用具也很小众化，完全不像是 80 多岁人的家。沙老师本人也与夕阳、迟暮没有半点联系，生活理念新颖、超前。

　　沙老师的时尚品味与众不同且十分自然、恰到好处，让人感觉舒服美好。我把同门们跟沙老师一起拍的一些照片给朋友看，大家几乎都会说你导师是最抢眼的人，很独特。沙老师的生活简单且考究。她的生活方式偏西化，喝咖啡、红酒，喜食零食。她没有任何被世俗烟火气息摧残过的痕迹，86岁的人生充实、美满、纯净。生活之于恩师是首隽永的诗。

　　沙老师是很纯粹的人，不理解她的人容易解读为任性。沙老师没有什么算计，不在乎俗人所谓的重要的事情。沙老师前几年住在北京西边的一套大房子里，站在飘窗边可以俯视育英学校。有一次，她打电话给我，说想租一套离女儿较近的房子。我答应帮她看房，并建议老师把大房子租出去，以房养房。不久后，我又接到老师的电话，她说把房子卖了，也租好了世贸天阶公寓。当我知道老师那么好的学区房很便宜地卖出，特别是老师卖房的第二年房价暴涨，时隔一年房价至少翻了一倍，我觉得特别自责，因为我没能及时到沙老师家劝阻她卖房，我认为是中介忽悠了老师。沙老师自己倒是没有懊恼房子升值的事情，邀请我去世贸天阶公寓她的新家看看。不看不知道，一看吓一跳，沙老师一个人租了一套200多平方米的"豪宅"。80多岁的老人能够有这个气魄，着实让我有些蒙圈。沙老师告诉我房子卖了700万，先租10年房子，90岁以后去一个好点的养老院生活，养老院她已经考察过了。还有一件事情让我记忆犹新。沙老师家的小白狗奔奔老了以后经常生病，老师多次带小狗去宠物医院，花几万块钱给小狗做了心脏手术。后来，小狗太老了，沙老师不忍别离，专程坐飞机把小狗送回了大连老家她弟弟的家里，因为那里有个大的院子，小狗可以安然生活。说起这些事情，有人觉得沙老师有点儿"作"。我不这么看，少于算计正说明沙老师生活幸福。

　　沙老师是幸福的。沙老师的先生操老师供职于财政部，高帅儒雅，特别理解沙老师的事业和生活，从不要求沙老师陷于俗务的藩篱。20世纪80年代初，沙老师东渡日本学习两年，操老师一个人带着女儿在北京生活。只可惜，在我读博士期间，操老师过世了。沙老师的女儿事业有成，漂亮干练，爱护妈妈，尊重妈妈一以贯之的生活方式。温暖、宽和、互相欣赏的家庭模式也成就了独一无二的沙老师。

敬爱的沙老师，您的一生充盈圆满。我深深地羡慕您，希望自己能够活成您的模样！

[作者简介]

王欢，1998—2002年师从沙莲香教授攻读社会心理学博士学位。曾任北京邮电大学经济管理学院院长、教授。现任中国驻泰国大使馆文化处一等秘书，负责中泰教育交流工作。

深切怀念恩师沙莲香先生

文｜梁丽萍

2022年4月8日凌晨，敬爱的导师沙莲香教授在辽宁大连因病逝世，享年86岁。听闻噩耗，深感悲痛！两年多来，先生音容笑貌今犹在，但谆谆教导难再聆！

沙老德高望重，博学多识，阅历丰富，是改革开放后中国社会心理学学科的重要奠基人、中国民族性研究的重要开拓者，对人的关切、对中国现代化之人格力量的探寻，贯穿先生的整个学术历程。沙老主编的《社会心理学》教材影响巨大，《中国民族性》三卷本蜚声海内外，其贡献至伟，其声望日隆，荣膺中国社会心理学会"终身成就奖"，可谓一代大家！

斯人虽逝，风范长存。沙老是我的专业导师，更是我人生的导师。追忆博士岁月，有幸聆听先生教诲，其治学之严谨、思路之开放、见解之独到、思想之深邃、教学之精到令学生折服。也正是在先生的鼓励和指点下，我完成了"中国人的宗教心理——宗教认同的理论分析与实证研究"这项融合了社会学、心理学、宗教学等多学科领域的，具有挑战性的研究。

呕心沥血育桃李，大爱无言济苍生。先生一生致力于讲坛传道、鱼渔双授、弘歌继响、薪火相传，纵年过八旬仍孜孜以求、诲人不倦，从未停止求学问道。先生亦是女性之楷模、榜样，为人率真亲切，言谈温和优雅，衣着素淡考究，对生活始终充满热爱，见者无不为先生之人格魅力所倾倒。

恩师千古，师恩永铭！

［**作者简介**］

梁丽萍，山西岚县人，1999—2002 年师从沙莲香教授攻读博士学位。现任山西科技学院院长、二级教授、博士生导师，兼任民盟山西省委会副主委、第十四届全国政协委员。

师恩永念　香伴我心

——忆和沙莲香老师二十余载师生情

文｜吴娅民

2022 年 4 月，我的研究生导师沙莲香因病离世，给深爱她的亲友和学生们留下了无尽的伤悲。土耳其诗人塔朗吉在一首关于送别的诗中写道："但愿你一路平安，桥都坚固，隧道都光明。"悲恸之余，这也是我想献给老师的话。和沙老师师生一场，已是二十余年的缘分。熟悉而亲切的沙老师，早已成为我生命的一部分。她是我求学生涯中最重要的师者，是我人生履历的证明人，是我影集照片中慈爱的身影，是我微信中活跃的联络人……她是我的导师，也是我的偶像，智慧通达、优雅睿智的她是我永远的强心针。有了她的精神引领，我无畏人生沉浮，也不惧年华老去。近年来每次去世贸天阶公寓探望老师，她总是精神矍铄。可世事难料，2022 年 4 月，沙老师突然就离开了。在这里回忆和沙老师相处的一些片段，献给天堂里的老师，学生永远怀念您。

一、初识沙老师，顺利入"沙门"

2000 年，我本科毕业，因保研，被系里"抓了壮丁"，在资料楼里替老师们值班。一日，我见一位上了年纪的女士慢吞吞地捧了很多资料准备复印。哎呀，这不是沙莲香老师吗？虽然沙老师没有给我们本科生上过课，也很少在系里出现，但作为人大名师，大家都很仰慕她。我急忙上前去帮忙复印，并分门别类地帮她装好。沙老师和蔼地说："谢谢你呀，小同学。"然后又问我读几年级，我说："毕业班啦，准备留系读研。"这时她若有所思地问："哦，导师定了吗？"我说："还没呢。""要不就跟我读吧，我也可以招硕士。""真的呀？那太好了！"我欣喜若狂，一直以为高山仰止的沙老师只招博士。就这样，我进入了"沙门"。那时的沙老师早已年过花甲，外表看上去温和柔弱，行动也一贯慢悠悠的，但她做事的决

214

断力和行动力都是极强的。

二、春风化雨，润物细无声

在学校的时光总是很宝贵，我作为系里的"土著"学生，学业基础较为扎实、地盘人头更是熟络，沙老师对我还是非常看重的。但说实话，我读研期间表现不太好，忙于各种社会活动，没太用功读书，颇有点对不住沙老师对我的期待和培养。而且私下里我还有点不满，总觉得沙老师偏心，觉得她在博士生身上花的时间和精力更多。其实现在想来也可以理解，博士生比我年长，很多都有工作经历，好多博士生本身也是高校教师，他们对学术的追求更热忱、更执着，对沙老师的学术成果也更认同、更有体会。沙老师和他们一起承担课题、著书立说，形成了一个密切而纯粹的学术共同体。而我是一个应试教育下成长起来的简单学生，应付功课和考试没问题，但毕竟资历浅，做学术研究还是差着火候，这也是由人生阅历决定的。

虽然我没太参与沙老师的学术研究课题，但她对我的疼爱是毋庸置疑的。记得有一年暑假我本来要坐飞机回成都老家，但由于生活费超支，只能坐硬座回（那时候从北京到成都坐硬座单程得三十多个小时）。沙老师听闻后很心疼，立马要给我买飞机票，吓得我连忙谢绝了，坚决不让老师为我掏腰包。这样的事儿很多，沙老师对学生的好是出了名的。我们借她的书、吃她的饭、住她的宿舍。我公派留学时沙老师还给我买过衣服，她真的如对待子女一般呵护学生。

读研几年，我的角色有点像沙老师的小秘书。沙老师因材施教，让我充分发挥特长，承担了很多外事工作。我帮她翻译英文资料，接待来访的外国教授。我人生中第一次出国也是沙老师提供的机会，是受她的日本朋友萨摩正夫妇邀请访学。沙老师是个细致的人，临行前给我们介绍了很多日本文化常识，还指导我们印名片，购买带有中华文化元素的小礼物……沙老师言传身教，知识和理念都融入其中，所谓教导之责、感化之力，润物细无声，大抵如是。那一趟访学是我第一次开眼看世界，近距离感受日本社会的人文秩序之美，也亲身体会到中日两国文化的异同，拓展了视野，收获了成长。后来，我也和沙老师一样，与萨摩正夫妇保持了长久的友谊。"非典"期间，萨摩正先生关切地给我寄来了防护口罩；我从事编辑工作后，也会给他们夫妇寄去我责编的日文书籍。他们每次来北京，我都会陪同游览,直到他们去世。沙老师丰富的学识和人格魅力吸引了很多和她一样的国际友人,沾了沙老师的光,他们对我也一并爱护,我和他们一起,为架构跨越国界和文化的友谊桥梁尽了自身绵薄之力。

2001 年 7 月,研一暑假,沙老师安排我们赴日访学

三、青春执拗,存无尽遗憾

硕士最后一年,沙老师已经帮我设计好前程,那就是继续读博、留校工作。沙老师凭借过来人的人生经验,认为这是最适合我的一条路。而我当时却不知怎么的对学校产生了"审美疲劳",一心向往外面的世界,不想再读博了。我瞒着沙老师四处找工作。沙老师知道后有点失望,也有点生气。她对当时年轻不懂事的我说了一番话,大意是她这一生,一直都是从一个学校到另一个学校,这一点是值得骄傲的。她从来不觉得自己比社会上的人少了什么,学校生活只会让人多些沉静、少些浮躁。

虽无苛责之语,但这一番话无疑是沙老师对我说过的最重的话了。此后的岁月中我常常会想起这番话,特别是当我后来的种种经历似乎也证明了沙老师的判断时,我很想对着 20 年前年少无知的自己大喝一声。然而,青春就是伴随着悔意的,这也是人生常态吧。

　　就这样，我的最终学历停留在了硕士研究生。今日提笔纪念沙老师，我也无法写出一篇系统研究老师学术思想的文章，这不是不令人惭愧的。我能记下的，只有老师对我疼爱和宽容的温暖往事。我深知，这些只是沙老师深刻丰沛的一生中微不足道的片段，然而于我而言，它们如钻石般珍贵。离开学校后，生活削铁如泥，慢慢地把我变成了一个枯燥无趣的人，然而每每想到沙老师对我的种种肯定和鼓励，就如同回到了理想的源头，在那里，饮几口甘泉，然后继续前行。

2003 年硕士毕业，作者和沙老师在当代商城聚餐合影

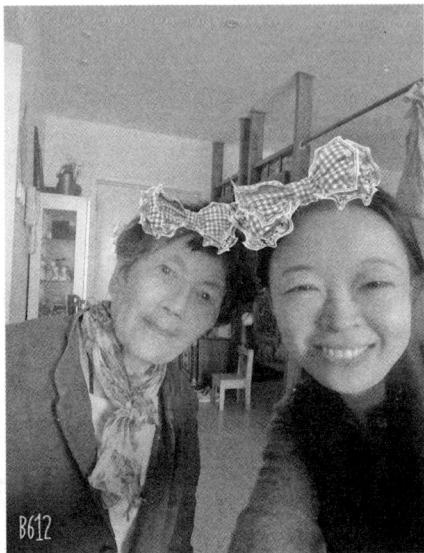

2021 年，去沙老师寓所探望时的搞怪自拍

［作者简介］

　　吴娅民，1996—2000 年于中国人民大学读社会学本科，2000—2003年师从沙莲香教授读社会心理学硕士，获法学硕士学位。2001—2002 年由国家公派赴芬兰图尔库大学留学。现就职于五洲传播出版传媒有限公司，任新媒体中心副主任、编审。

沙莲香教授提出的"间性思维"

文｜王君柏

2022 年 4 月 8 日凌晨，沙莲香教授在大连的医院里安详辞世，享年86 岁。微信朋友圈里，大家都在悼念这位长者，诉说着无尽的哀思。我默默翻开与老师的微信聊天记录，它停止在 2021 年 7 月 24 日，那一天还有大段的文字聊天——逻辑清晰，千般叮嘱，字字深情，我顿时眼睛模糊了。两年多过去了，我常常想起自己作为一名学生时参与过的一些学术活动。老师晚年提出的"间性思维"这个概念，很多人觉得不可理解，甚至沙老师的一些弟子也表示没有理解。因为一直参与了对这个概念的讨论，所以我想利用这个机会，尝试着对老师提出这个概念的前后背景，讲一点我所知道的侧面，或许有助于更好地理解"间性思维"。从中也可以看出，老师直到晚年都一直在积极探索，从未停止过思考。

一、在沙老师的指导下写关于不确定性的论文

沙老师是社会心理学领域的知名教授，是我们在本科阶段上社会心理学这门课时就知道的，我也未曾想能够忝列门墙，做她的入室弟子。因为对民族性研究有一些兴趣，我在 2001 年报考了沙老师的博士，很快就得到了录取的通知，于当年 9 月到中国人民大学就读。三年期间，无论是在生活上还是学术上，我都得到了老师的悉心指导和帮助，也正是在这三年，老师给予了我在学术研究上的信心与勇气。于我自己而言，虽然至今没有什么成就，但老师所传递的积极探索精神，还多少保留、具备了一些。

到学校报到后，老师就把 2001 年入学的几位同学召集到一起，讨论研究的具体方向。我原本是冲着沙老师的民族性研究方向而来的，但她说鉴于民族性研究难以继续深入，希望大家开拓新的研究领域，并提出经济

心理、制度心理等几个方向，让大家结合自己的知识背景和兴趣进行选择。大家通过讨论、查阅文献，最后分头确定了自己的方向，而我选择了经济心理这个很新的领域（国内学界当时主要进行的是针对具体的消费心理、营销心理等的一些探索）。

通过一段时间的学习，我发现经济心理研究在海外分为欧洲传统和美国传统两个分支，而以从西蒙到卡尼曼的美国传统居于主流地位，这个流派的基本假设就是人面临不确定的环境时，如何做出权宜的但相对满意的选择，一改新古典经济学的理性经济人的假设带有很强的实用倾向，在方法上更侧重真实社会。以至于2002年从新闻中获悉卡尼曼获得当年的诺贝尔经济学奖时，我感觉既出乎意料，又在意料之中，因为他们的研究实际上颠覆了传统经济学的一些基本假设，是以心理学的研究而对经济学做了一次知识的考古。

所以我的博士毕业论文的选题，就是在这个理论背景下，找中国的具体研究对象，最后选择研究彩民的行为。我在研究过程中发现，对于不确定的事物，人们的态度大致呈现正态分布，即极力反对的比较少，非常热衷的也比较少，大部分人处在中间状态。联系到中国传统的人格评价，就是狷、中行、狂的分布，其中属于狂、狷的也是少数。这就自然牵涉到中庸与创新之间的关系，也就是面临不确定性情景、新生事物，到底是随大流，还是坚持个体独立见解的问题。这个选题得到了沙老师的充分肯定，她对我的博士毕业论文很是满意，并且在随后的几年中，我一直就这个话题进行深入的讨论。

人文社会科学的研究，固然要有真正的科学发现，才能立得起来，但也需要有一定的认可与认同。完全没有积极的反馈，我们对自己所从事的研究，不免产生怀疑而难以坚持。沙老师对我研究的认可，一方面当然是对学生的鼓励与提携，另一方面也体现了她自己的学术思想，即关于思维与行为选择的保守、中庸、激进的分布，也即她关于中国民族性研究的基本框架。

二、关于中庸思维与"间性思维"

中庸是一种群体行为模式。如果从社会行为取向来审视中庸，从一般社会心理来看，随大流是主要趋势，坚持己见的狂与狷（或者说激进与保守）分别是正态分布的两个尾部。而外显的行为正是内在的心理预期或判断的结果，众多人的行为取向，也正是社会心态的反映。从适应价值上来说，不走极端的随大流，在短时间内衡量，是最适应社会的。但这种均衡状态，总是需要为前进的力量所打破，或者偶尔为保守的、落后的力量所阻碍，这就是正态分布的峰值向哪一边发生位移的问题。从这个意义上讲，边缘人（或者正态分布的尾部）的判断以及表现出来的行为选择，才是社会进步或退步的关键力量，因为他们能够识于青蘋之末，勇做时代的先知（当然也可能相反，走点回头路）。沙老师当年最为关注的正是这个尾部（边缘人），还常常发表一些感慨：天才人物是多么不容易，不被时代理解，甚至被时代淘汰。她还用自己身边的一些人来作为例证，叹息自己学生中的谁和谁，都是这种人物，但被社会大流扼杀了。所以在相当长一段时间内，大家一起聚会时，她常常讲起"天才"二字，其背景正在于此。2015年，沙老师带领我们一行十人左右，到台湾辅仁大学做学术交流，还就此与辅仁大学师生进行过较为激烈的争论。那时候的沙老师，气定神闲，从容不迫。争论到激烈处，我还冲到前台再次阐述过这个正态分布的问题。

中庸也是一种知识判断。作为社会取向的随大流，显然不符合中庸的本意，因为中庸本意讲的是一种"天下国家可均也，爵禄可辞也，白刃可蹈也，中庸不可能也"的极高明的状态，这实际上是只讲事实、不看他人眼色的科学判断，在这种含义下，随大流纯粹是"乡愿"，是"德之贼"，是要遭到唾弃的。在这个意义上，一个社会中能够达到中庸状态的人，必将是少数，而这个少数也就是上面提到的尾部。如此一来，主流与边缘的位置就颠倒过来了。

现在想来，这个问题其实近似于过去一直争论的德性之知和闻见之知的问题，本无甚新意。但从社会学的角度看，对狂、中行、狷、乡愿这些类型进行分析，并加上博弈论的策略，即将这些表现当作一种有更高目的的策略，就会出现假狂、假中行、假狷的情形，甚至一直博弈下去。这是分析社会行为取向的一个很好的视角，从而可以动态地看待社会变迁与不同人群尤其是弥足珍贵的特立独行群体的沉浮起落。

为此，沙老师正式提出"间性思维"的概念，时间大约是2014年。但她关于这个问题的思考和讨论，一直没有间断过。2012年出版的《中国民族性（三）》，就有数章的篇幅在讨论这个问题，再到 2019 年出版的《沿着中庸的美与丑：中国民族性研究随笔》，更是明确提出了"间性思维"的概念，这都是 2003 年以来的集体讨论之结晶。简单地讲，"间性思维"就是边缘思维，即一个社会中的边缘群体、少数群体的思维，形象点说，就是"虽千万人，吾往矣"的特立独行，以及这种特立独行背后的思维或判断。毫无疑问，这是克服"群氓"现象的必要条件。事实证明，未来可能还要继续被证明，在中国甚至东方社会，这是最为宝贵的一种稀缺资源。

三、重视"间性思维"的社会心理学意义

首先，"间性思维"是民族性研究的深层思考。沙老师以民族性研究而知名，晚年虽然倡导开辟新的方向，但最终还是回归到了民族性问题研究中来。如果说她以往的民族性研究更多是在特质上下功夫，那么她晚年关于"间性思维"的探索，则是从社会类型的角度看待民族性的塑造，也就是费孝通晚年提出的问题：美好社会是什么样子的？强调"间性思维"，就是对边缘人的充分尊重。但无论是在中国传统社会，还是涂尔干强调的社会事实里，边缘人可能都是不受待见的，甚至是受到严厉打压的。所以，"间性思维"实际上就是倡导社会的包容性、多样性，这在今天无论怎么强调，都是不过分的，它是保证我们社会健康发展的一个基本前提。可以说，"间性思维"研究既是一项学术探索，也是一项实践倡导。沙老师也正是这么做的：不仅仅把"间性思维"当作一个学术话题，更是在学生培养、舆论引导上，坚持对边缘人的最大尊重。

其次，"间性思维"是文化自觉的必要路径。在人员、资金、信息等全域全球化的时代，不同的文化逐渐走到一起，在一个平台上相互试探、摩擦、适应和变化，"躲进小楼成一统"的故步自封，注定是走不下去了。在不同文化的碰撞与激荡中，总是有一部分人处于碰撞的最前沿，甚至兼具几种文化的身份，而这些人就是典型的边缘人。近一个世纪以前，社会学家吴景超在他的《唐人街》中就对这部分人（吴景超称之为边际人）给予了高度的评价，认为正是这部分人促进了文明的传播和进步。沙老师的"间性思维"，则是更深层次的文化自觉，即我们的文化要长期保持活力，吸收新鲜的成分，不断创新开拓，就要注重边缘人的思维，吸收他们的思

想。这是一个全球化的视角，不是站在文化本位的立场上思考问题，费孝通所倡导的文化自觉，在这里或许找到了一个具体的突破口。

沙老师的思想，最后还是落在为民族寻找出路的初衷上。一辈子从不同的角度做同一件事，锲而不舍，这或许正是我们所缺乏的，所需要从沙老师这里学习的。

2016 年 3 月 28 日于沙老师世贸天阶公寓

[作者简介]

参见《文化自觉的践行者——重读〈外国人看中国人 100 年〉》关于作者的介绍。

忆恩师

文│姚建平

一、与恩师结缘

我能成为沙老师的弟子是一件很幸运的事情。记得在江西师范大学读硕士的时候，我的一位朋友推荐我报考社会学博士。当时全国能招收社会学博士的高校并不多，我只记得当时在学校图书馆恰好找到了沙老师主编的《社会心理学》，便决定要报考中国人民大学。后来我又抱着试试看的心理给沙老师写了一封信，信中简要介绍了我自己的情况，还留下了自己的联系电话。有一天下午，我室友叫我回宿舍接电话，还说来电话的是位女士。电话里的声音十分柔和，我当时完全没有想到是沙老师打来的电话。当我知道电话那边是沙老师时，心情激动不已，只记得沙老师在电话里又询问了我的情况，鼓励我认真准备考试。在那个通信很不发达的年代，沙老师的电话令我十分感动。我感觉非常幸运，也更加坚定了报考中国人民大学的决心。

二、跟恩师学习

由于我是跨专业报考社会学，进入中国人民大学之后，我专门系统地补学了社会学相关理论，尽可能地去听社会学系相关的专业课。对于沙老师的理论观点和思想，我主要是通过研读老师的著作、平时谨记老师的言行以及参与师门中的讨论去领悟的。我至今仍然记得沙老师给我们上课时谈到的一些关键点。第一次上课，沙老师让我们去读《十三经注疏》，我当时不太理解为什么要读这些传统经典。随着学习的深入，我才意识到沙老师深厚的国学功底与她的中国民族性研究之间有着密切的关系。沙老师也多次谈到费孝通先生的社会学思想，包括他的 16 字箴言："各美其美，美人之美，美美与共，天下大同。"我想沙老师应该是很赞成费孝通先生的观点和思想的，研读费孝通先生的著作能更好地理解沙老师的思想。正因为有此想法，博士期间我也认真地读了一些费孝通先生的著作，包括《江村经济》《乡土中国》《生育制度》等。

沙老师曾经留学日本，她的一些行为习惯和思想与她留学日本相关。记得还在江西师范大学时我曾给沙老师写信，沙老师回信的抬头称呼是"建平君"，当时我不太理解，后来到了中国人民大学之后才逐渐明白其原因。沙老师上课时也谈到过本尼迪克特的《菊与刀》。该书被奉为民族性研究的圭臬，我在研读该书时总是想着或许沙老师的中国民族性研究也受到过《菊与刀》的启发。在中国人民大学学习的时候，有一次，日本一桥大学的一位教授来访，沙老师让我负责接待他。我陪他去长安大戏院看京剧，去天安门广场看升国旗，去逛北京的胡同……沙老师后来还请日本教授一起吃烤鸭。在与日本教授的接触中，以及在沙老师和日本教授交谈的点点滴滴中，我也进一步加深了对沙老师人品和思想的理解。

除了沙老师的言传身教之外，师门中的讨论也是学习领悟沙老师思想的重要方式。孙庆忠师兄在人大跟沙老师做博士后研究的时候，我们常到他家里开展学习讨论活动。记得有一年冬天在师兄家讨论学问时，他特意从阳台上拿出东北冻梨给我们品尝，让我们看了在他家阳台上筑巢的小鸟。师兄博学多才、思路敏捷，说话声音抑扬顿挫，极富感染力。我们沐浴着冬日的阳光、品着茶，在他的带领下高谈阔论、相互启发，不仅仅增长了学问，更是一种美的享受。

关于沙老师的研究方法，我在学习过程中也深有体会。在阅读《中国民族性（一）》时，我看到了沙老师大量运用传统文献，并惊叹于沙老师对文献进行理解、归纳和总结的能力。可是当我阅读《中国民族性（二）》的时候，我又感受到了另一种完全不同的研究方法——定量研究方法。当首次看到这本书时，我觉得既新奇又兴奋，因为它为我打开了学术研究的另外一扇窗户，让我明白了原来社会心理学研究还可以这样做。我也暗暗下决心要掌握这门新的技巧，为此在读博期间专门学习了很多定量研究方法，这给我后来的学术研究带来了重大影响。在与沙老师和同门师兄弟的交流学习过程中，龙居村是被提到最多的地方，这也是沙老师采用实地调查法进行学术研究的典型代表。我虽然没有去过龙居村，但听到过一些关于沙老师和龙居村的事情。我在学校的时候，台湾的郭慧玲正巧在读沙老师的硕士，她去龙居村做过一段时间的田野调查，在她回来后我也听她讲过龙居村的故事。可以说，龙居村和实地调查法在沙老师的学术研究中也占据了十分重要的地位。

三、祭奠恩师

我从人大毕业后跟沙老师见面就少了。刚毕业那几年有时候去人大开会，还能在路上偶遇沙老师，印象中沙老师永远是那么优雅。但后来我就没有再见到沙老师，而主要是从微信群里了解沙老师的状况。一直到2023年清明时节，师门约定去八宝山革命公墓祭奠沙老师。记得当时我骑着自行车从家里出发，本想到达八宝山革命公墓后和大家一起进去，但是没想到我进去时，大家却刚离开。我只好按照地址，循着公墓墙独自一人去找沙老师。不知何故，我沿着墓墙来来回回找了好几遍竟然找不到。我心里很着急！是沙老师不想见我吗？我今天难道真见不到沙老师吗？没办法，我只好求助于公墓管理人员，终于在我来来回回经过的地方看到了沙老师的照片。我献上花，看着温暖柔和的阳光照在墙上。此刻，我呆呆地站在沙老师面前，脑子里一片空白，不知道要干什么，也不知道要说什么。过了好一会儿，沙老师的音容笑貌逐渐浮现在我的眼前，与沙老师相处的点点滴滴也开始涌上我的心头。我就这么一直站着，不忍离去。后来，我转头突然看见王卫东师兄和他爱人过来。我们又一起给沙老师倒咖啡、跪拜，在心里默默地跟沙老师说了一些话才离开。

恩师已去，师恩难忘！我能够从偏远山区来到京城接受沙老师教诲，是我一生莫大的荣幸。沙老师用一生的执着和奉献为我指明了道路，不仅教会了我学术和知识，也引导我成了一个有品德、有思想的人。愿老师的精神永驻，激励弟子不断前行！

［作者简介］
参见《重读〈中国民族性（三）〉》关于作者的介绍。

记忆不老

——追念恩师沙莲香教授

文｜孙庆忠

　　若不是刻意去想，我觉得自己好像从没有离开过中国人民大学，因为过往的 20 年间我始终与沙老师保持着精神上和情感上的联系，被老师关爱的日子一直延续着。我的案前有老师的作品，我的日记里有老师鼓励的话语，每一次翻阅都有昔日重来之感。最为关键的是，老师的那些珍藏在书本里的思想，每年都会在我的课堂上"复活"，启迪年轻的一代去问津用生命做的学问、用真情书写的生活。

一、理解民族性研究

　　2001 年 9 月我走进了中国人民大学，也走进了沙老师的民族性研究。两年间，我阅读了沙老师当时出版的所有著作，意在全面地了解她从事学术研究的心路。沙老师的民族性研究缘起于 20 世纪 80 年代初，彼时"文革"结束，人如噩梦初醒，回首十年间的动荡体验，在痛定思痛之后更有一种强烈的探讨中国人问题的欲望。1982—1984 年，老师东渡扶桑，在东京大学研修社会心理学和传播学。这份机缘成为她研究中国人的起点，在其后的 30 多年里，对人的关切、对中国现代化之人格力量的探寻，贯穿其学术历程的始终。

　　如何研究中国人，如何认识民族的根性？路径之一是剖析社会群体，寻找社会心态滋生与起伏涨落的内在逻辑；路径之二则是立足于当下的社会问题与事件进行回溯式的思考，站在一个"终结点"上审视其历史变迁的轨迹，进而直指民族性变化的本质。沙老师对中国改革开放后民族性变化的思考则是两种探究路径的结合，是既立足于当下又能跳出在地局限的相互参照。1989 年的《中国民族性（一）》是中国近现代史上有关中国民族性之主要观点的汇编，是对 150 年中外"中国人像"的勾勒。1999 年的《外国人看中国人100年》是这种方法和思考主题的跟进与提升。此项研究既不是"国外看国人"的看法汇总，也不是外国人的"中国人像"的简单复制和描述，而是把"人看我"的著作作为一面镜子，意在发现中国人至今在思考并寻找的中国现代化之人格力量。这是中国人认识自己的"镜子"，同时又是经过加工制作的"镜中我"。其深层的诉求在于借用外国人看中国人这面镜子来认识我们自己，把外国人的看法作为我们"人格认知"的第三只眼。这种"我看人看我"的视野，拓展了中国民族性研究的宽度与深度，是对民族性格进化进行系统研究的理论铺垫。

"人我相看，难舍难离"，这既是民族性研究切肤又疏离的独特视野，也是重新审视民族性格特点的内在需求。与"人看我"并行，1990年的《中国民族性（二）》用整体的观点分析中国人，将立足于大量调查材料的量化分析和根据中国文化传统所做的理论阐释紧密地结合起来，综合运用多种方法，深刻地剖析了中国民族性格结构的双重性特点，提出了人格反差等一系列勾勒和分析民族性格结构特点的工具概念。其学术价值在于，清晰地呈现了20世纪80年代中国人的"自我认知"，为有关中国民族性众说纷纭的观点找到了统一的解释。作为中国人的基本人格特质，忠恕重在修内，笃行重在显发，中庸重在修道。中庸是中国人基础人格的核心，是维系中国文化"自性"的机理所在。承此，如何在知行互动中研究中国文化精神，在历史事件中洞察中国人"中庸"气质的深层作用，便是必须破解的学术命题。

2001年的《中国人百年》，以探究社会发展的心理基础为主题，通过对20世纪主要报刊报道的相关事件进行分析，全面考察了工人、农民、商人和知识分子四个群体在百年里的行动及其社会影响，印证了中国人人格构成的基本质素，该质素推动20世纪尤其是90年代社会巨变的心理力量。作为《中国人百年》的姊妹篇，2001年的《中国人素质研究》和2004年的《中国社会心理分析》，关注的是中国人素质给中国现代化可能带来的影响力和竞争力，寻找的依旧是改革开放以来推动中国社会快速发展的群体性格和内在动力。其通过对企业家、农民工、网民等新兴群体及其性格形态的分析，诠释了在创造性活动领域普通劳动者所"潜伏着"的人文情操和聪明才智。那些为全社会所弘扬的孝道、舍己为人、天下为公等心理品质，那些以"劳动精神"和"劳动创造"为底色的民族性格，并没有因时世的变化而远离我们。这恰恰是我们认识中国社会、历史和文化形态的基点。

20 世纪是中国人认识自己、改变自己和发展自己的历史时期，在"人看我""我看人""人我相看"中，中国人的生命历程得以清晰呈现。从这个意义上说，沙老师对中国文化和中国人的研究，记录了中国人从"文化自知"走向"文化自觉"的过程。这是一个痛苦的过程，更是一段生成民族智慧的心灵之旅。

二、寻找创生性力量

从"文革"后期直面大批判运动并由此萌生研究中国人的念头起，到 2012 年《中国民族性（三）》付梓，在忙碌笔耕与深邃思索中，30 余年已从沙老师的指尖流过。所幸的是，这一部部接续性的著作，不仅再现了中国民族性的研究轨迹，也熔铸了她对学问的倾情、对人之精神世界的凝注，以及她积极的"知其不可为而为之"的人生态度。

改革开放以来中国社会发生了深刻而快速的变革。说其深刻，在于它打破了人们守常而稳定的生活方式，在竞争机制中，原有的安全感逐渐丧失；说其快速，则在于它以不胜防备之势颠覆了传统社会的价值理念，使中国人的精神生活在短期内陷入了无以应对的窘境。在这场从传统社会迈向现代化社会的文化大迁徙中，中国人的心灵世界受到了严峻的考验，民族性正在悄然发生变化。如何解释这种变化的缘由？如何评判文化根性的优劣美丑？对此，沙老师既强调把积极的、乐观的一面展示给国人，让我们的民众在自身的变化中看到希望、看到自己的未来，同时也主张通过批判性反思来提高民族的素养。这一鲜明的立场是其民族性研究的基调，也是《中国民族性（三）》"另解"中庸和"另解"民族性变迁的立意所在。为了呈现变迁的路径，她以跨时、空两个维度的象征性事件为"标识"，在 20 世纪 80 年代、20 世纪 90 年代和 21 世纪头 10 年三个时间刻度上，深度剖析了重大社会事件对中国人心理与行为的影响。从农民工进城务工，到科技界知识分子走进中关村；从"世界妇女大会"在北京召开，到国有企业工人下岗再就业；从"非典"疫情中民众对"知情权"的捍卫，到汶川地震和北京奥运会期间"中国人品性的复苏"：在沙老师看来，这些事件中各群体发出的声音和展现出的行为方式正是民族性格的集中展演。在这条清晰的学术脉络里，在她所阐发的重大事件和微观个案背后，我们可触可感的是 30 年来中国民族性在"公共文明"中的变迁历程，是中国人在因应时代变局中所展现出的心理动能，这正是民族的创生性力量的源泉。

与回顾"中国民族性"的系列研究并行，研究者自身的生命故事和心理传记同样是值得问津的主题。正如沙老师所说："民族性变迁是由无数个体的变化而组成的无尽的变动，因此，写民族性变迁就会写到自己对经历的体证、自己的观念和认知、自己对所属文化和所属时代的承担。"透过这段旁白回看其研究心路，作为民族性研究终章的"并非终结的终结"则深意自显——相对于"终结"，也许"重新解读、重新构思"的"起点"更值得期待。因为民族性研究本身就是见证一个民族自身成长与超越的时代记录和深刻洞察。

三、不觉时光已流逝

我很幸运，在沙老师民族性研究的后半程一路跟随。虽难及师兄师姐们在社会心理学领域的作为，但老师几十年来对学问的倾情、对人之精神世界的凝注，却一直在感染着我，激励着我。在站期间，我曾参与老师主持的两项课题，感受最深的是她作为学者心中常念的社会责任。她提出的"中国人比任何时期都需要心理学"命题，熔铸了学者的良知。她对"人文奥运与人文环境建设"课题的精心筹划，不辞辛苦、不计报酬地付诸实践的魄力，更是其自觉履行使命的不可辩驳的事实。2001 年与我同时走进师门的还有高抗、向东、君柏和建平四位仁兄。我们曾共同在老师的课堂上，讨论民族性研究的过往，探究中国人性格发展的走势。此外，带着老师的追问，宜园寒舍的畅快讨论，核桃园不乏"火花"的相互启迪，都是我们共同学习、相互砥砺的见证。

2002 年，我选择"文化心理与健康人格"课题做研究，正是源于对沙老师中国人研究历程的解读。没有她的著作领航，没有一次次面对面的启发，对这一课题的思考还不知道离我有多么遥远。那一时期，我曾走入辽北农村做调查，也曾追踪老师对河北龙居村变迁的研究，探寻乡村社会转型中农民性格的蜕变。这样的研究策略既不同于民俗学的乡村采风，也不同于人类学对民间文化的观察记录，而是一次次心灵问询之旅。正是这样的专业训练，为我后来的乡村研究注入了一股不曾预见到的力量。

2003年我到中国农业大学社会学系工作之后，虽然不能和老师经常见面，却总有电话和邮件往来。可以说，我每次都在老师的鼓励中获得巨大的鞭策。2006年老师生日那天，在我的问候电话中她感慨说："我没有感到自己已经70岁了，人生短暂，人生不可再来，活着就要积极地做事啊！"2011年6月5日，老师在为我写完"申请博士生指导教师同行评议"之后，还在电话里为我读了一段。她鼓励我说："作为博士生指导教师，你具有两种能力与品性：在知识的传播中再造知识，加之你有素养、有感人力量的表达和情怀，有益于对学生的引领，培育学子；在指导学生中有带动学子中的个别优秀分子登顶学科金字塔的精神和实力。这两种特殊的能力与品性之于博士生导师实属不易却很重要。"多年来，我时常念起老师温和的言语，也在教学工作中努力向老师期待的状态行进。

此后多年，我会经常向老师汇报我的教学心得，尤其是我带学生下乡的经历，她也总是说"我最愿意听小孙给我讲故事"。2013年在回复我的生日问候邮件时她说："我若能够倒过十年，会随着庆忠下田野，眼观八方，把新生的如何渗入旧有之中而百思不解的那些'东西'抓住。"时间就这样流淌着，庆幸的是，无论是电话里的声音，还是邮件里的文字，都传递着老师对学生的关心与厚爱！

老师：

若不是刻意想起，真的不敢相信时间怎么如此之快，转瞬又一年。明天是您的生日，学生依旧以这般简单的方式祝福恩师开心快乐！每年的这个时候，都会特别想起和老师在一起的点点滴滴，从2001年求教于您的门下，到此时2014年已悄然相随，感谢生活对我的这份赐予，十几年间不曾间断的是您的呵护与鼓励！

刚刚查看了每年这个时候与您的通话记录或片语文字，好像所有的日子都是昨天，清晰得就在眼前。您70岁时"人生不可再来"的感慨，以及2012年《中国民族性（三）》付梓之后的复杂心情，都为弟子呈现了您对生命的诠释和对生活的理解。

2013年5月21日，您让我有种年轻30年的幸福感，在同仁堂您为我挂号看病的那一刻，在您的心里我也的确是一个十几岁的顽童，您温暖备至的关怀已使年轻的岁月再度重来！谨以几行文字表达对恩师的感激与祝福！

庆忠

2014 - 01 - 23

庆忠：

有了微信不常开电脑。今天第一个看你的邮件，也感慨啊！

人从出生到离去，只一次；每走一步都只一次；每次都是最后而不再有。每年不知经历了多少的"只一次"这个"最后"。经历得越多越意味着这个"最后"的减少而不再增多。或许是出于这样的生命历程和生命逻辑，才有了"珍惜""爱戴""眷顾"这样的意愿和恪守，才有了天伦之乐，有了人生乐趣，有了谦卑和敬畏。每次电话，每声问候，每句叮嘱，每个提醒，都"只一次"，都是"最后"而不再有。

和你的相遇，和各地学子在北京的相遇，是有幸，是一个个"最后"而不再。这在实际生活中是一种潜在的感觉上的东西，但在无形中起作用。或许由于此种潜在，社会心理学这里有一种无形的东西联系着你我他。我感到欣慰。

孟子提倡的善是纯粹状态的人原本具有的纯善，因而是脆弱的。但是纯善的存在揭开了人性的本来面貌，是在恶行面前对人性的召唤。我这里提"善"是由于上面说的人生"只一次"，每走一步都是"最后"这点想起来的。对己、对亲情、对朋友、对所有人的珍惜、爱戴、眷顾都是在生命这个基点上做的价值选择。

人生是对生命的执行与完成，是使生命完好地从"天"来又送回"天"，化为"超越"；人生所在意的、所努力的归根结底是对生命的尊重和敬畏。

以上是一种对话，是近日看书之后的人-文对话，又是和庆忠的人-人对话。近日遭遇老师和老同学或殁去或生病的袭击，对人生、对生命多了些想法。现在仍然活着的健康的都是"最后"，切要珍惜，切要活得有意义。

沙老师

2014 - 01 - 24

这次通信以及所谈的话题，尤其是老师对"最后"的解读，以及"切要珍惜，切要活得有意义"的嘱托，一直在我的头脑中挥之不去。我邮件中所说的 5 月 21 日，"我有种年轻 30 年的幸福感"，是指老师在听说我患青光眼之后，特地为我介绍了一位中医专家，还专程为我去排队挂号。每想到此事，我心中都会涌起热流，为这份妈妈般的疼爱，为好像不曾失去的年少时的生活！

老师：

过年好！

转眼又一年，在感慨时光流逝的同时，也因年龄和阅历的增长，更加理解了老师当年的期待和一直以来的厚爱。从 14 年前求教于恩师门下，对学问、对生活的体悟丰富了我的生命过程。活在当下，认真工作，做一个有思想、有爱心的老师，成为我的人生信念。这之中，您的鼓励和精神影响，都已不同程度地渗透在我的教学实践中。

附件是我为社会学系 20 年系庆整理的口述史，在这里您可以看到学生 12 年间在农大所做的工作。您方便的时候看几眼吧。祝福您身体康健、羊年吉祥！

庆忠

2015 - 02 - 21

庆忠：

收到邮件打开附件，静静看你的东西。边看边受感动，它们很感动人的，我被感动了。原来知道庆忠做了许多走在民间、踏进生活的调查，却没能有机会听到你的心声和灵魂诉诸；知道庆忠对生活、对人世、对师与生的珍爱和率性，却没能深切分享以化于吾辈。

吾尚未衰，有朝一日，盘坐而赋言。尚有时，慰师生的心。

祝福你。

沙老师

2015 - 02 - 23

最近几年，邮件往来被微信替代，但老师关注后辈之情却未曾远去。无论是我在河南辉县进行川中教育试验，还是在陕西佳县、河北涉县、云南绿春等地进行乡村建设试验，老师的关切都一路相伴。

我一口气读完《过六一》，不平静，有感触，喜欢山区大学和学区里的故事，感佩张张的笑脸和神情，心扉业已打开，满腔的热诚喷薄在山区。庆忠尽情培育社区大学和大学里的每一个学员。真真激励每一个人，真好！致敬农民，致敬大学教授庆忠，致敬天与地对人的养育！天佑川中！

庆忠本是好种好苗，又遇好风好土好乡村，才智、风格和品德，喷薄而出，开花结果。看着看着，几近泪满襟。庆忠走在一条庄美的人生路途上，其业不止，其美无量，"无量寿"属于庆忠。

沙老师
2018-06-04

第一眼看这西南边陲的艰辛中的浪漫。摩梭人过年，带着民间的亲情和习爱，围在一起，这才是过年和表达。庆忠走在这条民间大道上，宽广深厚，激情满怀，通情达理。正当年，走着做，走着思，走着悟。庆忠悟道在此，蓝天下，深山里，民心中。佛系胸怀！祝福！

沙老师
2019-01-12

读微信，看照片，喜不自胜！在摩梭人村庄，生活并见闻，对庆忠很羡慕啊！天气冷了，要保暖！

沙老师
2020-10-06

王金庄珍贵的小米收到了。小米里有着贫困＋勤劳＋智慧＋深情！请转达对村人的感谢与赞美！视频看了又看，那位先生走着说着，路过毛驴拉磨，很感动！很喜欢农家生活，照片、视频保存了！冥冥中致敬那山山水水一方热土，致敬在那里默默工作的庆忠！

沙老师
2020-12-17

2021年2月我曾把云南哈尼梯田小伙子李高福的故事讲给老师听，她给予这位向贫困挑战并荣获云南省青年五四奖章的年轻人极高评价。他们还建立了微信联系，高福也经常发微信告诉我说："沙奶奶给我发的朋友圈留言点赞了。"后来，老师还专门请潘宇师姐为哈尼的小伙伴们购书。我曾因此向老师表达了我的不安，但她回复说："请你们允我尽兴吧。我喜书，也喜送人以书！高兴庆忠与高福有友谊和对话。庆忠扎根在云南哈尼族的生活，真好！倾心于此。祝福！"

2021 年 7 月 11 日，老师给我发微信说："庆忠好！刚从高福微信朋友圈里看到你和学生已抵达云南，在那里进行一个月的调研。与学生同行，是社会调查新的方式和创见，我很受鼓舞！注意安全！"这种寄予恩师深切关怀的文字，多年来与我的为学与生活相呼应。

如今，看着这些带有明确标志的时间节点，好像所有的日子都是转眼间的一瞬。虽然岁月已经在我们的身体里留下了太多的刻痕，但一想到恩师年逾八旬仍然饱含深情地教书、读书、写书，就会想到她曾经提到过的"激荡人生、激荡生活"，就会在懈怠时重新振作，遇到挫折时就会有一份温暖洋溢心头。以此观之，恩师并未离去，她依旧关注着中国民族性的当下与未来，依旧关注着后辈的培育与成长，因为记忆不老，生命便能常在，岁月亦可重来。

2012 年 12 月 23 日，以"见证与诠释：中国民族性变迁 30 年"为主题
采访沙莲香教授时，拍摄于老师办公室

[作者简介]

参见《脱贫致富社会教育：〈一个贫困村的变迁——龙居的昨天·今天和明天〉》关于作者的介绍。

和老师在一起的一些事

文｜张向东

1997 年，我在河南师范大学团委工作的时候，无意间看见了老师写的《中国民族性（二）》，就深深地被吸引住，一口气囫囵吞枣地给读完了。我有好多观点不明白，就去请教我们学校的一个心理学老师，那个老师对沙老师很推崇，他说："《中国民族性（二）》给我最大的启发是对文化的理解和对中国精神的认同。文化是民族的性格规定，中国文化是对华夏民族特点的接纳和提取，不同人种和民族对不同特质所给予的认同、伸张以及维护的自觉意识是有所不同的。"由于我的专业视角是理科视角——我本科学的是数学，研究生学的是自然辩证法——对文化的理解还很浅，对认同的概念更没有接触过。当时我就想，《中国民族性（二）》我看不懂，那么我就先看《中国民族性（一）》，但遗憾的是，我找遍了学校的图书馆也没有找到《中国民族性（一）》，这怎么办？我就想到了我的本科学妹王春燕（现在国家乡村振兴局任职），她当时正在中国人民大学读社会学硕士，我向她要了老师的联系方式。忐忑了好几天，我还是给老师打了个电话，当时听到老师的声音，才知道声音是可以传递温暖的。当我把我的疑惑倾诉给老师后，老师很耐心地给我做了解释，但以我当时的学识水平还不能够完全明白，于是我就产生了拜师的念头。我跟老师说，我的基础弱，能否跟随老师学习，老师很爽快地答应了。事情往往有不可预测性，我想跟随老师读书的愿望，一直等到两年后才得以实现。

1999 年 9 月，我怀着梦想来到了中国人民大学，在老师的研究室里拜见了老师，当时老师给我的第一印象是优雅、温暖、亲切，但我更多的心情是激动：我终于可以跟着老师去探索我不懂的领域了！老师知道我的基础弱，推荐我先跟着研究生听林克雷老师的"国外社会学史"课，当时我听课的感觉就像听天书，因为没有经过社会学的专业训练，再加上林老师上课的进程很快，一学期下来，我记了好几本笔记，仍是不甚了了。请教老师，老师说继续听。又听了林老师一学期课，我忽然开窍，感觉社会学真好！林老师的课讲得真好！接下来，老师看我社会学入门了，让我参与了《中国人素质研究》一书的资料整理工作，好让我慢慢体会社会学的研究方法。在这一年多的访学期间，我认识了廖菲老师、章军老师、王卫东老师、石伟老师、潘宇老师、左旭东师兄、王欢师姐、郭玉锦师兄、何会江师兄、齐鹏师姐、米华老师等，在他们的身上我看到了老师思想的烙印。

　　社会学入门了，给了我继续学习的兴趣和动力。2001年我通过了博士生入学考试，真正成了老师的博士生。入学的第一天，老师把我叫到她的研究室，给我做了详细的培养计划，然后语重心长地跟我说："小张，你要记着，我们做研究的人首先是做人，然后是做学问。基础不好，可以通过努力来完成，你要做好三年不能毕业的打算，但是人做不好，那就没有希望了。"对于学术研究，老师一直要求我们从主流、积极、良善的角度看问题，不要有先入为主的是非观。我的一个侄子刚从韩国留学回来，到新公司任职第一天，看到几个员工在上班时间打扑克，他很不高兴。在他看来，公司的员工怎么可以在上班时间打扑克呢？随后的几天里，虽然他很努力工作，但他发现公司的主管和同事都不给他好脸色看，他就打电话告诉了我，恰好我和老师在一起说事情，老师听到了，就告诉我说："这就是先入为主的是非观害了他，打扑克这种行为，说起来是'非'的，在他看来一直是'非'的，但如果打扑克是为了工作，那就变成了'是'。"果然是这样，那天他的主管打扑克是陪着一个重要的客户打发等待合同细化的无聊时间。从心理学上讲，你喜欢一个人，那个人不一定喜欢你，但你讨厌一个人，那个人肯定不喜欢你。与我一同入学的博士生有高抗、王君柏、姚建平，博士后有孙庆忠、王剑锋。我们六个一起在老师的门下学习，相互帮助。庆忠师兄在他家里组织大家成立读书会，老师有教无类，悉心指导，学生勤奋努力，和谐相处，那是一段痛并快乐的日子，我至今铭感五内。两年后，庆忠师兄和剑锋师兄出站，走向新的工作岗位，现已成为老师那样的大家，蜚声国内外。三年后，君柏和建平顺利毕业，去了想去的大学教书，我只有努力再努力地弥补差距。毕业论文初稿完成后的沉淀，成稿后老师画龙点睛式的指导，以及后来化腐朽为神奇的提升，老师给予的一切，一直都萦绕我的在脑海里。

2007 年，老师带着我和廖菲老师、王欢师姐等几人到台湾开会，会议期间和老师一起拜访了杨国枢先生。杨先生当时问了我一个问题，他说："小张，你觉得 20 世纪 80 年代拍的电视剧《红楼梦》怎么样？"我回忆当时在大街上看《红楼梦》的场景，那可是万人空巷，人山人海。在当时，电视机本来就很少，《红楼梦》又是经典作品，哪有差的道理？我就认为很好，认为是真正的艺术。但杨先生说："一般人看事情往往会从众，忽略了事情的本质。从艺术和拍摄的角度看，或从收视率的多少看，《红楼梦》是不错的，但你有没有想过一个问题，在当时的社会形势下，有几个演员真正体验过大观园里穷奢极欲的生活？贾母吃的一道猪肉菜，除了那头被打得满场跑的猪背上的一点点里脊肉外，整头猪都成了下脚料。而那些演员们，受当时物质、经费条件的影响，有几天是吃肉的？甚至他们有时候还在吃窝窝头。让他们充分发挥想象力，在思维的空间里拍摄现实人物，那只是对作品里的人物的艺术处理。"杨先生的一席话让我醍醐灌顶，使我认识到，不论是做研究，还是看待事情，一定要脚踏实地、实事求是，不能够凭想象、拍脑袋。

博士毕业后，我去了北京大学经济学院做博士后，经济学研究范式与老师教的心理学研究范式不同，我本来想做消费心理研究，但北大的经济学教授不认同，认为应该研究消费行为。后来，我回到了河南师范大学任教，邀请老师来讲学，老师二话不说就答应了。她在上海的会议结束后，当天返回北京照顾了一下她的小狗，第二天就不辞辛苦地来河南师范大学传经送宝。在后来的时间里，我和老师基本上每年都要见上一面，一直持续到疫情的到来。疫情是世界的噩梦，也同样是我和老师的噩梦。2019 年年底，老师在她的新家里接见了我，没有想到那一次见面竟然是和老师的最后一次见面。听到老师病倒的消息，我好久夜不能眠，一直在心里默默为老师祈福！但后来只见到了老师最后的只言片语和噩耗。子欲养而亲不待，疫情竟然让我没能送老师最后一程，这成了我终身的遗憾！祝老师一路走好！

2007 年和沙老师在安阳殷墟

［作者简介］

参见《重读〈中国人素质研究〉》关于作者的介绍。

念师恩　包容了一颗不安分的心

文｜欧阳海燕

在吉林大学读研读到第二年的时候，我突然有了一个大胆且足以改变我命运的决定：我要去中国人民大学读博。这个决定，对于当时并没有过硬背景的我来说，其实不够谨慎和理性。但是，在我的生命里，有很多大事，都不是在特别理性的状态下决定的，更重要的是靠信念和运气。

在本科同学、当时正在人大读研的陈晨的帮助下，我联系上了沙老师。我第一次拜见沙老师，就被她温柔而干练的气场震撼了。当时陪伴我的，还有我当时的男朋友、现在的家属吴献。吴献当时在吉林大学法学院读研，他有一个"毛病"，就是见到博导就冒汗。没想到他比我还紧张，这样反倒缓解了我的紧张。当时说了什么，现在已经完全不记得了。只记得那一面之后，仿佛有一扇门向我敞开了。之后便是心无旁骛地复习考博。考试当天，我因为太紧张，衣服都穿反了，在考场的卫生间里，被不认识的同学提醒，才换了过来。笔试通过之后，是面试。面试的时候我遇见了廉如鉴，他是第二年进入的"沙门"。就这样跌跌撞撞地，我幸运地进入了"沙门"。在我人生命运的节点，沙老师给了我一个新的起点，让我一生感念。

当年和我一同进入师门的，还有在北京服装学院工作的马久成老师。马久成成熟稳重、踏实能干、帅气时尚，他设计的学位服获得了国家专利，被多所学校采用。马久成在加拿大工作多年，可以说一口流利的英文，但后来听说他博士生入学考试的英语成绩还不如我，让我哭笑不得。

入学后，我便和马久成一起投入沙老师主持的"人文北京"课题中。沙老师带着我们拜访了很多北京文化研究者、民间艺术家，如：中国文物研究所文物保护传统技术与工艺工作室主任兼文物资料信息中心主任刘志雄老师，中国建筑学会建筑摄影专业委员会、中国古迹遗址保护协会会员、《建筑创作》杂志特约摄影师叶金中老师，北京市文物保护协会会员刘阳老师，北京市社会科学院历史研究所所长、研究员吴建庸老师，北京文化研究者王兰顺老师和张金起老师，等等①。

作为一个外地人，我迅速被带入北京的胡同、四合院、宗教北京②、宣南③文化之中，大开眼界。我参与的"人文北京"课题的相关成果有两项：一是 2004 年六七月份在人大成功举办了"人文北京"展览；二是出版了《奥林匹克与北京奥运：2008 期待与责任》一书。其间，我也感受到了沙老师的学者风范和魅力及由此而生的社会影响力和号召力，以及她对于事业不折不扣的执行力。她的为人之道和处世哲学，足够我用一生去仰望和追随。

沙老师、马久成和欧阳海燕在"人文北京"展览上

因为是同门同级又在一起做课题，我和马久成关系最好，快毕业的时候，马久成还特意邀请我去北京服装学院和他们的系主任见面，但由于那

①　以上职务均为时任。

②　宗教北京，是指人文北京具有容纳人类宗教精神的博大胸怀。

③　"宣南"是地理、历史与人文结合的概念，清代时宣南位于当时北京宣武门以南地区，是官员、文人及进京赶考的举人居住之地。

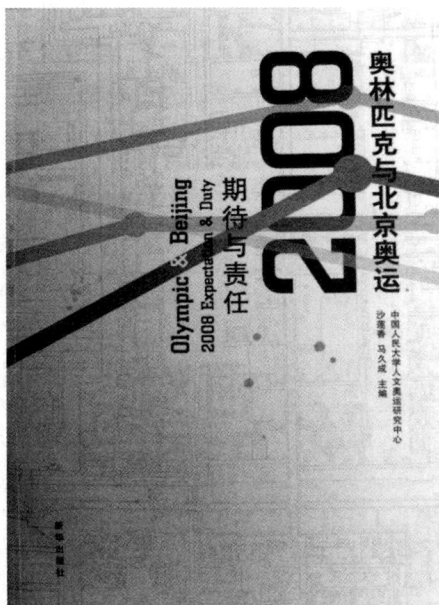

《奥林匹克与北京奥运：2008 期待与责任》封面

时我一心向往新闻记者的工作，其他工作进不到我心里，因此拒绝了马久成的好意。不过，毕业之后，我们也一直保持着特别好的关系，在工作上，我也得到了马久成的支持。不幸的是，马久成于 2010 年 6 月 6 日因车祸离世。他的离开，给我和沙老师留下了巨大的悲痛，也是师门的一大损失。

转眼到了写毕业论文的时节，沙老师高瞻远瞩，引导我选择了女企业家相关题目。如今我毕业十几年了，一次联合国妇女署来访，谈及这个话题，仍评价该题目具有很高的研究价值，也可见女性创业群体的境遇仍有很大的改善空间，我不禁佩服沙老师眼光之独到。在论文写作的过程中，我在沙老师的引领下结识了几位令人尊敬的长辈，尤其与中国社会科学院新闻研究所的陈崇山教授最为投缘，至今仍保持着交往。

我这颗不安分的心得到了沙老师最大的包容。后来我申请去美国访学，请沙老师帮我写一封推荐信，她在信中写道："海燕追求她的新闻理想。博士研究生毕业，她放弃了大学任教的机会，欣然去了新闻杂志社任职……在新闻领域，她另辟蹊径，打造出新颖且别具一格的报道类型。十年来，她所做的'用数据说话'专题报道，从大学生对于毕业院校的满意

老北京四重城地图，载于《奥林匹克与北京奥运：
2008 期待与责任》第 18 页

度，到婚姻家庭观念，再到公民对政府公共服务的看法，达十多个门类，所关注的群体也涉及普通公众、中产阶层、女性、中青年等，表现出对生活、对职业的热血与热爱。"

沙老师在推荐信中所写的话，也是对我后面人生的激励。她说："她希冀打开视野，步出国门，开拓研究。这不失为一位有志青年的良好决断。相信海燕会在开辟中如愿以偿。我作为海燕曾经的指导教师，为她的抉择而欢欣，力荐她赴贵处再学习深造。我想如果有这么一段经历，会使她的人生和眼光更加不同。而且我相信，以她出众的专业功底、出色的人品、杰出的创新能力，一定会给新闻事业带来更多惊喜，并且同时会为社会科学带来更多新鲜的视角和话题。"

沙老师，我只愿此生不负您所愿。

毕业之后，我和我的家人一直与沙老师保持着如同亲人般的联系。我们每年一聚，持续了十几年。我去美国之前和从美国回来之后，唯独不能缺少的就是去拜见沙老师。沙老师也是看着吾儿成长的亲人之一。直到疫情兴起，聚会中断，再到后来便传来了噩耗。

2019 年 9 月，作者从美国访学归来看望沙老师

访学之前，我便在沙老师的一篇口述史文章中了解到老师在日本留学的经历①，深受鼓舞。沙老师 46 岁只身东渡扶桑，在这两年里攒足了力气"拼命"读书。她在口述史文章中讲道："我几乎是一头扎进东大图书馆里，常常中午在图书馆吃便餐……我用了差不多半年的时间读完了岩波书店 20 世纪 50—80 年代的《思想》杂志、哲学和社会学方面的著作……其间还阅读了辻村明先生的著作，进而了解了他的知识人道路。"相比之下，我的访学生活是在给孩子安排学习和课外活动以及自驾旅行中度过的，两个学期一共选了 5 门课程并且有一门在课堂展示中得了久违的 100

---

① 沙莲香．探索中国民族性的变迁轨迹//周晓虹．重建中国社会学：40 位社会学家口述实录（1979—2019）．北京：商务印书馆，2021：591 - 621.

分已经算是对自己努力的最大回馈。从自己的经历中，我深刻领悟到人生差距产生的原因，这恐怕也是我只能仰望老师的原因。

在沙老师的众多思想遗产中，我略微熟悉的是"间性思维"。我曾经将沙老师 2015 年 5 月在台湾辅仁大学的演讲以及她在其他地方的讲述编辑成一篇文章。稿件经过沙老师的审定，但仅发表在网络上，未付梓印刷。借此机会发表，不得不说是弥补了我心中的遗憾。

"间性思维"：边缘性及其创造力
——互联网时代的新思维
作者/沙莲香

所谓"间性思维"，是指变化、创新都发生在"边缘"。互联网时代的思维方式具有显著的"间性"特征。如果从"边缘性"及其创造力的视角看中国人的机遇，那么似乎可以说，一个新的民族性问题被提了出来。

关于"间性思维"这个概念，我在不同的场合都强调这样的意思：所谓"间性思维"，是指变化、创新都发生在"边缘"。"边缘性"是"间性思维"概念的核心含义。

在互联网时代，"边缘性"成为创新者的一种意识，意识到"边缘性"为创新提供了机遇。

一、"间性思维"是对"中庸思维"的反思

"中庸思维"和"间性思维"是两种语言系统下的思维方式，"中庸思维"具有稳定功能，"间性思维"具有创新功能。

"间性思维"不是对"中庸思维"的取消，而是对"中庸思维"的反思。"间性思维"是基于中庸的"变动性"提出的，中庸的变动性与中庸的稳定性恰是相反相辅的不同视角和不同的思考方式。

中庸就其本意是"执其两端，用其中"，即不偏不倚、均衡、协调。这种形态显示出中庸的稳定性。中庸既是中国文化的核心特质，也是民族性的核心特质，它规定了文化的基本性格和民族性的基本性格。中庸的稳定性造成了根深蒂固的中庸人格和中庸思维，它们有其维护均衡、讲究协调的思考方式和行动方式。

但是，中庸人格作为理想人格在现实层面上是难以实现的，所谓"君子中庸，小人反中庸"，即在现实层面上，大多数人表现为"随大流""人

云亦云""倾倒于权力"等，有一种强势下的"奴性"。社会上的极少数则是孔子说的狂和狷，或者是君子和小人，但不论是狂和狷，还是君子和小人，都是这样或那样动摇或颠覆中庸人格的推力。

中庸的变化，是中庸维系其均衡性和功能性的自身力量。中庸的变化，依据在于中庸的内部结构性，即构成要素及其相互关联性。构成要素越少或者越单纯，其变化的内部力量越不足。相反，构成的要素越多，或要素之间越有关联性，其推动中庸变化的自身力量就越充足。

随着社会生活的变化和科技的发展，"人相与"的机缘和空间，以及天地人相与的概率及其深度和广度都在迅速地变化，中庸这一文化特质也在迅速变化，原有的"均衡""协调"关系会随之迅速改变。"间性思维"则是对事物变化性的适应。

二、"间性思维"注重创造性发生在"边缘"

"间性思维"是对应"中庸思维"的一个概念，其包含了这样几个意思，即：世间一切现象都有其数和形的特征，都是正态分布的，从而都有其连接内外彼此的边缘；所有的变化都发生在边缘；变化具有偶然性和多元性。

微观经济学中的理性决策，都重视理性人对"边际量"的考虑。百岁经济学家、新制度经济学始祖、诺贝尔经济学奖得主罗纳德·科斯在生前有《对中国的十大忠告》，讲到"边缘革命"将私人企业家和市场的力量带回中国，讲到过去30年来中国发生的令人瞩目的市场转型，开启了劳动力市场，成为中国经济的"边缘力量"，这些都在实质上旁证了"间性思维"。

互联网时代的企业家也意识到了"边缘"的创新意义。周鸿祎在讲"中国为什么没有乔布斯"、讲"创业者要有一种坐冷板凳的精神"时都讲到了颠覆性技术产生在边缘，颠覆力是微视力而不是平台力，颠覆力不在主流热门市场，因此，要去做主流市场没在做的事。

"间性思维"注重创造性发生在"边缘"。边缘性、"间性"，是一种充满交际、传送、往来的"时空"。互联网正表现为这样一个互动的形态，而"间性"是"互动"应有的"其所"。

互联网时代的思维方式具有显著的"间性"特点，互联网时代让中国人的民族性格遭遇了"间性"思维方式的冲突。如果我们从"边缘性"及其创造力的视角看中国人的机遇，似乎可以说，一个新的民族性问题被提了出来。

三、创新者的品质及对环境的忧虑

创造性发生在"边缘"，由"创新者"引领。"创新者"在历史中的重要性，如梁漱溟所说，中国文化全出于古初的几个非常天才之创造。康德在讲到天才品质时说，原创性构成了天才品质的一个（但不是唯一的）本质成分。

从中外古今的历史上看，"创新者"有其"超出常人"的特殊性格和特殊经历，如孔子、尼采等。这种"遭遇"对于天才，不仅是一种避不可逸①，而且在一定意义上是天才之为天才的"转折"。不过，"遭遇"要激起"天才"，必须有人身自由和精神自由，舍此，"天才"不会"出壳"，因为一旦"遭遇"成为人身摧残和精神洗劫，身体和灵感就将一起"死亡"。

"创新者"的发现源于敏锐的直觉。直觉有其直接性和当下性，"灵感"总是在闪念之间。敏锐地直觉到某种"存在"是创造性的内生因素，这个内生因素即"创新者"的特质。

从中庸思维特点看国民性乃至民族性，其基本特性是根深蒂固的，难以改变，"秉性难移"。但这并非说国民性乃至民族性的品质不可以提升，其品质、其素质是可以提升的，提升的力量在于"创新者"，在于包括天才在内的少数优异力量。

前面曾说，一个新的民族性问题被提了出来，它主要针对今天社会生活激变中少数天才和优秀人物的发展环境问题，其中包括对这些少数人可能有的"性格怪异或不足"的宽厚。

孔子不曾预设自己无过，孔子说，五十以学易，可以无大过矣。传统文化早已明示：人无完人，必有其过。这表明，对少数天才或具有创造性才能的人，不必苛求。

以下是沙老师关于这篇整理文章与我进行的对话。

海燕，你的编辑水平让我感动，也验证了我一直以来的看法：思考、思维及其方式的特点不仅在人，而且在人与人之间，这个"之间"寓于人际的那些"关系""部件"等，有了充斥在这个"之间"的东西，才会有彼与此的"由此达彼"，才会有"心相印"或"心相疏"，才会有"事竟

---

① 避不可逸，原文如此。

成"，等等。

谢谢你的编辑文章诱发了我停滞许久的思绪。

沙老师

谢谢沙老师的肯定，您的思考对于当前的这个时代是有特殊重大意义的，我愿意去推动。只是我的力量有限。当前国学有很多宝藏，且可以很好地反映当下现实，您的"间性思维"理论就是精彩一例，应该冲破小圈子，拿到更广阔的平台上去与西方思想家交流，如此才能引起更多人的重视和思考。

海燕祝沙老师身体健康！

海燕敬上

海燕，你会明白我的一生脆弱。到了如此的岁月，或因有你这样的推动才会拾起不该丢掉的那一些。谢谢海燕。

沙老师

沙老师，您拥有我们这一代人中的绝大多数学子不可企及的成就和品质，我们以您为骄傲，我也愿意为推动老师的想法做一点点事情。

就如您所说，"遭遇"是逃不掉的，每一代人都有每一代人的"遭遇"，但"遭遇"也是转折，也是天才"出壳"的契机，所以您的学术生涯是可敬可赞的，您的"遭遇"正是您获得尊敬和声望的原因。

为您骄傲！

海燕敬上

2022 年 4 月 8 日上午 10 时左右，我在师门群中看到老师离世的消息，顿时泪如雨下，在办公室里号啕大哭、不能自已。我失去了一位最敬爱的人，一位我只想把最好的一面展示给她的人，一位了解我和包容我的亲人。

[作者简介]

欧阳海燕，中国人民大学社会学系 2003 级博士研究生，毕业后从事新闻媒体工作 10 余年，2018 年赴美国北卡罗来纳大学教堂山分校新闻传播学院访学，回国后从事公益教育工作至今。

在中国幸福生活的 20 多年

文 │ 金泰用

尽管我出生在韩国南部的一个小城市，但来中国已经 20 多年了，所以我的第二故乡应该是中国的首都——北京。当时我是 27 岁的小伙子，今年都快要 50 岁了，已经成为一个中年上班族了。我一直在中国的物流行业工作，目前在上海一家德国企业负责韩国客户。

其实，我小时候的梦想就是去中国看看《三国演义》里记载的好多名胜古迹。但是一直到大学毕业，我都没有机会到中国读书，主要原因是家庭经济情况没那么好，因此我早就放弃了去中国留学的念想，并且在大学毕业之前，我已经在韩国首尔的一家贸易公司开始了工作。后来命运女神眷顾了我：正好我叔叔准备在天津做生意，于是我爸和我叔叔都向我建议去中国留学。

当时，他们要求我必须选择北京大学。那个时候，在很多韩国人的脑海里，说起中国的大学，就想起北京大学，结果北京大学的留学生报名时间过了，当年不再有招生计划。好在中国人民大学可以报名。我跟人大的缘分就这样开始了，我的梦想也终于实现了。

我记得很清楚，第一次到北京的那天是 2002 年 3 月 1 日。北京的春天还没到，沙尘暴、人大校园里的杨絮花粉、北京的儿化口音、一半被自行车占领的公路、马路边的羊肉串等等，都让我印象深刻。每每回想起，那段日子是我在中国生活的 20 多年里，最有人情味的日子了。

我跟沙老师的缘分始于我到中国的第二年（2003 年），当时我还没决定选择哪个专业。我发现在社会学系有一位韩国籍师兄洪银基，我很高兴地跟他联系，打听社会学的大致情况。他对我很亲切，并送给我自己以前准备考试的资料，甚至给我介绍辅导老师，也就是洪师兄的同班同学曾晓菁。我这才能够信心满满地开始准备研究生考试。

2003年，北京的"非典"特别严重，研究生考试结束后，我的旅游计划都没有实现。但幸亏有在学校跟沙老师见面的机会，当时廖菲老师也在。两位老师问我，为什么选择社会学、将来的计划等等。其实，当时我太紧张了，已忘记怎么回答的了，唯一清楚的是她们给了我很大的鼓励。这些都是20多年前的回忆，可以的话，我想再回到那个时候。

中国的"非典"在2003年7月之前基本上就控制住了，所以我的研究生生活在9月就正常开始了。

对我来说，研究生课程比我想象的难。第一，我在语言上还是跟不上，而且有几位老师的口音挺难听懂，好像只有沙老师的课程让我踏实。我感觉到老师为了我特意慢慢地讲话，重点部分还直接问我是否真的理解了。印象最深刻的是老师经常问我韩国的情况，好让其他同学间接理解韩国人的思维方式。第二，我的本科专业不是社会学，对社会学知识了解得不多。幸亏我碰见了王立新和李青江同学，下课后，他们经常在宿舍里给我辅导。后来通过这样的形式，我自然而然地认识了好多不同专业的同学。社会学系的几个同学经常一起去集天小店（在人大校内），不知这小店现在是不是还在，有时候大家意犹未尽，会再换个地方继续喝酒。通过与中国同学的交往，我慢慢了解了中国人的性格、特点、价值观等等。这岂能不幸福啊！

有一位专门研究幸福的教授说：富人不一定会幸福，成就感也不会长期持续下去。最幸福的事情是和喜欢的人一起吃饭。听他演讲后，我才察觉到这就是真正的幸福。饭菜好不好无所谓，跟谁一起吃才是最重要的。

2005年，托沙老师和师兄师姐的福，我也拿到了硕士学位。说实话，对于我的论文水准我非常惭愧。但是我全力以赴地调研了人大、北大、清华的大学生对人际关系的看法。还有，我发现中国人与韩国人的基本理念没有什么大的区别。我们都很重视人跟人之间的感情以及孝道等等。通过这些调研和一些活动，我对中国人的偏见再也没有了。尤其是沙老师经常让我参加博士生师兄师姐的活动，让我理解了更多。

从人大毕业后，我很幸运，在中国找到了一份工作。工作地点是离北京最近的天津。在天津工作的约 12 年（从 2005 年 10 月到 2017 年 12 月）里，我遇到了好多好朋友。虽然有人说在单位里的同事不能成为真正的朋友，但是我还是在天津度过了愉快的时光，天津人的善良、热情，使我很感动，这种感动是用语言无法表达的。

我唯一遗憾的事情是由于身处异地，不能经常去北京看望沙老师。幸亏 2014 年和 2018 年我可以参加"沙门"活动，读书时见过的师兄师姐都已变成中年人了，但在我眼里他们还跟以前在学校的时候一模一样。大家都记得我的名字，都很亲切地对我说泰用来了或者小金来了，好像我还是当年那个二十七八岁的年轻小伙子一样，我非常开心。

我记得非常清楚，2017 年 6 月 24 日，那一天我第一次单独去沙老师家。当时我要送家人去首都机场，我两个儿子趁着暑假都要去马来西亚读英语，所以我给老师打电话问可否到老师家拜访，老师很高兴地把她的地址立刻发送给了我，现在不知那个公寓是否还有人住。老师像妈妈一样疼爱我，亲自出来接我。公寓里的环境很好，老师给我介绍了每个角落。那个时候的场景令人难忘。当时，老师疼爱的一只猫害羞地躲起来了，都找不见了。

吃完饭结账，老师还是不让我出钱。看来在老师眼里，我永远都是孩子。老师给我的最大教诲是：当脚踏大地的时候，不要忘了头上的天空，让我的视野更开阔一点。正因为老师的教导，我对很多事情都没有偏见了。

2017 年年底，我在单位内升职了，单位把我调到上海总部负责整个中国区的韩国企业。无论走到哪里，我都有很多好朋友，我感觉我是世界上最幸运的人。

2022 年 4 月 8 日，听到尊敬的沙老师过世的消息，我感到天塌下来了。上海因为疫情处于封闭状态，我没法参加悼念仪式。

在我心里，好想再回到在人大读研的时候，跟沙老师、师兄师姐一起吃饭。这是我真正的幸福时刻……想念老师。

2017 年 6 月，作者和沙老师一起散步

2017 年 6 月，作者在沙老师家中

2017 年 6 月，作者和沙老师一起用餐

[作者简介]

金泰用，1975 年出生于韩国，2003 年进入中国人民大学师从沙莲香教授读社会学硕士，2005 年 6 月获得硕士学位。之后，在中国工作至今，目前在一家德资企业工作，负责韩国客户。

谢谢，沙莲香老师

——《中国民族性》翻译后记

文｜津田量

与沙莲香老师的初次接触可以追溯到 2004 年 9 月。当时，我是东京大学文学部中国思想文化研究室的研究生，天天阅读、分析和讨论出土资料，也包括从四书五经到清末民初的作品。然而，我想更多地了解当前的中国社会，于是申请并得到了到中国学习的机会。我作为国家资助的学生到中国人民大学时，导师就是沙莲香老师。再后来，我了解到沙老师曾到日本留学，就在东京大学文学部学习，在一定意义上她算是我师姐。沙老师在东京大学文学部学习时候的老师是我学社会学方法时的老师的前两代老师。学术上的缘分真是连绵不断呢！

尽管一波三折，我终于在 2006 年 3 月从东京大学的硕士课程毕业，经过一年的学习和入学考试，从 2007 年 9 月起正式作为沙老师的博士生，在中国人民大学与尹学龙和刘敏两名同门一起开始博士生课程学习。

在学术上，从沙老师的著作和教科书中我学到了很多。但更有意义的是，在跟沙老师的日常接触和交谈中，我了解了她的人情味和生活方式。

毕业后，我开始在北京第二外国语学院任教。在人大求学的六年时间里，沙老师为我出谋划策，及时给予我学习和私人方面的帮助，真不知道能否报答她的恩情。就在这时，我突然想到，可以把沙老师的主要著作《中国民族性》翻译成日文。在 2006 年的一次谈话中，她说希望我将其翻译为日文。当时的我只是一名硕士生，中文水平还很低，跟上课程都很辛苦，所以无法实现沙老师的愿望。后来我成为一名大学教师，我想如果我不翻译，那么一时可能不会有人翻译。即使找不到出版商，我也可以通过工作后积攒的钱来自费出版。在还没有联系到日本或中国的出版社时，我就已经开始翻译了，翻译工作也在一点一点地推进。

在开始翻译这套书后，我尽力向日本世界科学文化出版社的社长刘伟

2010 年 6 月 25 日博士论文答辩通过纪念合影

先生引荐这本书，恳请他在日本出版。同时，我还发现中国人民大学出版社有一位沙老师的学生——潘宇师姐，与她联系后，她很愿意提供帮助。因此，在刘社长和潘宇师姐等人的努力下，这套书获得了中国人民大学出版基金①的资助。从此在日本，这套书也可以在知名学术出版社出版，而不需要我自费出版了。

　　以上是翻译和出版的大致过程。

作者翻译的《中国民族性》日文版一套三册，
于 2019 年 4 月由日本世界科学文化出版社出版

---

①　2016—2017 年中国人民大学教师学术精品海外推广项目。

　　下面是关于翻译。《中国民族性（一）》收集了从清末至今，来自美国、英国、法国和其他国家的人的关于中国民族性的评论。因此，在翻译该书时，我寻找并收集了原文，并试图将其直接从原文翻译成日文。就那些用我无法翻译的语言书写的，我就从中文翻译成日文。收集这些原始文件也是非常困难的。此外，即使是中文，严复、梁启超等人的文本也是相当难翻译的，幸亏我在东京大学接受过古典文本以及梁启超著作的翻译培训，所以我成功地做到了。无论如何，我很喜欢这部书的内容，它有助于人们了解每个时期的中国民族性，感受其变化。

　　《中国民族性（二）》是对 20 世纪 80 年代中国民族性的一个社会学统计调查分析，书中有许多社会学和统计学专业术语，但除此之外，没有什么特别难翻译的地方，翻译工作很顺利。就内容而言，每一章都是由沙老师与她当时的学生一起撰写的。对这本书的翻译使我认识到在进行大规模研究和分析时，团队工作的重要性。我还感悟到，一个人的成就是有限的，需要几个人的共同努力才能把事情做好。沙老师对我的影响不仅在人格和学术上，也提醒了我培养学生的重要性。本书编写组的成员之一彭泗清师兄是我博士论文答辩时的主考官之一，在这里我也不禁感到与学界的连绵不断的缘分。

　　《中国民族性（三）》是在 20 世纪八九十年代出版的《中国民族性（一）》和《中国民族性（二）》的基础上写成的。该书文本质量很高，在翻译的时候，我可以感觉到沙老师的学术知识和她的语言品位。这本书还谈到了研究中涉及的人际关系，让我认识到了作为一名学者和教师，人际关系是多么重要。

　　这三本书的中文篇幅总计约 100 万字，翻译成日文后是一套 120 万字的巨著。我花了三年时间才完成翻译工作。说实话，翻译工作的难度比我想象的要大得多，因为我每天都要忙于备课、各种教学任务、辅导修改学生论文、为自己的研究项目做工作，以及应对其他杂七杂八的事务，截稿日期的压力让我耳鸣。然而，通过从头到尾仔细阅读和翻译这套书的每一个字，我得以接触到沙老师的学术和研究的精妙之处，对她的工作也有了更深的理解，这比我毕业后作为学生阅读她的教科书和著作时的认识要深得多。

　　《中国民族性》日文版三册出版后，被授予图书版权输出奖励计划三期奖励。包括东京大学和京都大学在内的主要日本国立大学和早稻田大学、庆应大学等名牌私立大学，以及各地区的公共图书馆陆续购买了该书，沙老师与她的团队的代表作《中国民族性》在日本广泛流传，现在已经成为研究中国民族性的必备著作。

沙老师是一个说话温和、富有同情心的慈母似的人。即使在毕业后，沙老师也在许多方面善待我。由于我们住在北京的同一个地区——朝阳区，有时候她邀请我去吃饭，我也得以去看她，去拜访她，向她介绍我的生活，倾听她的意见。我妻子在结婚之前也曾几次与沙老师一起吃饭。在我妻子后来生病治疗的过程中，沙老师也给了我们温暖的话语和鼓励。我妻子最后成功地恢复了健康。当时，沙老师感到高兴，就像我妻子是她自己的孩子一样。我最后一次与沙老师谈话是在 2022 年 1 月 23 日。当我告诉她我妻子怀孕的消息时，她非常高兴。我答应她，在孩子出生后我们会带着孩子去看她。非常遗憾的是，这已经不可能实现了。

2019 年 3 月 10 日携妻子拜见沙老师

我现在想起，当我在中国人民大学读书时，我经常说的一句话是"我想娶一个像沙老师那样的人"。我以前每次都会说，好像这是我的一个习惯。我的好几位师兄告诉我，"那是不可能的"。

而现在，我突然意识到：在我妻子温暖的言行中，我感受到了沙老师的音容笑貌。由于我自己是个放荡不羁的人，所以今后必须更加勤奋，希望能与我妻子两个人一起慢慢变老。

我相信沙老师仍然在温暖地注视着她的家人与我们这些弟子。

谢谢你，沙老师。

[作者简介]

津田量，出生于日本，毕业于东京大学文学部，并在东京大学完成了人文社会研究课程，毕业获硕士学位。在中国人民大学社会与人口学院获得硕士（2004—2006 年）和博士（2007—2010 年）学位，一直师从沙莲香教授。主要研究方向是日本社会、语言教育。与一位中国女子结婚，育有一子。

未竟约　未了情

——追忆博导沙莲香教授

文｜周秀平

2022 年 4 月 8 日，永铭于心。原本打算用一整天的工作来度过生辰的我，在社会心理学的同门群里听到了博导沙莲香教授逝世的噩耗，一时之间，泪如泉涌。2021 年就在计划的、与沙老师再相聚的活动，竟然成了海燕师姐和我再难实现的心愿……扛到下午 5 点，我向当时中国乡村发展基金会工作小组的伙伴略做说明后，放下工作，带了一支紫色睡莲，来到了人大科研楼 A 座 103 室——沙老师曾经的办公室，走进水穿石咖啡厅——沙老师常常约我谈课题研究、谈文献阅读、谈论文写作的地方，等不来、再也等不来沙老师……我曾经最爱人大老图书馆前的那两棵海棠。阳春季节，那一树繁花，粉白相间，开得分外热闹，成为我博士就读期间最明亮的底色。此后，在没了沙老师的岁月里，我恐怕是再也觉不出那海棠花的颜色了，只剩一幕幕黑白，黑白中依稀是沙老师那亮亮的眼……

一、经典与时尚

经典研读与时尚着装，是攻读博士学位期间沙老师留给我的第一印象。

（一）以《论语》为题的面试

时光回到 2006 年 6 月前后的一天，在人大求是楼二层的一间教室里，社会心理学专业博士研究生入学面试正在进行。"这是谁的男朋友啊，面试还需要男朋友陪着吗？"之前从来没有主动陪我、为表重视特意要陪着我参加面试、我勉强同意之后的时任男友徐先生，就这样描画了我在沙老师那里的第一印象。可谁曾料到，竟然是徐先生留下了沙老师和他最后的互动视频，在和沙老师"最后"的餐叙中，他们正热烈地讨论着偶然与必然的关系：我们夫妻俩相遇的偶然与必然，我考入沙老师门下的偶然与必然……沙老师还提到了面试时看到他的疑惑，因为她确定入围的候选人中没有男生。面试时沙老师问我的第一个问题是："'半部论语治天下'出自谁，什么意思？"我的大脑如高速火车般运转，也没回忆出来哪本社会心理学教材或著作里论述过这个，只好老老实实承认不会。沙老师看了看我，转向另一位面试老师，请他提问，只是这位老师的普通话实在是比我的湖南普通话还难懂，无奈之下我只好请他用英语提问。这就是我第一次和沙老师见面的情景。十几年来，每每忆及此情此景，我都会在内心乐一下。

（二）以《论语》为轴的博士生研修课程

按照人大授予博士学位的课程要求，博士需要上共同课、方法课、学科前沿课、专业课，以及补修课和其他课程。由于我入学考试时英语笔试的成绩达到了免修标准，故每周节约了四节课的时间。沙老师在专业必读书之外，为她的博士生提供了研究方向的必读书，具体包括《论语》《孟子》《中庸》《大学》《国学概论》《人的境况》和《现代性的哲学话语》等。沙老师的博士课堂每周一次，一次 3 学时，一个学期共 20 周。每周的博士课堂上，沙老师都会要求我们准备读书心得或讨论提纲，人手一份。和我一起参加博士课堂的，主要有裴丁乐（韩）和津田量（日）等博士，洪银基（韩）师兄、曹丽师姐等国内访问学者，来自周边国家的留学生偶尔也参加讨论。现在看来，那时每一周的博士课堂都是国际研讨会。沙老师每次都会准备香气四溢的现煮咖啡、精致的点心，这些点心可能是来自日本的、韩国的、泰国的，还有来自我国港澳台地区的。可是，我现在只记得精美的咖啡、点心，对课堂的发言和导师的点评，全无一准确记忆了。是的，在构思这篇追思文章的日子里，我使劲地回忆和沙老师相处的日子——那么充实快乐的日子，可是，我还是想不起来沙老师的具体评论，也许等到有足够闲暇的日子整理旧书时，能找到当年的读书记录。而今，我的书架上除了《论语》，还有钱穆先生的《论语新解》、南怀瑾先生的《论语别裁》，常读常新。向跟我请教和交流的年轻学子推荐《论语》——不论他们攻读的是哪一门学科——好像也成了我现在的一个习惯。

（三）牡丹与小草

如无离开北京的研讨或其他安排，沙老师每周都会到 103 室，每次的着装无论是质地还是配色，都或让人感觉舒适，或让人感觉典雅。我虽爱整洁，也还卫生，可是对着装，向来是不怎么上心的。如果说年少时有经济条件的约束，那么读博期间，有日常补贴和科研津贴，应该是可以"讲究"一下了。但我满脑子都是怎么应对一周一次的"国际研讨"，能赶在沙老师指定的时间到达 103 室，已非易事。某一天，沙老师可能实在"忍"不下去了，让我可以稍微地注意一下衣服搭配，我回答老师"不太会啊"，她让我上人大东门对面的商场逛一逛——那也是一个"国际化"的高级商场——甚至一度让我请教她女儿。直到沙老师离世，我才知道她女儿是一位一流时尚杂志的创始人和主编，甚至拿到的是服装社会学的研究生学位。有一次，和孙庆忠老师闲聊时谈到这个话题，我依然是一副摆烂的模样："沙老师就像花园里的牡丹，而我就是一棵小草。"这还让孙老师一度介怀，误以为我轻视自己。我说，小草多坚韧，给点阳光就灿烂呢！

失去方觉珍惜，离开沙老师后，我突然意识到，沙老师的"点拨"不是一个简单的着装问题，实际上体现的是一种内外兼修。无论是经典的必读书目还是最为日常的衣与食，体现的都是一种人生态度。源于日常、超越日常，回归经典、超越经典。

二、文献研读与社会观察

（一）知古观今

一名研究者若真的追求或尝试推动知识积累或认识上的创新，针对特定主题的文献研读可以厘清该研究主题的当代进展和历史方位。在文献的选择上，沙老师的教导如同她的着装，一定是要精心挑选的。她特别强调对研读文献的选择，虽然我无法准确还原她的要求，但她的大意是说需要选择高水平的或是闪现着真知灼见的文献来研读，而不要为了凸显参考文献的丰富而简单堆砌，也不要为了凸显自己对所谓学术前沿的了解而过多罗列，特别是堆砌和罗列那些与自身研究主题无关或不直接相关的文献。同时，她也重视观照现实，她的博士课堂要求在读学生在第一学年开展四次社会观察，主题和场所自选，要求写出配有照片的观察小结，以邮件或直接面谈的形式与她交流。她要求的社会观察，不仅是这种现场的参与观察，还有注重匿名的、规模性的社会调查。在我跟随她学习的三年时间里，主要参与了两个研究课题，它们均有大规模的问卷调查以及结构化与半结构化相结合的社会真实场景中的观察。在我看来，这两种资料收集方式与经典研读、高水平主题文献研读，是她主要的资料收集、研究方法。在资料分析上，沙老师注重图表和统计模型的量化表达，同时在具体的解释变量选择上，又彰显其研究的扎实积累和功力。比如，在沙老师的代表作《中国民族性》系列著作中，她率先使用统计软件对资料进行量化处理，尤其是《中国民族性（二）》中的大量统计图表，在今天看来似乎是相对简单的描述统计、聚类分析的图表展示，但在那个年代，计算机是非常稀有和珍贵的。其变量关系的确认其实更偏向理论模式创新，沙老师的课题往往纳入了哲学、社会学、心理学、制度经济学、系统科学等跨学科的研究思路和具体方法。而今反观，这也可能是她对学生的研究方法训练。

2006 年 9 月至 2009 年 6 月是我在"沙门"攻读博士学位的时间。在这段日子里，我全程参与了沙老师主持的国家社科"十五"规划重点项目"对北京奥运会的社会期待及社会心理研究"（本文以下简称"奥运期待"研究）、首都精神文明建设委员会办公室委托项目"北京市民公共文明行为问卷调查及市民公共文明行为指数研究"（本文以下简称"公共文明"研究），承担了再版的《中国民族性（二）》的部分图表重绘工作。在正式开始博士学习前，我有幸跟随廖菲老师、孙庆忠老师去过好几次龙居村。直接参与沙老师的课题研究是她对我最直接的熏陶和指导。当时有多么难得，回望更显珍贵。课题的方案设计、定量指标的提炼增删、数据的清理与分析框架的构建……贯彻其中的既有对基本理论问题的思考，也有对不断变化的现实问题的回应，还有她对后来人——自然包括对她的学生们——的期待。"在写作中，有时候我几乎是有意留下讨论或写作的空间，留待并期待其他人的研究，其中包括在我这里学习、研究过的学人。……对《中国民族性（一）》和《中国民族性（二）》两书的补充由欧阳海燕和周秀平承续，亦是这个留待和期待的表示。"[1] 在撰写这篇追思文章时，我发现了沙老师在《中国民族性（三）》中留下的这段话。基于对自身研

---

① 沙莲香. 中国民族性：三. 北京：中国人民大学出版社，2012：325.

究能力和研究兴趣的判断，我在博士毕业论文的研究选题上婉拒了沙老师关于"中庸"研究的建议和要求，选择以"乡土变迁三十年：1978—2008——基于'楼村'的案例研究"为题，采用个案研究的方法，以一群生活在华中一个普通的欠发达村落——楼村——的中国农民的日常生活为研究对象，分析楼村人"远土离乡"的生命变迁中"乡土性"的变化与存留。感恩沙老师对我博士毕业论文选题的宽容和支持。沙老师的期待，我一直都知道、都明白，也都在心里……

　　在全程参与"奥运期待"研究和"公共文明"研究课题之前，沙老师安排我跟随卫东师兄学习社会调查的实际操作技术和方法，于是我得以参加社会结构与个性调查和 2008 中国综合社会调查（本文以下简称2008CGSS调查）的抽样和入户调查工作。社会结构与个性调查的执行地点在河北省保定市区。卫东师兄对我们进行调查培训后，安排我带领十余名中国人民大学社会学系的硕士研究生，进行了近一个月的实地抽样和入户调查。社会结构与个性调查的最终抽样框是由居委会提供的住户清单，在实际使用过程中发现偏误特别大。2008CGSS调查的抽样框采用了绘图抽样法，抽样框的完整性大大提高。但社区绘图却是一项不仅挑战做事态度、调查能力，也极其挑战体力的工作。不过，那时的我年轻，有精力和体力，再加上这么严格又实干的研究方法训练，是很吸引人的，更重要的是真的很锻炼人！

　　在后来的"奥运期待"研究和"公共文明"研究中，我的主要任务转向了数据分析和撰写部分数据分析报告。"奥运期待"研究不仅用了通用的理论分析、问卷调查、参与观察等社会学的常用研究方法，还涉及人文地理、博物馆学的研究内容和方法。这些跨学科的研究内容由当时在北京服装学院工作的马久成师兄承担，他还负责对所有的图表进行配色和英文翻译审校①。"奥运期待"研究的成果最终以《奥林匹克与北京奥运：2008 期待与责任》为题，由新华出版社出版。这本书的数据分析图表由

---

　　①　可敬可爱的马久成师兄殒命于一次惨烈车祸，天妒英才！在与他的研究合作中，我提供的是最初英文稿。

丁建略师兄、刘颖博士和我分别绘制，由我负责修订并统合为一体。被纳入出版的研究内容主要是公众心声和社会期待，其中社会期待的二级指标包括安全期待、素养期待、参与期待和金牌期待。沙老师这样写道："每个人的思路略有不同，但见它们在图形中各露风采。"就是这个"略有不同"，在统合过程中可没少考验我。今天，重新欣赏这黑、红、灰的线条和赤橙黄绿青蓝紫的各色散点图，感觉比之前更美了！

　　"公共文明"研究课题的背景和设立，也与2008年的北京奥运会相关。北京市发布《人文奥运行动计划实施意见》后，首都社会各界持续开展"迎奥运，讲文明，树新风"活动，沙老师看到这一政策文件后，"主动向首都文明办提出开展'北京市民公共行为文明指数'课题调查的倡议，拟通过连续数年考察市民在公共生活当中的行为文明，用数据量化形式，更为科学、精准地考量北京市社会公共文明程度的提升"。她的"这一议案得到首都文明办的批准"。从2005年到2019年，"公共文明"研究课题持续了15年。即便放到现在，这也是极其难得与珍贵的。其中，"课题的重要成果在于：有针对性地提出了公共文明指数测评体系，内含公共卫生、公共秩序、公共交往、公共观赏、公共参与5项二级指标，23项三级指标（后来陆续调查为30余项）。除了对基本公共行为的调查以外，配合这5个方面，课题组还专门组织了对市民公共场所文明行为的实地观测，把问卷调查和实地考察两方面结果相比照和印证，考察出市民公共行为的认知和践行水平，应用社会学的科学方法，对北京城市公共文明的现状、原因、问题、对策等等都做了深入的剖析，从定量分析与定性分析的结合上描绘出北京市民文明素质的总体状况，这是沙教授课题的一大创新"。北京市公共文明指数测评是一项前无古人的工作，不仅有沙老师领衔的团队的坚持，也有课题委托方首都文明办时任相关负责人的坚持，更难得的是双方15年的信任。鉴于沙老师对首都精神文明建设做出的成绩和奉献，中共北京市委市政府授予她首都精神文明建设奖。[①] 即便是博士毕业后，我还继续参与了"公共文明"研究的后续

---

① 尹学龙，孙平，李建国. 沙莲香教授与北京奥运. 北京日报，2022-04-14.

分析框架和部分数据的处理思路的研讨。"公共文明"研究在设计之初，
二级指标和三级指标的设计和完善是较有挑战性的部分。具体的观察项和
指标数量前后经过的大调整不少于三次，其中以直接经验观察为内容的三
级指标从最初的 70 多项压缩到 57 项，再到 30 多项。二级指标相对稳定。
基于三级指标体系形成的"公共行为文明指数"不仅为首都精神文明建设
政策的具体实施提供了可操作化的抓手，也在一定范围内影响到国家文明
城市的政策制定，并在一定意义上影响到其他国际大城市的治理。在我印
象中，该课题研究的部分成果应该至少吸引了来自美国、加拿大的媒体报
道数次。沙老师即便是遗世独立，也在深刻浸润和影响着寰宇内的俗世
生活。

（二）开辟田野点，深入现象场

在参加人大博士生入学考试之前的那个暑假，我跟着孙庆忠老师、廖
菲老师到了河北满城县的龙居村——从 20 世纪 90 年代沙老师就开始在这
里探索产业扶贫、性别与发展。我印象最深刻的是"背包客"孙庆忠老
师。他当时背着一个硕大的且被塞得满满的户外包，从北京一直背到龙居
村。这一路，先是火车，然后从火车站转县城公交车，下了公交车，再步
行一段一二公里的土路进村。孙老师一路背着，背都直不起来了。后来才
知道，包里面装了半袋子的书！孙老师那时是教授中国农业大学硕士生课
程"社会心理学"的老师，他在课堂上的旁征博引和在田野中的躬行深深
打动了我、影响着我。无论是在他的课堂上，还是在田野中，我都更加用
心地倾听、记录、思考和分享。调研结束后，在孙老师指导下，我撰写出
了《精英"化缘型"供给——村级公共产品与公共服务的典型案例分析》
一文，那是我第一次公开发表文章！直到博士入学后，我才知晓廖菲老师
是沙老师指导的博士。龙居村调研，现在想想莫不是在我参加博士生选拔
考试之前对我的一个前测？进入中国人民大学后，无论是在"奥运期待"
研究还是在"公共文明"研究中，在开展大规模问卷调查的同时，沙老师
总是会带着我走进现场、走入研究对象的日常。我最为记忆犹新的是在
"奥运期待"研究现场观察到的场景：一名优雅的老人身旁跟着一个穿绿
色冲锋衣的女生，排在长队里等着去鸟巢观看比赛。具体是什么比赛也记

不得了，就记得我不断地感叹着"鸟巢"的豪迈，没有心思观看比赛，更多的是欣赏"鸟巢"的构造、色彩……沙老师没有责怪，静静地坐在那儿，偶尔站起来，拍个比赛的照片，或是微笑着拍我。这些照片至今好好地保留在我的移动硬盘里，也刻印在我心里……孙老师现在已经开辟了好几个田野点：北京妙峰山的香会、陕西泥河沟的千年枣园、河南川中的社区大学……他身体力行，用田野和行动，描摹、分析和应对乡村文化失忆难题。现在，我多少体会了沙老师为何要在北京大兴留民营开展性别与发展社会教育，为何要在龙居村开办女子流动学校，这些都是我国较早关于性别与发展问题的理论思考和具体实践。而今，沙老师仙去，龙居村的贾俊乔大姐卧于病榻，性别与发展问题，依然难解。我需要着手思考和开辟自己长期研究的田野点了……

（三）再论问题导向下的跨学科研究

当代中国社会科学主张构建中国特色的哲学社会科学体系，鼓励学者"将论文写在祖国的大地上"。以"自我"为方法的研究似乎也在流行。沙老师则在开创中国民族性研究的多年前，就基于她对当时各类社会角色失范行为问题的思考，开辟出了一个极具其个人色彩的研究领域，至今无人出其右。在跟随沙老师开展"奥运期待"研究和"公共文明"研究的日子里，有一位计算机专业博士生，沙老师对她的重视甚至超过了对我的重视，还反复地要求我务必和她一起做数据分析、多向她学习。当时我想，她一个计算机专业的学生，如何能深入理解社会学、社会心理学的研究概念呢？再有，哲学特别是传统国学经典，更是我博士三年的必修课。一个社会心理学专业的博士生，天天被要求研读《论语》《大学》《中庸》《孟子》，还有一周一次的国际研讨。即便是本科为哲学专业的我，在当时也实在是搞不懂、非常不理解沙老师的用意。愚钝如我，只能在再也没有机会和沙老师讨论《论语》的时光里蹉跎。

看似散漫、实则全面系统的社会科学研究训练极大地丰富了我的博士学习生活。在读期间，我两次获得中国人民大学年度校级优秀研究生，以第一作者名义发表文章8篇，其中3篇B刊。这些文章中，没有一篇署沙老师的名字——这是沙老师的要求。我以"奥运期待"研究为主题写的论文获得了某个研究生学术论坛的优秀奖，那个奖杯搁在沙老师办公室好几年，后来她让我取走了。沙老师是不喜以发表数量或是所谓的期刊层次来检验或是衡量学术能力的，但她也实在为学生的进步——哪怕是一点点的进步——而欢喜，因此才会把我那其实没有太多"价值"含量的玻璃奖杯搁在她办公室那一众价值连城的专著和艺术品中。攻读博士学位期间发表的成果表明，在追随沙老师的日子里，我每一天的学习生活都非常充实——自然也是有点紧张的。我甚至不让室友早上接听宿舍的固定电话，因为那通常是我导师而非她导师打来的。记得有个冬天的早上，应该不到7点，宿舍电话响起，我挨了几秒，抢了舍友杯子里的几口热水，润润嗓，故作清醒地拿起电话："沙老师，您早呀！""还没起吧，秀平？"无语凝噎的我，看到舍友在一边一脸幸灾乐祸。哼！不就是技能不熟练，没蒙住沙老师么！还有一次，因为在指定时间内达不到沙老师的数据分析要求，我号啕着给卫东师兄打求助电话……可是，沙老师，您每次到办公室，真的是太早了点！当然，咖啡真香、点心真好吃呀！因为，每次到103时，沙老师都知道我没有来得及吃早餐就狂奔而来了。咖啡的醇香和点心的甜蜜犹在唇齿间，敬爱的沙老师，终究是不会再催我的早了……

2009年5月15日，沙老师与博士论文答辩完的我及韩国留学生洪银基在中国人民大学科研楼西座二层会议室合影。沙老师笑意微含，眼眸微闭，意味深长

2009 年 5 月 15 日，沙老师与出席洪银基和我的博士论文答辩会的专家合影留念，左起依次是杨雅彬老师、周怡老师、周秀平、沙莲香老师、洪银基、林克雷老师、裴蓉老师

2019 年 6 月 7 日去沙老师寓所看望她时，和她相谈甚欢，更感亲近

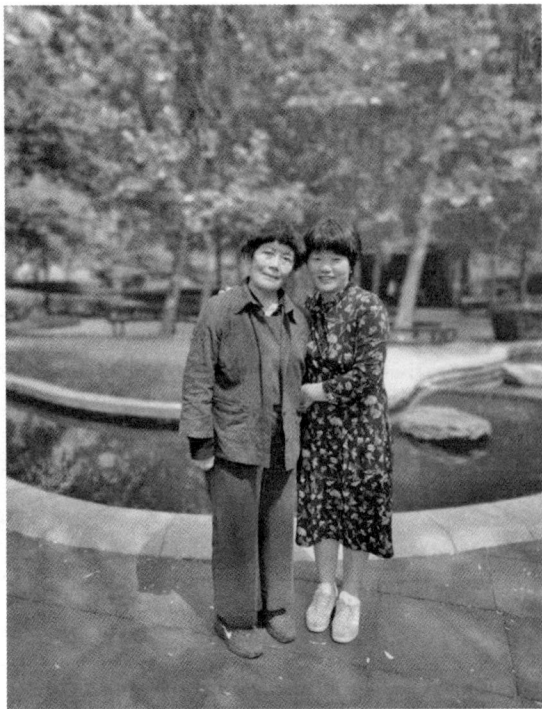

2019 年 6 月我带着女儿去看望沙老师，她还趴到床边逗引折耳猫
来和我女儿一起玩，可惜那只可爱的折耳猫受了打扰，
只瞪着一对大眼睛，直到我们离开都不肯从床底下出来

三、学不止、习无涯

读书、思考，这是博士论文写作期间，沙老师多次重申的要求。"要知道，有创见就必须'谨慎而不违背所创之处的内在逻辑'，经得起反论，因此，才有'讨论'的意义。""现在要做的是放下。思考，看书。"这是写作博士论文时沙老师提的建议和要求。除了《论语》，她后来还让我研读胡塞尔的《现象学的观念》、阿伦特的《人的条件》……我当时也有点一头雾水。因为感激沙老师同意我自选的博士论文题目，于是我顺从地从图书馆抱来这几本书，啃了几下，没啃动。我的策略后来调整为，只要沙老师不追问，就绝不主动报告读书心得。现在，我也是后悔莫及。与沙老师最后一次关于研究的交流，是我工作好几年后，当时我突然感到在智库方面开展的应用性研究工作其实非常需要基础性理论研究做支撑。智库研究，虽然主题频换，但好处是积累了大量的访谈记录资料，于是，我就想

着如何利用好这些资料。是否可以在既有的面上资料收集的基础上，通过聚焦特定主题、长时期的深入特定田野，吸收扎根研究方法的优势，形成具有一定知识积累或认识创新的研究成果？于是我又想到行动研究，想到可以向夏林清老师请教，她是沙老师的老朋友，在我任职的单位担任过两年特聘教授。我自然也不会忽略孙老师的"打样"，孙老师不仅发表了以《见证与诠释：中国民族性变迁 30 年——沙莲香教授访谈录》为题的沙莲香教授访谈录，还在他自己的教研过程中创造性地将"田野工作"和"行动研究"进行"并轨"。在未来的日子里，我会谨记沙老师 2009 年 5 月 22 日留给我的最后的书面建议："周秀平有很好的知识结构，有对'问题'的敏锐意识和分析能力，富有创造性，思路清晰，有较全面的社会调查和社会统计的能力，学业成绩优等，英语听说读写四会，是一位优秀毕业生，更适合于科研和教学工作。"对于陷于平淡，疲于应对，后知后觉如我这般的傻学生，沙老师尚且留有期待。她有一次曾这样感慨：你呀，很真！"有点傻"大概是沙老师心里的评价吧。傻点，没太要紧的，我可以一直记着沙老师的教导，并在接下来的日子里努力做到多读书、多思考。

微信记录显示沙老师和我的最后交流，停在了 2022 年 2 月 27 日 17 时 48 分。这份师生情，永难了。

［作者简介］

参见《何在：卅年回望〈中国人百年〉有感》关于作者的介绍。

沙莲香教授与北京奥运

文｜尹学龙　孙　平　李建国

　　惊闻沙莲香教授逝世的消息，深感悲痛。沙教授是我们敬爱的良师益友，不仅仅德高望重，学识渊博，更对首都精神文明建设工作给予了大力支持，做出了卓越贡献。

　　2001 年北京申办奥运成功之后，如何办好 2008 年奥运会，是首都社会各界人士关注的头等大事。为提升市民文明素质和城市文明程度，为奥运会打下坚实的基础，北京市发布了《人文奥运行动计划实施意见》，并在首都社会各界持续开展"迎奥运，讲文明，树新风"活动。这一广泛行动受到了著名社会学家沙莲香教授的高度关注，她主动向首都精神文明建设委员会办公室提出开展"北京市民公共行为文明指数"调查的倡议，拟通过连续数年跟踪调查市民在公共生活当中的行为文明程度，用数据量化形式，全面准确地反映北京市社会公共文明程度的提升。

　　首都文明办对这一提议大力支持，并确定委托沙莲香教授率领课题组对首都市民文明素质测评体系进行研究。当时北京市人口规模庞大（总人口突破 1 700 万，其中流动人口 510 万），市民素质参差不齐，随地吐痰、乱扔垃圾、乱贴小广告等不文明现象较为突出，社会各界对提升市民文明素质、改善首都城市形象的呼声很高。

　　沙莲香教授结合对中国民族性变迁及民族精神重构的关切，在长期积累的社会调查成果基础上，有针对性地提出了公共文明指数测评体系，内含公共卫生、公共秩序、公共交往、公共观赏、公共参与 5 项二级指标，23 项三级指标（后来陆续调整为 30 余项）。据她的阐释，公共文明是指公共生活领域中多数人的文明表现。这里的"公共生活领域"是更贴近生活感的说法，近似于哈贝马斯交往行为理论中的"公共领域"概念；"多数人"是对公共文明在量上的规定，只要多数人的行为达到或超过"文明指标"，这个领域的公共生活就是文明的。5 项二级指标，涵盖了市民在环境、秩序、人际交往、体育和艺术观赏、公民参与各个领域的行为文明。这些领域相互支持，体现了社会公共文明之完整性和彻底性要求。23 项三级指标，主要采用"社会行为"视角来界定"文明"，即首先考察人在公共场合的行为和举止。"公共行为"是课题研究的操作性概念，在对北京市民公共行为的操作性设定上，研究选取了决定性的公共行为指标，这也是当前全社会关注的焦点。当从社会行为视角界定"文明"时，能透过行为捕捉隐藏于行为背后的模式化的社会心态。

　　沙教授精心设计的调查问卷，融入了她的社会心理学研究成果，从具体公共场所中市民的日常行为细节入手，将他评与自评、个人评价与群体评价相结合，覆盖面极广，又简便易答。为增强调查的准确性，课题组专门设计了对市民公共场所文明行为的现场观测，通过比照和印证，科学评估市民公共行为的认知和践行水平，从定量分析和定性分析的结合上描绘出北京城市公共文明水平的总体状况，并对存在的问题提出科学对策。

　　首次课题研究成果及相关数据结论完成后，首都文明办邀请北京地区有关专家学者徐惟诚（中宣部原常务副部长）、陈瑛（中国社会科学院）、甘葆露（北京青年政治学院）、王伟（国家行政学院）、魏英敏（北京大学）、陈来（清华大学）、万俊人（清华大学）、葛晨虹（中国人民大学）、吴潜涛（中国人民大学）、王淑芹（首都师范大学）、马仲良（北京市社科联）、戚本超（北京市社会科学院）等进行了详细评估鉴定，该测评体系的科学性、严谨性得到高度评价。有专家指出，将文明风尚建设聚焦于公共生活领域，抓住了当前影响首都形象的突出问题，回应了加强公民道德建设、推进人文奥运行动的迫切需要。在征求各委办局、各区县职能部门意见时，该方案也获得一致好评，大家普遍认为这不仅是一个文明指数测评体系，也是一个首都市民文明行为规范体系，在文明理念、指标体系、调查方法上都是创新。后经首都精神文明建设委员会领导批准，这一项目被列入《首都"十一五"时期精神文明建设规划》。从 2005 年开始，首都文明办委托沙莲香教授团队每年对北京市公共文明指数进行测评，到 2019 年为止，该项目持续进行了 15 年。

　　北京是一个历史悠久、城乡功能齐全、人口结构复杂、面积达 16 000 多平方公里的城市，在当时所辖 18 个区县和星罗棋布的公共场所，对充满多元追求及行为选择的市民开展社会抽样调查，进行公共文明指数测评，是一项浩大且繁杂的工程，也是前无古人的工作。刚开始这项工作时，沙教授69岁，15年下来，她已是80多岁。她精力充沛，工作认真细致，带领课题组①每年分别到市区、近郊和远郊各区县，选取街道、社区及村镇发放万份入户调查问卷，并组织数百名志愿者在遍布全市的各类公共场所累计现场观测近千小时。她乘坐公共交通工具，深入街道、车站、广场、超市、剧院等公共场所，与各阶层人士面对面交谈，了解大量鲜活的事例，从不知疲倦。课题组在汇总、分析情况和数据时，坚持实事求是，不掩饰问题：对于志愿者队伍不断扩大，市民公共参与意识增强，给予积极肯定；对于乱吐乱扔、乱堆乱放、机动车不礼让行人、黑出租拉客、公共场所大声喧哗、宠物粪便不清理等城市顽疾，持续跟踪调查分析，及时曝光。

沙教授心中的公共文明，既是中华文明礼仪在现代社会的发扬，又是着眼奥运、与国际礼仪接轨的公共行为规范，所以对市民文明素质的考察要尽可能包含这些要求。如所设"为陌生人指路"一项，课题组走上街头通过现场问路了解情况。按沙教授要求，不仅要看市民对陌生人是否热情友好，而且要看市民是否考虑到陌生人毫不知情、使用陌生人能听懂的通俗话语指路，由此可以发现熟人文化向公民道德文化转换的具体进程。沙教授通过调查进一步发现，市民在公共领域的文明素质与城市公共设施的文明程度是相互影响的。如越是脏乱差的环境，越容易发生乱吐乱扔的"加脏现象"。而清洁、高雅的环境更容易引起人们的爱惜心理。为促进城市公共文明建设的整体水平，课题组在调查中既反映了市民的不文明行为问题，也反映了城市公共环境硬件建设中存在的不足。

如此形成的公共文明指数测评报告每年以中国人民大学的名义向全社会公开发布，引发了社会各界人士的关切和重视，北京电视台、《北京日

---

① 参与沙老师课题组的师生有：中国人民大学副教授廖菲（负责组织全市公共场所现场观测），2004级博士姜磊，2005级博士丁建略、唐杰，2005级计算机博士刘颖，2006级博士周秀平，2007级博士刘敏，2008级博士梁昕、博士后曹丽，2009级博士祖霞，等等。参与沙老师理论研讨的师生有：北京邮电大学教授王欢，北京理工大学教授裴蓉，博鳌亚洲论坛官方杂志编辑欧阳海燕，北京某车友会负责人方彤，等等。

报》、《北京晚报》、《北京青年报》等媒体以显著位置对之进行了报道，首都各地区、各部门针对课题组反映的问题推出了改进措施，有力促进了市民文明素质的提升和城市顽症痼疾的整治，同时推动了城乡公共环境的改善。如2013年首都文明办根据专题调查70多个公交站台发现的问题，向市委市政府提出《关于改善公交站台环境，为构建城市秩序文明创造条件》的建议，被市政府列入2014年为民办实事工程，由北京市交通委员会牵头负责，调整改善了站台候车亭、灯箱广告、站牌、安全护栏、垃圾箱、周边变电设备等硬件设施，科学规划了站台的排队线和停车线。

一年一度公开发布的公共文明指数测评报告成为中国人民大学参与北京人文奥运行动的一大亮点，为培养市民良好的文明行为习惯发挥了长期的检查、督导和鞭策作用，公共文明理念随之在首都社会各界产生了广泛影响。

鉴于这一理念的前瞻性和丰富内涵，首都文明办与中国伦理学会、北京伦理学会联合举办"人文奥运与公共文明""世界城市与公共文明""国家文化中心与公共文明"等大型论坛，邀请首都地区多学科专家学者与各区县文明办、各行业有关部门负责人共同参加，汇聚各方面智慧和各单位初步探索经验，进一步研讨推进首都公共文明建设的措施。沙教授热情地参加了每一次论坛，并与社会各界人士进行了广泛交流，她的课题报告总是以精辟分析和丰富数据推动公共文明理念深入人心。在她的感召和与会专家学者的共同努力下，大家达成了一系列共识：公共文明是城市环境、秩序、社会服务水平和市民文明素质的综合体现，是办好奥运的题中应有之义和北京城市发展的长远大计，应当全社会齐心协力，硬件、软件一起抓；公共生活领域具有广泛性、开放性、透明性，既要发扬中华传统美德，又要抓住举办奥运的契机，在国际交往中提升市民的现代文明素质；公共文明是一项移风易俗的系统工程，应从细节入手，从日常行为抓起，点滴积累，久久为功，着力培养市民的良好行为习惯；要把公共文明建设落实到每一个具体场合，如站台文明、路口文明、楼道文明、赛场文明、剧院文明等；针对现代公共生活领域的新情况、新问题，要建立健全公共文明行为规范体系，加强正面宣传和行为引导；要加强公共文明志愿者队伍建设，调动市民积极参与的主人翁精神。这些理念逐渐为驻京各单位和首都各区县、各行业所接受，对后来的精神文明建设工作具有很强的指导性和可操作性。来自北京及京外地区的近百名专家学者参与了公共文明建设理论研讨，推出了丰硕的研究成果，出版了系列论文集，一时成为首都理论界的盛事。

受沙莲香教授课题组的指标体系研究成果启发，首都文明办在制订年度工作计划时，着力于公共文明领域，倡导"做文明有礼的北京人"，在全市大力宣传、持续推进礼仪、环境、秩序、服务、观赏、网络六大文明引导行动，在全国率先推行垃圾减量分类，将每月 11 日定为"排队日"，在全市主要交通路口开展"礼让斑马线"活动，组织窗口行业开展文明礼仪及社会服务培训，与国家大剧院联合开展"高雅艺术文明行"普及活动，倡导"文明观赛""文明办网、文明上网"等，这些工作都是从行为细节抓起，小切口、大纵深、全覆盖，着眼于建立长效机制，并根据沙教授课题组调查发现的问题及时调整工作重点，连续多年一以贯之地反复抓，在培养市民良好的文明行为习惯上取得了明显成效，为成功举办2008 年北京奥运会奠定了坚实基础，同时彰显了公共文明理念来自实践又推动实践的生命力。

在公共文明实践领域，沙教授对志愿者的涌现及志愿服务活动特别关注，多次赞扬志愿者涌现体现了市民公共参与意识的觉醒，对于提升公共文明水平具有长远意义。记得 2008 年 5 月汶川地震后，她带学生去了现场，搜集了大量志愿者抗震救灾的资料，回来后约见我们，深情讲述了关于志愿服务的所见所闻。她注意到，无论是抗震救灾还是心理疾病治疗，一些训练有素的专业志愿者都发挥了与众不同的作用。她先后多次提到，公共领域的文明行为引导，伴随着大量公共交往复杂情况，需要志愿者有专门素养和丰富经验。

受沙教授思想的影响，首都文明办加强了对公共文明志愿服务的组织工作，将原有以基层志愿者为骨干组建的文明乘车监督员更名为公共文明引导员，并统一服装，进行专业化培训，先从公交站台和交通路口抓起，设立公共文明志愿服务岗，在自身示范的基础上，开展经常性的环保、交通、旅游、礼仪等文明行为引导行动和为群众排忧解难的活动，后来又逐步将活动范围扩展到地铁、火车站、赛场、公园、剧院等主要公共场所。

沙教授对这支队伍非常喜爱，并为此倾注了大量心血。她发起成立了北京公共文明女教授志愿者协会和北京公共文明博士志愿者协会，专门围绕公共文明志愿服务开展研讨并解疑释惑，中国人民大学、北京理工大学、北京邮电大学等高校的众多师生参与了这两个协会和相关活动。她曾对我们说，凡有引导员的大型活动，都要告诉她，她会尽量到现场。她多次参加全市开展的"环境清洁日""排队推动日"活动，经常与志愿者同行，在街头观赏他们的文明行为引导活动，研究琢磨提升公共文明志愿服务水平的方法，足迹遍布王府井大街、天安门广场、前门大街、奥林匹克公园、北京西站等地，并与许多志愿者成了知心朋友。她参加活动有几个特点：一是不出风头、不上"前台"，只以普通志愿者身份参与。有时活动地点较远，首都文明办要派车接她，或有学生要开车送她，她一律谢绝，宁愿自己乘车加步行。二是见缝插针地开展街头调查，随身带着相机沿途拍照，留取资料；随时随地与周边各种人士交流，穿插进行一些行为干预测试，积累文明引导的切身经验。三是不限时间，尽可能坚持到最后。有一次上午在西单大街开展志愿服务活动，活动结束后找不到她了，后来才发现她一直在周边的商店、小巷到处转悠，现场观察街头的各种场景，直到中午才离开。她总结了若干在街头调查中看到的文明行为引导成功案例，亲自为志愿者进行专业化培训授课，深受大家的欢迎和爱戴。在她的启发下，广大志愿者更加自觉地提升自身文明示范和引导水平，并将公共卫生、公共秩序、公共交往、公共观赏各个领域的行为引导有机结合，形成市民文明素质推进工程的整体效益。

志愿者的实践表明，公共文明行为引导与一般公益活动不同，其中穿插着对不文明行为的劝阻活动，对志愿者心理和工作艺术都是挑战。开始，有许多文明引导志愿者和社区志愿者担心与对方发生冲突，对劝阻活动有畏难情绪。沙教授针对这一情况，率领课题组在公共场合进行了大量劝阻不文明行为心理试验。其中有一个有趣现象：在组织志愿者到公共场所对乱吐乱扔、不遵守交通规则等进行劝阻时，出发前进行问卷调查，大多数人认为成功率不到50％。然而开展劝阻行动的结果表明，成功率普遍达到80％以上，远远超出心理预期。

有一次环保志愿者在王府井步行街开展劝阻随地吐痰行动，沙教授一早就乘车来到现场，跟随志愿者小组行动。只见志愿者边走边四处观察，遇到随地吐痰的行人，先好言劝导，请他自己擦去痰渍，接着帮助他擦拭，吐痰者在尴尬和愧疚之下，立刻表示了歉意，并进行了清洁。沙教授由此发现，只要方法得当，善于体察不同人的心态去进行柔性劝阻，帮助他们克服不文明行为，劝阻在大多数场合是成功的。后来她在路口和车站观察公共文明引导员开展志愿活动时，发现引导员身穿的柠檬黄服装、热情周到的服务对劝阻不文明行为也发挥了重要影响。她将这些调查心得告知了广大志愿者，增强了大家在公共场所劝阻不文明行为的信心。

2008 年北京奥运会于 8 月 8 日开幕，24 日闭幕；残奥会于 9 月 6 日开幕，17 日闭幕。北京公共文明引导员与会场内及奥运村的志愿者相互配合，遍布北京大街小巷的各个公共场所，将文明宣传、礼仪示范、排队引导、环境清洁、交通安全协管、治安防范、为路人排忧解难等紧密结合起来，为来自国内外的八方来客提供了专业化、规范化志愿服务，成为一道靓丽的风景，为营造奥运会的良好社会环境做出了突出贡献。沙教授不仅自始至终关注这支队伍的活动，而且为这支队伍能否长远发展而担忧。奥运会结束之际，她与北京公共文明女教授志愿者协会和北京公共文明博士志愿者协会的十几名成员自发举行志愿服务理论研讨会，以两个协会的名义向首都文明办递交了《关于北京公共文明引导员志愿者团队发展的建议》，以翔实的材料分析了这支队伍取得的成效及其工作意义，明确提出现有的 4 000 人规模远远不能满足北京公共文明建设的需求，建议通过招募、培训、认证、管理、规范，扩大规模，建立数据库，使公共文明志愿服务覆盖全市基层一线和所有窗口行业单位。这一建议被首都文明办积极采纳：全市成立了公共文明引导员总队及 18 个区县分队，建立健全了三级管理体制和招募培训的长效机制；公共文明引导员作为政府购买的公益岗位，队伍发展壮大到近万人；其除多次担当为党和国家乃至国际重大会议、体育赛事服务的重任外，经常性志愿服务活动覆盖全市城乡主要公共场所。现在走进北京的街道、车站、场馆、公园，随处可见公共文明引导员的身影；许多社区、村镇成立了居民志愿者文明劝导队，自觉维护楼道环境、垃圾分类、养犬文明、停车秩序等。在广大志愿者的长期不懈努力和全社会的支持下，街道上的痰迹明显减少了，乱贴小广告的现象得到有效整治，在地铁和公交站台自觉排队的人越来越多，垃圾减量和分类逐渐形成风尚，全面促进了城市环境、秩序和社会服务水平的改善。这支专业化志愿者队伍先后两次被评为全国志愿服务先进集体，许多城市学习北京的经验，相继建立了公共文明引导员志愿者队伍。

　　沙教授最后一次参加志愿者活动是在 2018 年 7 月 31 日，她受首都文明办之邀，在朝阳区望京街道社区服务中心参加了全市公共文明引导员的工作经验交流会。这一年，沙教授 82 岁。她在台下静坐 3 个多小时，仔细聆听了 20 余名公共文明引导员开展宣传引导、为群众服务的故事，随后发来一篇署名文章向引导员谈自己的感想："公共文明引导及其引导结果即文明精神直接地、果敢地传递给'过路人'-市民，这又是一种广泛的文明传播；而这种文明传播，从行动者-'引导员'开始到'过路人'-市民，从一个市民到多个市民再到川流不息的市民群，正是社会生活中公共文明的流传广布……中国传统文化的人文精神就是在这种现实的具体行动中得到保护与传承的，因为人文精神是个落实或笃行的过程。"她的这些话，反映了她平时多次强调的一个想法：从每个人做起，从一点一滴做起，努力促进文明传播，最终会汇聚成公共文明建设的强大力量。这一想法，她自己身体力行，也影响、感染了北京所有的公共文明引导员及更广大的社会志愿者。

　　鉴于沙莲香教授长期以来呕心沥血，为筹办奥运和公共文明建设做出的成绩和奉献，中共北京市委市政府授予她首都精神文明建设奖，这是该领域的最高荣誉。

　　尊敬的沙莲香教授，我们永远学习您，永远怀念您！

沙老师与 2007 级博士生尹学龙（右一）、刘敏（左一）、
津田量（左二，日本留学生）

沙老师与孙平（右一，时任北京市公共文明引导行动协调办公室主任）

沙老师 2018 年 7 月在北京市公共文明引导员工作经验交流会上

沙老师（左三）和中国社会科学院教授陈瑛（右四）、全国道德模范孙茂芳（右一）、全国劳动模范李素丽（左二）及首都文明办、东城区、北京市地铁运营有限公司、北京公交集团有关负责人于2009年在王府井大街参加"迎国庆，文明乘车百日行动"启动仪式。沙老师多次参加志愿者活动，几乎从不上"前台"，这是唯一的一次

［作者简介］

尹学龙，山东海阳人。复旦大学文学学士，中国人民大学社会学博士。曾任海军政治部办公室研究员、中央宣传部副部长兼理论研究室主任、某师单位政委、首都精神文明建设委员会办公室巡视员等职。

孙平，北京人，高级政工师。曾任北京市无线电元件三厂宣传科科长、北京市工商联研究室副主任、首都精神文明建设委员会办公室宣教处处长、北京市"2008"环境建设指挥部办公室宣传动员部部长、北京市公共文明引导行动协调办公室主任、中共北京市委宣传部二级巡视员。

李建国，天津宝坻人，高级政工师。曾任北京三建公司党委宣传部部长、中共北京市委城市建设工作委员会宣传处副调研员、首都精神文明建设委员会办公室调研处处长、中共北京市委宣传部二级巡视员。

附录

沙莲香教授在 2008 年"北京市传承人文奥运精神，推动首都精神文明建设科学发展"论坛上的书面发言提纲

尹局、孙局：今传发言稿。咳嗽时好时坏，明天和后天的参会事，怕是不能如愿，怕"得不偿失"丢了日后待做之事。如果明天下午不出发，就以本稿作为"参会"报到，作为书面发言；稿子尚未推敲，请不见于书面发在会上。你们太累，望注意身体！

沙老师

"公共文明"理论思考

——文明的"传播"问题

（纲要）

沙莲香

关键词：公共文明　行为"指数"　文明的"传播"

北京市民公共行为的文明指数研究是应首都文明办之托而开展的追踪调查，从 2005 年 11 月开始执行到现在，恰恰四个年头。首都文明办的此举措，经过四年的调查愈益证明它"执政"上的科学眼光。项目①的应用性要求研究者必须逼近生活，站在"城市"和"市民"角度去研究这个"庞然而多变"的现代大都市北京和生活在这里的充满多元追求和行为选择的市民，这就造成了这项研究在理论支点上的特殊要求——遵循何种理论和方法更容易揭示出北京市民的公共行为之文明"状态"，亦即方法论问题。

这个问题，我曾在一篇关于公共行为文明指数研究的主导观念的文章②中讲到研究的理论基础，并在其之后进行了"公共文明"的"要素"分析与理论构想的研究。

今天，我着重讲讲"行为文明"及"文明传播"的问题——"后奥

---

① 与问卷调查相对应的还有一种"实地观察"，由廖菲博士负责。

② 沙莲香. 北京市民公共行为文明指数研究的主导观念：兼说民族性建设. 中国农业大学学报（社会科学版），2007（1）.

运"时代奥运精神传承之理论思考。只有 15 分钟的发言时间，不能叫发表什么，充其量叫对课题研究的一个"交代"。

一、公共文明和行为文明

公共文明和行为文明这个提法有一个共同切磋的过程：在接受首都文明办委托时首先考虑调查的操作性。于是，从精神文明首级概念分解出市民公共生活和行为层面的文明问题调查；这是对调查范围和内容的必要限定，是可操作的。

公共文明指谓：大而言之是指公共生活领域中多数人的文明表现；用"公共生活领域"是更贴近生活感的说法，近于哈贝马斯交往行为理论的"公共领域"概念，但在更多的现代社会理论中使用"公共性"概念；"多数人"① 提法是对公共文明在"量"上的限定，只要"多数人"的行为达到或超过"文明指标"，这个领域的公共行为就是文明或很文明的。

这样，课题则可以进行概念构成分析。从概念构成看，公共文明由公共性和文明两个次级概念组成；关于"公共性"将另外做出分析，在这里要分析的是"文明"这个概念，进而是"行为文明"这个概念。

"文明"这个概念在课题中极其重要。从行为的发生学看，"文明"比"公共性"更古老；因此，在"公共文明"概念分解中，必不可免要先分析它的次级概念"文明"②。

［埃利亚斯的界定］埃氏的《文明的进程》（1939）一书对文明的解释是得到学界广泛认同的。埃氏在比较了德语中"文明"的含义和英法语言

---

① "多数人"概念具有动态意义，"少数人"包含了顽固、怪诞、另类的人等，"多数人"表明公共领域的每一个个人都不是孤立的个人，而是"互动"中的群体"成员"，是"关系体"；每个人的"心理"和"行为"都受制于群体又内化这个群体的约制；在课题中，"多数人"概念对应于"公共性"，即公共空间。

② 对于"文明"的解释，自古就有各门学科的"百家争鸣"。美国史学家、政治学家、社会学家麦克高希在《世界文明史》中相当详尽地考察了人类世界与文明的关系，他从古到今，从人类的史前时代到计算机时代，采用技术变迁的视角提出"文化技术"概念与观点；美国亨廷顿的《文明的冲突》和德国米勒的《文明的共存》，以不同的视角共同论证了西方的社会价值观，殊途同归，也向学界提供了如何理解"文明"的旁证。课题研究在对"文明"的理解上，"对话文本"更多的是德国埃利亚斯的《文明的进程》和美国凡勃伦的《有闲阶级论》。这将在下面"文明的'传播'"部分讲到。

中"文明"的含义的基础上，提出"有教养的"说法，与西方的文明概念非常接近：首先指人的行为和举止，指人的社会状况，他们的起居、交际、语言、衣着等；其次指人的本身，文化指人所取得的成就。在埃氏的历史考证下，欧洲中世纪中叶，"礼貌"这个概念具有了普遍的社会意义与功能，开始进入人们的生活，后来转化为"文明"概念。埃氏的这本书通过欧洲上层社会所经历的世俗变迁揭示文明的社会起源和心理起源，进而解释西方文明的历史演变进程、文明的特征和功能；文明在本质上是人类对自身的自我控制，比如对吐痰等肮脏行为以及举止、手势、服饰、表情等方面的身体不文明行为的情感上的厌恶和行为上的控制。

["十三经"的文明教养论] 十三经中的"经"（《易》《书》《诗》《礼》《春秋》）和"记"（《礼记》《孝经》《论语》《孟子》），尤其是对人类文明教养的大全式记载。庄子说："《诗》以道志，《书》以道事，《礼》以道行，《乐》以道和，《易》以道阴阳，《春秋》以道名分。"（《庄子·天下》）孔子说："六艺于治一也。礼以节人，乐以发和，书以道事，诗以达意，易以神化，春秋以义。"（《史记·滑稽列传》）它们是我们今天研究"文明"和"行为文明"的宝库。

[余英时的界定] 余氏说，中国传统学者最爱讲"人之异于兽"之所在。用现代的话说，这个所在便是文明。余氏不同意这个说法，他列举了人与兽有相似之处，证明"本能"不独为人有，动物亦有；人类独有一种精神禀赋——无论我们称它为理性、灵性、人性或其他，这一点禀赋在人与禽兽、文明与野蛮之间画下了一道极其明显的鸿沟。

[本课题的界定] 课题采用"社会行为"视角来界定"文明"（"文明"由"行为"体现）。从"社会行为"视角，可以这样界定：所谓"文明"是指奠定在"人兽之别"这个"行为底线"上的正面行为；"人兽之别"这个"行为底线"是人类文明存续的普遍性"要求"，基于"底线"又超越"底线"的行为是"创造"，"创造性"是人异于禽兽的根本界限，"创造性"的内核是人类固有的"情感""审美""理性"等精神特质（精神禀赋），又可以说文明的内核是人类固有的"情感""审美""理性"等精神特质（精神禀赋）；"文明"与道德相互关联又不等；从"发展"和"现象的过程性"看，"文明"是"变迁"意义上的概念，"文明"是社会发展与人类行为方式"变迁"过程中人类自身的内在转换与调适过程，即"文化

心理"的重构及重塑。"文明"包含了对"过去"所遗留、所沉积的"习惯"或"习性"之承袭与改造，"文明"与"不文明"的评价带有历史的条件性和社会生活的丰富性，比如公共场所的"肮脏"和"混乱"在某个"过去"可能不被视为"不文明"、不礼貌，可以不受"非议"或不"改造"，但在现代开放、多元化的公共场所，则成为被厌弃、被非议的不文明行为。

可见，当从社会行为视角界定"文明"时，会透过行为捕捉隐藏于行为背后的"模式化"的"社会心态"。

二、行为文明指数①

公共行为是公共文明的次级概念，是课题研究的操作性概念，在它之下包括 5 个二级（指标）② 概念以及 23 个三级（指标）概念，以此构成指标体系及问卷。在对北京市民公共行为的操作性设定上，选取了决定性的公共行为指标而不求其全面。

指标体系所包含的五类公共行为在其内部关联上，是相互独立又相互要求的，每种上级公共文明行为对下级公共文明行为都有文明要求：在讲究公共秩序文明的同时，要求公共卫生文明；在讲究公共交往文明的同时，要求公共秩序文明；在讲究公共观赏文明的同时，要求公共交往文明；在讲究公共参与文明的同时，则要求公共观赏文明。反过来，公共卫生、公共秩序、公共交往、公共观赏对上级公共文明行为也都有要求：公共卫生上的文明行动要求公共秩序文明给予支持，公共秩序文

---

① 行为文明指数是课题的目的概念。"指数"研究的重要前提有两个：一是指标构成的合理性；二是权重的配置、赋权的合理性。在"市民公共行为"文明指数的研究中，5 个二级指标的权数是对公共卫生、公共秩序……依次递增"权数"。指数是一种测量工具，它可以测量一组相关变量在时间上的升降变化状态，最重要的是可以把一组或多组数字还原到同一基础上，作为日后变化的基准。就是说，可以把日后出现变化的一组或多组数字放在"指数"这个共有基准上进行变化程度的比较。指数是通过调查获得数据。调查的内容就是数据已形成的指标体系。指标体系由一套既相互关联又相互区别的问题构成；权重把一组不同的指标联系起来，构成统一的可比较的指标。指数是按照综合加权法由单项变量指数、层面指数、总指数合成得到的。指数的突出特点在于容易比较，有助于人们对变化状况的把握，有助于预测和决策。

② 5 个二级指标（二级概念）：公共卫生、公共秩序、公共交往、公共观赏、公共参与。

明要求公共交往文明的支持，如此等等。这种相互要求，是文明社会里公共文明完整性和彻底性的要求。

公共观赏对于公共文明的意义在于：公共观赏是观众对表演者、竞赛者的赞美、支持和鼓励，是一种分享。这种分享的直接效应是对文明精神氛围的营造。可以说，公共观赏是对人性美的一种审视和分享。

公共参与对于公共文明的意义在于：参与是一种实践，但比实践另有特点。参与带有卷入性，卷入背后是维系群体一致性（或谓内聚力）的认同感；参与带有主观性，将期待、预设等主体意志寓于集体行为选择中，参与携带着集体责任。2008年北京奥运会期间的调查结果证明或验证了"公共参与"是市民公共文明最重要的行为特质。

2008年北京奥运会期间市民公共行为调查结果显示：公共行为的文明指数值为82分，比2007年的调查结果提升了8分，跟2005—2007年每年提升4分的幅度相比较，是成倍地提升。

这种成倍的提升幅度，有两种不可忽视的关键性力量起作用：一是政府营造了非常漂亮的令市民"心花怒放"的人文环境——物化的环境和人性化的服务环境；二是大量的和气可亲、富有认真负责态度的志愿者，这个"大量"的志愿者实际上代表了奥运期间人文环境的"标志性"人文精神。由政府的、民间的这样两股力量建构而成的人文环境，实际上培育和提升了人们对"文明"的感受性及参与性；"参与性"行为占有优势，在实际上起了"社会示范"作用，带出了新的社会风貌。

三、文明的"传播"

对这个问题的展开，希望从与埃利亚斯和凡勃伦的两本著作中的相关思想做一种对话开始。

埃利亚斯的《文明的进程》和凡勃伦的《有闲阶级论》，都在讲文明的传播，并且有共同之处。我从其共同之处剥离出两个有意义的思路：一是文明的传播以一定的或必备的社会行为丰富性（物质性的、精神性的和群体氛围上的丰富而不贫乏）为条件，在埃氏和凡氏的写作情境中，是他们生活年代的上层贵族层和上层贵妇人有闲阶层，具备了这样一些条件。二是当文明行为成为一种时尚、一种被人们追求的行为方式乃至生活方式时，会带来一股社会评价力量，这股力量存在于社会上层又脱离这个有限的上层，而扩散到其他人群乃至整个社会。

　　这两个方面的启示，对于我们今天思考和实践"传承奥运精神"这个公共文明时代主题，不能不说是有意义的。下面，我愿意用几个"空间画面"来做一种"对话和讨论"，从中，不仅仅可以看到文明传播是怎么回事，更可以看到东方文明的传播特点。

　　画面和画中人的文明路径：人群中的志愿者是"象征"，是"符号"，是"信赖"，是"放心"，是文明传播中极可期待的社会参与力量。

沙莲香

2008 年 11 月 22—23 日，于怀柔

师恩难忘，一生的财富

——追思恩师沙莲香教授

文 | 亓圣华

一、初次会面，幸入"沙门"

2006 年，我从华东师范大学运动人体科学专业博士毕业后萌生了进博士后流动站继续学习的想法，因为我博士时期的方向偏运动心理学，所以就带着忐忑的心情给沙老师发了邮件，没想到沙老师很快就回复了我，并同意跟我见面。

我跟沙老师第一次见面是在人大的咖啡店，沙老师招待我并跟我谈了我博士后入站的问题。第一次见面我就被老师的学识和慈爱打动，老师和蔼可亲，我忐忑的心情也彻底平复了。老师跟我谈了很多，特别是谈到了体育，老师对社会体育的见解对我有很大的启发，她鼓励我从体育的角度去研究社会心理学。老师当时正在主持国家社科基金重点项目"对北京奥运会的社会期待及社会心理研究"，并让我也参与进来，我真的很荣幸。

二、台湾之行，收获颇丰

还没有正式入校报到，我就很幸运地赶上了沙老师组织的两岸社会心理学学术交流会。沙老师鼓励我写了稿件，并指导我对稿件进行了修改，我非常幸运地加入了赴台的学术团队，到台湾世新大学进行学术交流。老师虽然已经年过七旬，但始终与我们一起了解不同的风土人情，为社会学研究积累素材。在这次交流中我的收获特别大，不仅仅了解了两岸的学术特点，更是更新了我的学术理念和学术方法，对我日后的成长有很大的帮助。

　　沙老师更是尽量用她的人脉关系给我们这些学生提供资源。记得沙老师带我们去拜访了杨国枢先生，我以前只能在课本上见到的名人，竟然能跟我面对面交流，还那么和蔼可亲。我们同时见到了黄光国先生，他是经常在电视上出现的人物。老师的很多熟人都对我们非常好，我们的台湾之行收获满满，真的非常感激老师。

　　那是第一次跟沙老师出去参加学术交流，老师给我的印象是：永远精神饱满、神采奕奕，对学术、对学生、对专家总是非常热情，谈吐优雅，有着深厚的学术底蕴。

三、参加学术会议，开阔视野

　　跟随沙老师，除了听她讲课学习外，更大的收获在于开阔了学术视野。不管是在校期间还是出站以后，每次重要的学术会议老师都要求我积极投稿，去参加会议，通过会议我结识了很多专家，了解了学术前沿，而在做博士后之前我并没有或者说没有珍惜过这些难得的机会。

　　2011年我跟随沙老师参加中国社会心理学会学术年会，会议在云南昆明举办，沙老师做了主题报告，并主持了一个分会场的学术论坛，几个同门都参加了论坛，论坛中积极向上的学术氛围、融洽的关系，真的让人难以忘却。

2011年我带夫人和女儿在云南昆明拜见沙老师

2012 年我参加了在内蒙古举办的中国社会心理学会学术年会，这次参会也令人难忘。会议期间组织了一次同门聚会，大家围坐在老师旁边，气氛很热烈。可是外面下起了大雨，呼和浩特市的排水系统出了问题，整个城市到处是积水，我们聚会的地方的水更是没过了膝盖，出租车也过不来，我们被困在了饭店里束手无策。老师非常镇定，给组委会打了电话，组委会派大巴车接我们回了酒店。

在 2014 年于南京大学召开的中国社会心理学会学术年会上，沙老师获得了终身成就奖，整个师门都非常激动和自豪。这一奖项充分体现了学界对老师的认可。

2015 年在重庆举办的亚洲社会心理学会议，2016 年在人大举办的两岸心理学会议……每次会议，都能感受到老师精神矍铄、落落大方、气质时尚，以及对学术的孜孜追求。老师的言传身教一直在感染着我们。

四、最后的见面

2021 年暑假，我带女儿到北京玩，去看望沙老师，没想到那次见面竟成了永别。秀平师妹告诉我，我可能是最后一个见到沙老师的学生，我感到很欣慰。我们见面后不久，沙老师就去大连疗养了，因为疫情的关系，同门的师兄弟姐妹就没能有机会再去看望老师。其实，那时候老师的身体应该是开始出现问题了。记得那天还有点波折，本来约好了中午见面，可是到了地方却联系不上老师了，问了秀平师妹老师习惯去的地方，去找也没能找到，下午终于等来了老师的微信，原来老师感觉不舒服去医院做检查了，她说自己血压突然有点高，她以前从来没过高血压，现在看来血压升高可能是老师生病的前兆。

我带着女儿到了老师家中，老师还是那么热情，跟我们聊了很多，聊了她喜爱的外孙，聊了她的生活状况。我感觉她老人家还是那么和蔼可亲，把我当成孩子。老师对我女儿也特别关心、特别喜爱，那时我女儿刚上高中，老师给了我女儿很多鼓励，建议我女儿一定要考到北京来上学。我女儿也特别喜欢这位可敬的奶奶，那天听说沙奶奶去世了，她跟我一起流下了悲痛的眼泪。

2021年7月带女儿去看望沙老师，沙老师给了我女儿很多求学的建议

五、一生的财富

我做博士后是兼职的，在我原单位还需要工作，所以我每周都要往返于北京和济南，虽说有些辛苦却也乐此不疲。每周三我都要去听沙老师的课，因为老师的课深深地吸引着我。老师给我们讲中国民族性，我学到了社会学和心理学领域更深入的知识和受用的研究方法。老师让我们读四

书，开始时我并不能理解，可是读了以后，加上老师的讲授，我才明白老师社会心理学研究的另一个高度。我真的受益匪浅，可惜时间短暂，我并没能在老师的指导下保质保量地读完四书。

回首我的学习生涯，博士后阶段是我研究成果最多的阶段，也正是这个时期的成果积累为我日后评职称和学术水平提升打下了坚实的基础，这得益于老师对我的言传身教。记得有一次我写了一篇文章，老师帮我看了并提出了建议，我按老师的建议修改好后发给老师看，老师认可并同意我发表，但说她并没有出多少力，要求我不要挂上她的名字。老师严谨和低调的作风深深影响了我，跟随沙老师进行博士后研究是我一生的财富。

一直感觉沙老师没有离开我们，每次想到沙老师已经离我们而去，心中总是怅然若失、悲思交加。沙老师永远活在我们心中。

[作者简介]

亓圣华，山东济南人，现就职于济南大学体育学院。2007—2009 年拜入沙老师门下进行博士后研究。

在大灾难面前，研究社会学的人
一定要到现场

——2008 年 6 月 11 日陪同沙老师
亲临汶川地震现场纪实

文｜刘　敏

2022 年 5 月 11 日，汶川地震 14 周年时，我在人大社心群发了 2008 年 6 月 11 日，即汶川地震后 1 个月，我陪同沙老师到汉旺镇的资料。罗新师姐找到我，问是否可以发在她的公众号上，我说没问题。于是，罗新师姐的公众号"七彩娘娘"在 2022 年 6 月 12 日发布文章《我们共风雨：汶川大地震亲临灾区》，并把沙老师的话"在大灾难面前，研究社会学的人一定要到现场，才能真正了解发生了什么"，放在了文章的最前面。

同门校友要写沙老师的纪念文章，尹学龙师兄特别来电话叮嘱，我们同年级的三位都要写一篇，我就负责写"汶川地震"的经历。

因为陪同沙老师到地震现场的人，同门中只有我，所以我义不容辞要把这段往事记录下来。沙老师古稀之年，坚持到事件现场，本人以粗浅的社会学研究经历，认为至少有三个意义：

一是社会学者的风范是与时代同脉搏共呼吸，其不可推卸的社会责任，始终被放在研究的第一位。

二是社会学者的主要研究方法之一是田野调查，哪怕是年已古稀，哪怕是有余震，也要到现场，才可以获得民众视角，掌握一手资料。

三是正因为到了地震现场，沙老师在《中国民族性（三）》中，特别提到了中国年青一代的"志愿者精神"，这应该是在大灾难面前中国年青一代非常亮眼又特别让人欣慰的表现。

《汶川回来》是沙老师从汶川回京后写下的一篇文字，特地将在汶川震区接触的居民和志愿者列了出来。

汶川回来

死去的和还在灾害中受难的人，代替我们这些活着的和免于灾害的人，承担巨大苦痛。

为死去的哀悼，为还在灾区受苦受难的致谢祈愿。

下面是三人在汶川拍的部分照片，每张照片都存留了感人无尽的述说。

小朱为西南大学心理学系四年级学生。绵竹之行，亏得有他——家住绵竹武都村的本地人——作为向导。他直接到机场接我们，然后从长途车站，坐机场—德阳的大巴，从德阳坐出租车，经绵竹县城到了武都。小朱介绍说武都是原镇所在地，受灾较为严重，但因交通方便，被选为三万灾民的安置点，而他家就在这个村。

双流机场三人照

小朱与父母的合影，虽然家里的房子成了废墟，
但一家人平平安安，这就是乐观的四川人的写照

大巴上的小男孩，德阳的一个初二学生，
其父母于 5 月 20 日将他送到南通亲戚家躲震

志愿者付帮尧，男，22 岁，农民志愿者，眉山市东坡区盘鳌乡尖山村人，
从部队退役后，在家务农，加入退役兵志愿服务队参与志愿者活动

　　安洁和王龙自费到绵竹救灾，组织了以退役兵为主的志愿服务队。他们一开始的救援以到山区救人为主，以他们在军队训练出来的技能救助了许多山区的农民朋友。后来，他们联合其他志愿者队伍，帮助当地孩子创办爱心学校，在绵竹的一个镇上组织了暑期夏令营，接收了几百个孩子，提供各项学习、娱乐活动。他们已在灾区坚持了一个月，仍在参与灾后重建工作。

志愿者安洁，女，退役兵志愿服务队队长，北京人，现役兵

志愿者王龙，男，退役兵

李阳琨即将从山东工艺美术学院毕业，并已确定出国深造。他已在灾区待了一个星期，帮助武都爱心小学教授美术课。6月11日，他正在给孩子们上课，在黑板上画了一只螃蟹。这时候，我们把从北京带来的彩笔送给班上的孩子们，他们很高兴。

志愿者李阳琨，山东工艺美术学院学生，为武都爱心小学学生上美术课

　　穿红上衣的漂亮女孩，是同样成长于武都的张晓琴，她在职高学习舞蹈。灾后他们都住在帐篷里，她却主动到爱心小学做志愿者，教这帮小女孩跳舞。当提到家人的时候，她只是说父亲负伤了。她本人要参加2008年的高考，报考艺术院校。

志愿者张晓琴，女，武都村，职高舞蹈志愿者

严洪，成都司机，向我们讲述了"5.12"时成都千余辆出租车去都江堰抢险的故事

何义敏和丈夫就在武都村口摆水果摊，后面的帐篷就是他们暂时的家。我们为了歇歇脚，就买了她的香蕉。坐下后聊天，才知道她的遭遇，她是武都小学倒塌中丧子的母亲。表面上，她很平静，说起这样的事情，也没有表现出什么不好的情绪。

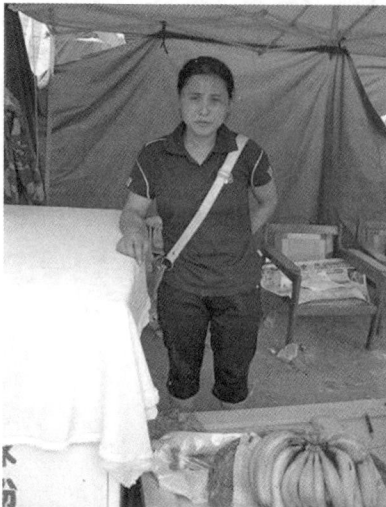

何义敏，夫熊继金，于武都村口售水果，丧子

下图是蒋女士的女儿，他们的房子在地震中震裂了，于是在一块商品房未启用的空地上，搭起了帐篷。这里相对空旷，共有几十个各式各样的帐篷，全是自己搭建的。适逢雨季，帐篷积水了，于是，他们在帐篷里垫上砖，以防下次下雨又积水。

蒋女士女儿

让我对上述实景照片做个注解：

（1）这次到达震中现场，是在地震后一个月整的时间，地震造成的房屋倒塌（即财产、物质创伤）、群众的心理创伤仍然存在，交通、水电、通信等公共服务已经恢复，市面上已经恢复正常，应该是大灾难发生后适合到现场的时间。

（2）沙老师坚持要到灾区普通人的生活场景中进行观察，所以选取的路线是北京—成都—德阳—武都—汉旺镇。武都是灾后居民聚集的地方，有受灾最严重的学校的学生、学生家长、经商者如摊贩、外来的志愿者等，现场的人员类型比较齐全。

（3）沙老师没有通过政府、学校、协会等任何组织联系，而是自费通过西南大学心理学系的赵玉芳老师找到她的学生小朱——一个当地人作为向导，完成了现场观察和调研。她这样做，一是不想给有关部门带来负担，二是想了解到灾区真实的情况。

（4）沙老师把自己作为志愿者，给当地的孩子带去了学习用品，同时带了一个学生，在德阳中学帮助西南大学的心理咨询团队，给高三面临高考的学生，做了为期一周的心理疏导工作。

（5）沙老师亲临现场，拍摄了上百张现场照片——主要是当地人和志愿者的影像，同时跟他们聊天，了解他们的故事，并记录下来。

（6）从灾区归来后，沙老师指导我整理出一个图片文件，跟人大学生和台湾辅仁大学心理学系师生进行了分享交流。

结合"汶川地震"和当时的"公共文明"研究，沙老师指导在校的几届博士生，关注"志愿者精神"研究，并组建了博士志愿者组织。我曾经在 2009 年的中国社会心理学会学术年会上分享一篇关于"志愿者精神"的论文。

在《沿着中庸的美与丑：中国民族性研究随笔》附录一"见证与诠释：中国民族性变迁 30 年——沙莲香教授访谈录"中，沙老师谈道：

> 《中国民族性（二）》搞完之后，我就考虑写第三本。2005 年潘宇（中国人民大学出版社策划编辑）建议写《中国民族性（三）》，我开始还是想大家一起来写，但又觉得思路难以衔接起来。因为我们人的问题、社会的问题太多太多，在我的思考里常有"无望"和"徘徊"出现，迟迟不能动手。一直到 2008 年，我才感觉到我们的民族

有一种力量在支撑，可以期待。这就是汶川地震后志愿者的出现……紧接着是奥运会的大批志愿者，志愿者以"80 后"为主体，让我感觉到我们这个民族还"活"着，还有很多潜在力量。就这样在徘徊了差不多 3 年之后才开始动笔写，也就开始了一个很沉重的过程！

经由灾区之行的现场观察研究，我们更深刻地了解了沙老师对中国民族性的研究：不是以旁观者的姿态，而是带着同是中国人的悲悯之心，带着志愿者的奉献精神，带着学者的使命，对代表年青一代民族性的"亮光"敏锐觉察，进而将之体现在民族性的变迁中。

逝者已去，但其精神永存。让我们都记住沙老师的这句话：在大灾难面前，研究社会学的人一定要到现场，才能真正了解发生了什么。

[作者简介]

刘敏，南开大学经济学学士，中国人民大学 1996 级工商管理硕士，2007 年师从沙莲香教授攻读博士学位。2010 年创办咨询公司，并于 2013 年开始以心理维度识别客户，2019 年创办上海观识信息技术有限公司，启动对 AI 心理引擎的研发应用，2022 年出版《重塑——AI 心理引擎驱动金融创新》。

想念您

文｜梁　昕

亲爱的老师：

　　您好。您在那边还好吗？有没有遇到操老师？有没有继续在那边的世界做您的学问？

　　您离开我们已经两年多了，我总觉得您并没有离开，总觉得您依然在人大社心103的门口，笑眯眯地看着我们离开。但我不得不逼自己接受那个103，那个被"沙门"所有学生视为归属、视为圣地的103已不再有您的身影了，而每每如此思及就忍不住哭泣。

　　"树欲静而风不止，子欲养而亲不待。"老师，自您走后我总会想起您。我想"失怙"这个词尤为适合描述当我听见您离开的消息时的那种感觉。当时如天打雷劈、五雷轰顶。因为疫情，我总也不能去北京。好不容易经过了，又只能匆匆离开。我总任性地认为您会在那里，会一直在那里。但我错了，我再也没有能当面对您说"爱您"的一天了。

　　我依然记得我在人大与您相处的每一天。记得我第一次数据出错之后害怕得给您打电话，一边哭一边道歉之后您对我说"没关系"，带着一种仿若只要有您在，就可以遮挡住一切风雨的淡定。您的淡定和关怀如同标杆一般成为多年之后我面对我的学生犯错之后的态度——"没关系，下次记得就可以了"。

　　我还记得刚刚考入人大时，我像一个男孩子一般任性，崇尚自由，特立独行。有一天，我去103聆听您的指导。见面之后，您忽然问了我一句："小梁，你是不是不喜欢带包？"当时的我连背包都不喜欢用，就喜欢甩着两只手走来走去。那一天您如此一问之后，我蓦然发现连我的母亲都未曾注意到的习惯，您却注意到了。当我挠着脑袋支支吾吾试图粉饰时，您一笑，如同发现新大陆一般朗声说着："啊，原来小梁像个男孩子，不喜欢带包。"那一瞬间，您的解围令我懂得了"尊重个性"的含义。多年之后，我在面对我的学生时也会乐呵呵地说："啊，原来你喜欢如此！"

老师，我依旧记得每次我和曹丽师姐、祖霞姐离开 103 时，您会一直站在 103 的门口和我们道别，看着我们离开的背影。您谦逊的身影一直都刻在我的脑中、心中。最初的时候，我会纳闷，也会有点尴尬。现在回想，却觉得那是我在人大时心中最美好和最深刻的回忆之一。多年之后，每当我在送别前来找我求助的学生时，我也会站在门口看着他们离开。即便他们未曾回头，也未曾知晓我的行为，我心里也知道，当看着他们离开时，我也送去了我的祝福。

老师，我曾经一直在想，作为您的学生，除了学术，除了传承，我还拥有什么？直到多年之后我才明白，我常常被同事和学生夸奖的平静、温和和乐观心态究竟是从哪里来的。原来这么多年，我一直都在模仿您。我明白终我一生也无法企及您的学术高度，但我依然希望自己作为您的学生，在别人提及时能够尽量不辱没您高洁的人品和鸿硕的学术成果。

老师，这边已经进入盛夏，转眼就会入秋了。那边的世界有没有四季的变换？我记得每逢秋季入冬或冬季转春，您都会有点咳嗽。不过，我想或许那边的世界没有季节的变换，只有和煦的阳光和皎洁的明月吧！

老师，提笔至此才忽然发现我竟然没有一张单独与您拍的合影，作为学生我实在是太不称职了。

老师，我想您了！自您走后，我开始带着您送的小木头娃娃去欣赏很多的风景。它在身边的时候，我总觉得您也在我的身边。

老师，您在那边还好吗？

学生　顿首颂安

学生：梁昕

2024 年 7 月 31 日，于昆明

[作者简介]

参见《从"茧房"再窥现代青少年社会观念的形塑影响——以〈传播学〉一书为解释》关于作者的介绍。

人间"至善"的践行者

——怀念恩师沙莲香教授

文｜曹　丽

2022 年 9 月，开学伊始，白天上"社会心理学"的课，刚好讲完老师《社会心理学（第四版）》中的"社会心理学与人性理念中的'善'"一节。在这一节，老师超越了以往的"是非"二分法的观念之争，肯定了"善"既是人性理念的主张之一，也是中国传统儒家的守候。老师特意指出，人世间的个人，遭遇不同，道路相异，善善恶恶，但性善仍然是人性的"根本"，是人对自己的最根本规定。讲到这里，我告诉学生，人性善的理念是沙莲香老师生活中一直践行着的，老师一生"至善"。

走在校园中，一路的桂花树，花开正盛，香气也格外浓烈，在临近中秋的月色中，四处漫开。想起过往在老师门下求学的时光，曾经和老师聊过这一时节云南的桂花树，老师明亮澄澈的眼中满怀着笑意说："听你说着，我已经闻到桂花树的香味了。"老师故去已经数月，但时间从不曾使我遗忘，在这个夜晚，老师的音容笑貌如明月的清辉在四散的桂花香里漫溢开来。

2008 年博士毕业后，我有幸入沙老师门下，成为中国人民大学社会心理学研究所的博士后。入站之初，跨学科的我内心忐忑不安，不知道自己究竟能不能做好，每每和老师说起我的担忧，老师总是用她温和、安定的语言，给予我极大的鼓励。在中国人民大学的两年，除了宿舍和图书馆，我最熟悉的就是老师位于社会与人口学院楼里的办公室，以及校内的水穿石咖啡厅，这是和老师最常见面的两个地方。记得每次和老师约了在办公室见面，早晨进入楼里幽深狭长的走廊，还未走到办公室，咖啡的香味便已经传来。进到屋里，老师在办公室里煮着咖啡，桌子上摆满了小零食。待到午饭时候，老师就请我们一起到人大的水穿石咖啡厅用餐。云南人嗜辣，每次点餐，老师总是会问服务员，有没有比较辣的套餐。晨间办公室的咖啡时光以及水穿石咖啡厅的辣味午餐，犹如家一般的亲情，治愈了我离家千里孤身在外的惆怅和想家之情。

老师一直关注对中国人群体的心理研究，常常向我们讲述她的同学在"文革"十年所遭遇的悲剧，但老师并不是把这些个人的悲剧简单地讲述给我们听，而是从中启发我们去思考、探究十年"文革"乱象所显现出来的个体"人性坍塌"背后的社会性结构和历史发展脉络。即使历经十年浩劫，老师仍然坚信中国人民族性中的"仁爱"和"情义"，也一直以自己的研究，推动中国的民族性研究和对中国人人格力量的发掘，如同老师在《中国人百年》中指出的，"中国落后挨打差不多半个世纪，中国人没有消亡，中国人能在残酷的、黑暗的日子里保全中华民族的生命力及活力，除了政治的、经济的力量外，从精神上看，是和中国人中庸气质的伸屈性、刚柔并兼性、选择性和灵活性分不开的"①。老师也看到，在中国的改革与发展过程中，社会的多面性和多元性愈加丰富，老师说，"美好与丑陋、诚实与欺诈、相助与旁观、关爱与冷漠、和气与粗暴，经常是相随而生的"，因此应从公共生活入手，从日常中的公共行为做起，改造在长期的生活行为中被忽略的陋习，引发人们对社会的责任感和实践精神，以及每个人对自身素质的自觉和提升，在十几亿人口的大国，十几亿人一言一行的品质及其诱发力量也就包含其中了②。于老师而言，宏大的历史事件叙说固然重要，但个体也是应该被关注和重视的，个体的命运可以呈现出社会的整体变化，因此，生活于社会中的每一个个体仍然是值得被看见的。在做博士后出站报告的时候，老师让我选取中国改革开放后有代表性的知识分子做个案研究，从知识分子个体的学术命运中呈现中国社会的发展变化，最终文稿也被收录在老师的《中国民族性（三）》中。除了学术取向，在生活中，沙老师一直保持着对个体的关怀。记得 2009 年冬天，张向东师兄到北京，老师让师兄带着我和梁昕师妹去位于大别山的河北保定满城龙居村做田野调查，特地嘱咐我们一定要找当时的女村委会主任贾俊乔，问问她当时村里或者是她个人有什么问题是沙老师可以帮忙的。调研回来，老师用了整整一天的时间听我们三个讲在龙居村的见闻，讲龙居村的苹果，讲俊乔姐在村里的事业，老师为龙居村村民越来越好的生活感到由衷的开心和快

---

① 沙莲香. 中国人百年. 北京：新华出版社，2001：104.
② 沙莲香. 中国社会心理分析. 沈阳：辽宁教育出版社，2004：46-47.

乐。在我做博士后研究的两年里，老师的这种尊重、关怀个体命运的学术取向和践行，让我获益良多，也影响了我今后为人师的道路。

博士后出站之后，我回到云南，和老师的联系并未因为距离的遥远而减少。我常常会收到老师给我的孩子寄的巧克力、乐高玩具、钢笔等各种精美的礼物……有了微信后，老师会认真看我发在朋友圈中的每一条动态，用心点评和回复，也常常分享给我一些信息——有学术上的，也有生活上的。有一段时间，我困扰于孩子的青春期叛逆，和孩子冲突颇多，心情也常常不好，发在朋友圈中的动态极少，偶尔发也带有些郁闷的情绪。老师有一天突然发了一张我曾经发在朋友圈里的照片过来，说很久没有看到小曹这么美丽的笑容了。而这张照片，是我很久之前发在朋友圈的，我不知道老师是存了下来，还是特地去翻看我的朋友圈找到的。我在看到老师发照片过来的那一刻，泪水漫溢出来。至亲至爱的老师，因其一生的"至善"，才惦记着我们平凡生活中的喜怒哀乐，给予如我这般普通的学生最大的人间善意和关切。云山苍苍，江水泱泱，和老师相处的点点滴滴，让我在生命中有机会目睹了一代学者的山高水长之风范。

老师知道我在自学画画，常常鼓励我坚持画，还给我寄了托人从日本买来的画笔，在微信里告诉我："画天画地画你喜欢的。"想到从今而后，在朋友圈里发的那些业余初学的画，再也看不到老师用心的点评了，此后的岁月，再也不会有老师那温润明亮的眼眸激励着我前行了，泪不能止！

拍摄于中国人民大学社会心理学研究所 **40** 周年纪念日"沙门"弟子聚会，左二为作者

［作者简介］

曹丽，2008 年毕业于中共中央党校，获得博士学位，同年进入中国人民大学社会心理学研究所博士后工作站，跟随沙老师研习中国民族性。现为云南师范大学法学与社会学学院副教授，硕士生导师。

生命中的那缕光

——写在恩师离世的第 113 天

文|祖 霞

今天是老师离世的第 113 天，我终于下定决心坐在电脑前，开始写这篇文章。迟迟不肯动笔，是不想再次被提醒说老师已不在此世。这些天来，我愚蠢、顽固且一厢情愿地封闭了这一事实，似乎觉得只要不去忆起，老师就还会在微信上跟我聊天，给我发消息，殷殷地问我孩子可好，家里可好。从博士毕业以来直到 2021 年年底老师因中风住院，我几乎每隔半年就会收到老师寄给我和我女儿的各种东西，有图书、咖啡、便利贴、零食、口红等等，全是她自己去书店或者超市时亲手选的。而且，除了有次因为图书太多太重，潘宇师姐担心老师拿不动，一定要替她寄给我以外，其他的东西全是老师自己寄出的……而现在，这些都不会再有了，永远不会再有了。

我于 2009 年考入人大，拜于沙老师门下。虽然老师和我的缘分是从 2009 年才开始的，但之前早有伏笔。2008 年汶川地震发生后的次月，老师就带着刘敏师姐到了四川，去了都江堰、绵竹汉旺镇等地的灾后救助现场进行社会调查。被汶川地震志愿者深深打动的老师，回到北京后就有了想招一名四川学生来做志愿者研究的心思。没想到次年我这个参与了汶川地震志愿服务工作的道地四川人就成了她的博士研究生。在进校后的第一次博士课堂上，老师就为我博士阶段的学习画好了地图，定下了规划。她让我做志愿者研究，还替我联系了河南在京农民工志愿者李高峰，让我去李高峰所在的河南在京志愿者组织做跟踪研究。

其后不久（博士一年级下学期时），台湾辅仁大学心理学系的夏林清教授应沙老师邀约到人大讲授"行动研究"。如果从学术脉络上看，夏老师是心理学工作者出身，属心理学的社会心理学这一脉络，而沙老师则属社会学的社会心理学这一脉络。这两条学术脉络早在社会心理学元年（1908 年）就已显明，且一路走来，一直是各走各路、各说各话。然而，在彼时的人大社会心理学研究所，两位有着不同学术脉络的老师却是谈笑风生，没有丝毫隔阂。后来，两位老师商议着要联合培养博士，沙老师力荐我，于是我又成了两位老师联合培养的第一个博士。

我在博士期间一直跟进的项目是"北京市民公共行为文明指数研究"。这个研究沙老师做了15年，从2005年一直到2019年，每年都是老师亲自上阵，从调查开始一直到报告完成，老师对于每一个细节都要一一过问。虽然我从2009年入校起就开始参加这个项目，但每一年的情况都不太一样，除了要做问卷调查、现场观察外，老师还会根据当年调查的初步情况和她的一些观察与思考，要求我们做些其他的事，比如街头访谈等。在问卷的数据处理部分，她也支持我们用一些新的方法来处理数据，得到与之前的报告不一样的描述角度。老师的思考和对数据的理解非常深刻，她常常提出一些我们怎么也想不到的建议，让我们既惊讶又深感佩服。

现在回过头来看，老师对志愿者的认识和她对公共文明的理解是相伴相生的。她看重志愿者，是因为看到了他们具备的"公共精神"，看到了他们身上带着的那种可以改变公共文明的力量。她这样写道："个体文明就是公共文明的基础，个体文明的质量决定群体文明的质量。"[①] 同时，作为长期从事中国民族性研究的学者，老师在志愿者这里看到了民族性改造的希望，她在《中国民族性（三）》一书中坦言："2008年志愿者的涌现唤醒了'人性'的力量，表明民族性在根本上的复苏。"[②]

老师在博士课堂上不止一次说中国民族性的底色就是"善"，中国是个善性深厚的民族。虽然对我们的民族性一直保持着"善"的理解，但老师在"文革"期间的经历，以及改革开放后社会的一些发展变化带来的人们的金钱观念的改变，让老师满怀忧虑。她不仅多次在文章、讲座中说到"不择手段""道德底线丧失""社会心态浮躁"这些我国社会心理中的负现象[③]，在《中国民族性》三卷本中也直言民族性需要改造。至于老师对

① 沙莲香.沿着中庸的美与丑：中国民族性研究随笔.北京：中国人民大学出版社，2019：175.

② 沙莲香.中国民族性：三.北京：中国人民大学出版社，2012：15.

③ 沙莲香.社会心理变化中的负现象析：民族性变迁研究.河南社会科学，2008（5）.

她自己的认识，在孙庆忠教授的访谈中，她坦言自己是个"弱者"①。确实也是这样，在与老师在一起的这些年里，我从来没有听到过她对自己有何吹嘘、夸赞，从来没在她身上看到过洋洋自得的样子，唯一觉得老师可能有点骄傲的一次还是在她说起自己女儿的时候。

老师是个爱生活、会生活的人。她热爱一切美的事物，总是穿着好看、得体，当然也懂得品尝人间的烟火。她带我们去人大对面的巷子里吃那家开了60多年的饺子馆，吃当代商城6楼的鼎泰丰、日本料理，吃水穿石咖啡厅的牛肉饭……从念博士起，吃老师请客的饭都不知道吃了多少顿。不只如此，上课的时候老师每次都会给我们带甜点、零食，让我们在103研究室一边喝咖啡一边吃点心，因为她觉得空腹喝咖啡不好，总得吃点点心。她请我们吃饭、吃点心、喝咖啡的习惯一直不曾改，2021年5月我去北京世贸天阶老师租住的公寓探望她时，她一定要在世贸天阶的商场里请我吃日本料理，回公寓后又把点心拿出来摆了一桌子要我吃。当然，我离开时照例又拎了一大包好吃的……

老师爱我们，她虽然是师长，但从来不会居高临下地对待我们，从来不会让我们为她做这做那，甚至连帮她拎包也不让。我刚入校时，上一届博士研究生梁昕就跟我说，你要记住啊，不能给老师拎包，也不能扶老师。我当时还觉得挺难理解，后来就慢慢明白了，这是因为老师特别怕给别人添麻烦。我毕业后不久，老师专门到成都来看我，我要到机场接她，她不肯，为防止我不听她的话，她干脆连航班号也不告诉我，自己一个人从机场打车到了入住的酒店。而且，连住的酒店也是她自己订的。在成都时我要带她游览景点，她怕影响我工作，就和在成都的一个老同学联系，跟她的老同学一起去逛了杜甫草堂……回想起来，在这么多年里，总是我们给老师添很多麻烦，老师从来不让我们为她做点什么。

我猜很多人看了我们这本纪念文集，会有一个很平常而真实的想法："如果你们的老师不是一个这么有名望的人，那么你们还会这样纪念她吗？"从中国社会心理学的发展来看，沙老师肯定是有立言、有作为、有名望的大家，此问的前半截不假。但我们之所以写这本纪念文集，全是因

---

① 沙莲香，孙庆忠. 见证与诠释：中国民族性变迁30年：沙莲香教授访谈录. 中国农业大学学报（社会科学版），2013，30（1）.

为她是我们敬爱的老师，我们爱她、敬她，全是因为她的的确确是一个值得被纪念的"教师爷"，是一直关心、爱护我们的恩师，更是一位真正的学者、知识分子和儒家。她一生致力于中国民族性研究，这个研究里饱含着她对我们这个民族深切的爱和痛惜。她从来都是中国本土的学者，对中华民族有着深刻的理解，有着类似孔子"知其不可为而为之"的"不敢期待"与"我想期待"①。

2014 年，沙老师和祖霞在成都

而对我来说，沙老师是我生命中的一缕光，因为她，博士学习生涯成了我人生里转折最大的阶段。这个转折不仅仅包括学术思想的转折，更包括人生观的转折——可以说，我从头到脚、从内至外都更新了。我非常庆幸在生命中能有这样一缕光，能遇到这样好的老师。与老师结缘以来，虽然我的人生面临了很多的挑战，经历了一些难言的困境和低谷，但因为有老师这缕光在，我总不致灰心失望。我永远记得老师跟我说："去吃点好

---

① 沙莲香，孙庆忠. 见证与诠释：中国民族性变迁 30 年：沙莲香教授访谈录. 中国农业大学学报（社会科学版），2013，30（1）.

吃的，这样你的心情就会好起来……"

可是，亲爱的老师，您知道吗？这回我吃什么都不管用了，因为……
我们再也不会有您这样的老师了！

2018 年 5 月 27 日，沙老师、夏林清老师和祖霞在中国人民大学

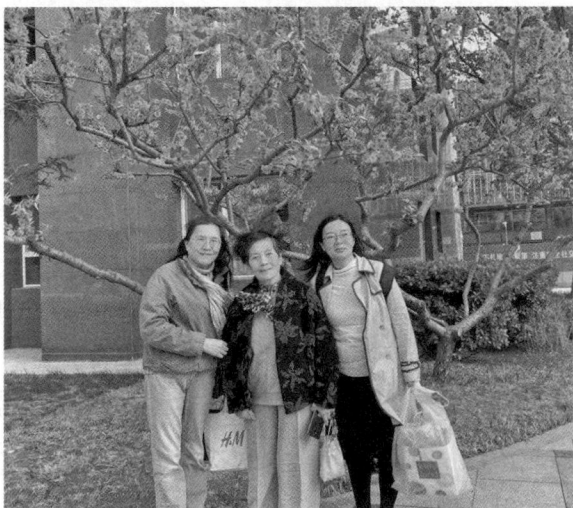

2021 年，祖霞与沙老师、廖老师在沙老师寓所楼下

[作者简介]

参见《众声喧哗中重新探问国民素质——重读〈中国人素质研究〉有
感》关于作者的介绍。

为学、为人、为事：
沿着老师足迹稳步前行

文｜杨　震

走出中国人民大学已有十几载，但人大社心微信群像一条时空隧道，让我可以一次次感受到沙老师和她开创的社会心理学研究：追寻真理、至诚至善、关注底层！

一、追寻真理

未进入中国人民大学时，我就知道中国人民大学有个沙莲香教授，她很有学问，人很好！我读大学时就学习过沙老师主编的《社会心理学》，后来有幸沿着社会学的社会心理学方向一直走下去。经过两次考试，我最终有幸成为沙老师的学生。记得在103面试后，沙老师让我读一读新星出版社出版的陈弱水教授的《公共意识与中国文化》、梅洛-庞蒂的《知觉现象学》等著作。得知我经常在豆瓣读书上购书时，老师很高兴！

入学后，老师让我帮她从网上购书，并且让我先看，待周二博士课堂时给她送到103，顺便谈谈感受。一般从购书到汇报，只有两三天时间，首先要读完，然后要消化、有思考，这样才能见老师。老师说，她有个学生，每天6点多起床，孜孜不倦，读书锻炼。我很羡慕，也很惭愧，因为我没有老师期待的那么勤奋！老师让我帮她买的还有《电醒人心》《乌合之众》等经典著作，购书总数有200多本。

在内蒙古召开的社会心理学大会，是我入门后参加的第一个国内大型学术研讨会。我们乘坐的是普快，梁昕、祖霞和我一起到老师所在的硬卧车厢去找老师聊天。老师目光平静地凝视着窗外，谈到等会儿可能会经过一段有名的"人字形"铁路。我记得在小学课本上学过，詹天佑解决了世界性难题，修建了这条铁路，在中国铁路史上具有标志性意义。老师虽然已经年过七旬，但始终与我们在一起，让我们随时感受到爱和学问。

入学一个月后，听说我妻子带着孩子要来北京，老师建议再等等，因为我还不熟悉这里的生活。为写作博士毕业论文，要做田野调查，老师经常给我讲孙庆忠老师的田野调查，鼓励我到农村去，到田野去。

2010 年，汇贤食府，沙老师老同学毕业 50 年聚会上的留念

2015 年，台北市士林区岩山里，讨论中国台湾文化传承与发展的脉络

2016 年，科研楼 212 会议室，畅叙为人为学之道

我博士毕业了，老师很高兴，叮嘱我回河南要写几篇有分量的文章，代表自己的学术水平；若有机会，要到国外去看看，看看外面的社会是怎样的，做比较研究。

二、至诚至善

2009 年博士入学考试时，我第一次在 103 见到沙老师。她问我是否到过北京，住在哪里。我说我住在海淀黄庄知春里的小旅馆里，是大学同学帮我找的，环境还行，可以洗澡，但是公共洗澡间，我感觉老师好像不太高兴！第二年我再次赴京应考，她让我住在亓圣华师兄的公寓里，并且告诉我说吃饭可以去留学生餐厅，小心不要拉肚子！

入学后，每周都有我紧张而又充满期待的博士课堂。紧张的是读书不深不透，理解不到位，怕说错了。期待的是大家可以一起分享台湾凤梨酥、新政红枣、糖果、饼干，还有老师的茶和咖啡，偶尔还能共进午餐，美美地吃一顿比萨。而且，室友因为我每次都能接受老师的教诲，好几次流露出羡慕的表情。

有两件事使我感受到沙老师是一个不求虚名、真诚直率的好老师。一次是沙老师的大学同学聚会，她很高兴，但回忆往昔岁月时，她几近失态！还有一次是参加"北京市民公共行为文明指数研究"总结表彰大会，老师说她身体不舒服，自己去看下面的画展了，让会务组领导找了半天！

三、关注底层

沙老师时常给我讲龙居村的故事，讲一个女村委会主任如何带领全村人走向富裕，讲河南身患癌症的小学校长的感人故事，讲后来孙老师如何在那里建立了一个乡村教育研究基地。在台北岩山里，沙老师带领我们了解了台湾里长的工作和生活。

读书期间，老师经常给我讲他们小区卖菜师傅的故事，讲张向东师兄是如何研究农民工的，也讲京郊农民的生活。好多次，老师语重心长地对我说："你来自农村，河南是农业大省，你要为农民发声，为底层农民代言。"那时候我已经下定决心，研究农民，读懂农村，为农民服务。

> 每一次聆听，都是心灵滋养！
> 每一次见面，都是衣钵传承！

[作者简介]

杨震，河南平舆人，2010 年在沙老师门下读博士，2013 年获法学博士学位，现就职于郑州航空工业管理学院。

感怀"103"课堂

文｜刘军奎

　　时光是个很特殊的东西，它总在悄无声息的流逝中突然给人以提醒：或催人思考，或引人感怀。人大求学的时光，于我而言，思考或许不多，感怀却是不少。今天想来，在很多可感可怀的人与事当中，分量最重的乃是导师沙莲香先生，与沙老师共同相处的记忆又和"103"这个房间号紧密相连。

　　"103"是沙老师在人大科研楼的办公室。在人大求学的 4 年里，我不知有多少次去"103"拜见沙老师，也不知有多少次在"103"聆听老师的提点与教诲，感受老师的呵护与关爱。还记得 2014 年秋季刚开学，第一次与沙老师正式见面的场景。我和另两名同学（捷克籍的朱丹景和德国来华访学的何蔓白）先后赶到时，沙老师已在"103"等我们了。说实话，刚坐下来时，我是有点紧张的，因为我还不知道该如何与沙老师互动，而沙老师的知名度我是早早知晓的，好在有两位同学做伴。沙老师先是微笑着夸赞了两位外籍同学："你们两个长得都很漂亮，而且你俩的名字刚好组成了一幅很美的画，丹景的丹是鲜红热烈的意思，蔓白是代表洁白无瑕……"

　　老师对两位外籍同学中文名字的解读让她们非常开心，也引得大家都开怀大笑，气氛一下子轻松了许多。接着，沙老师从窗台上端来烧开的纯净水，招呼我们泡上事先准备好的咖啡，而且提醒我们放松点、随性点，边喝咖啡边交流就好。如果不是自己亲历，我怎么也想象不到沙老师待学生的场面可以如此温馨感人！一位年近八旬的老者、一位在国内社会心理学界和社会学界享有盛誉的学者，能以如此谦和细心的姿态对待自己的后辈学生，即便不能说绝无仅有，恐怕也是极少的。后来的事实表明，这样的场景在"103"课堂一直是常态。

　　大家边喝咖啡，边介绍各自的情况，有说有笑，轻松自在。谈到最后，沙老师提出要为我们开设"博士课堂"，一周一次，一次 3 小时。每周能保证与导师有一个上午的会面交流，我们自然是开心不已。其间，沙老师也谈到了她对我们的指导计划和学业方面的总体安排。

起初，我以为博士课堂是学院要求每位导师指导学生的"固定课程"，后来才知道，进入教学系统的学分课程都由其他老师承担，这是沙老师自愿为我们做出的特殊安排。为此，沙老师每周至少要来学校一次，而从她家里到学校搭乘出租车需要 40 分钟左右。特别需要提到的是，每次课后，沙老师都会和我们一起吃午餐，而且永远不给我们买单的机会。老师对学生的用心用情，可见一斑。

博士课堂讨论的内容是传统经典，包括《论语》《孟子》《大学》《中庸》。今天再回头细想的时候，我才意识到，沙老师当时每周辛苦往返学校为我们主持讨论，是有她的设计的。是的，博士课堂既为三个文化背景迥然不同的学生营造了分享交流的环境，也为我们聆听老师的人生经验和学术见解提供了最佳平台。沙老师非常看重学生的个性、思维和视野，因而注重让具有不同个性、背景的人进行思想交流与碰撞。这样的考虑和良苦用心，现在想来着实令人感动！

在此，我想借助博士课堂上的几个片段，通过沙老师原汁原味的警句妙言，呈现她的思想情怀与人格精神，既为感怀，也算自我提醒与铭记。

在讨论公共文明话题时，沙老师在不同场合多次谈及"广场舞大妈"，并直言自己一点也不喜欢她们。包括我在内的很多人其实当时不是很理解老师的观点，有几次还在课堂上展开过讨论。若干年后，当我再次翻出博士课堂上记录的老师的话时，我似乎明白了。沙老师说："我常常觉得中国人具有很乐观的一面，这是很好的，但有时表现得挺幼稚。中国人在生活中倾向于凑群、取乐，但真正的群体生活并不成熟。"

同样是讨论公共文明话题，我们就"中国式过马路"的种种表现举例讲述，沙老师对此也有很细致的观察，但她注意的焦点不是不守规矩的行人，而是不同城市、不同地方的管理方式，由此引出了对人、对人性的理解与判断。她说："我们在文明方面的一些做法是要注意的，所做的事都得考虑立足于（人的）尊严，在精神领域把人的尊严特别是个体尊严立起来。不能把民众当傻瓜一样去对待。"

记得有一次我们讨论的内容是《孟子》，沙老师讲到自己与一位出租车司机的对话，于是说到了对人性的理解。她说："值得同情的人背后都有一面是可憎的。人只有在危难中才能发现人性。"

当谈及今天的社会环境时，沙老师也直言风气不好，人性中糟糕的一面被越来越多地释放出来了。她说："人的善性、本性是要维护的，不维护是会流失的，一个民族、一个国家的文化也是这样。"她补充说："很多的问题都与人有关，现在有不少人特别会说，说得都非常好，但只说不做，不讲'礼'，不讲'信'，缺涵养，违背了我们文化中最重要的东西。"

在讨论《中庸》的内容时，沙老师更是讲到了自己的很多心得，特别是她对"天才"的研究。她的一些观点至今令人印象深刻。她说："今天的中国从根本上说不缺天才，而是缺乏爱护天才并支撑天才的环境。""天才多是有批判性的，他们总要提出问题、指出不足，他们的思维是跳动的、质疑的。但很多天才因为他们的批判性很难出头，被压制住了。"

上述言谈思想，让我们看到了一位纯粹的知识分子的精神和心灵。沙老师的思想与人格显然是十分独立的，她的思想与观点表达得直截了当，正因如此，诸如对"广场舞大妈"的评价才会使我们误解。现在回头细想，沙老师有的是大情怀，我们有的是小道理，沙老师考虑的是文化与社会的深层，我们仅仅看到了他人权利的表层。

感怀"103"的博士课堂，让我们见识了沙老师谦逊而儒雅的师者风范、严谨而深邃的思考精神。如今，沙老师已离开了我们，但她的道德文章将永远垂范人间、泽被后世。人大"103"博士课堂里的欢声笑语连同沙老师的音容笑貌，都已印刻在我们的记忆深处，构成永不褪色的五彩之画！

博士论文答辩会后与沙老师合影（右一是龚尤倩同学）

在人大 **1958** 餐厅与沙老师合影

[作者简介]

　　参见《充满人文情怀的学问之旅——〈中国民族性（一）〉再读有感》关于作者的介绍。

行者无疆

——记沙莲香老师

文｜龚尤倩

　　我能够与沙老师相遇，要感谢我的博士生导师夏林清老师①，她早年孜孜不倦地组织、推动一次又一次的学者交流研讨，在学术互动发展与切磋探索中增进理解，两位老师也在论辩风生的学术场域相识相惜。

　　2016 年 12 月 3 日，在苏州天一阁论坛，沙莲香老师探讨阳明心学的"行为之美"与夏林清老师以"乱世致良知"为题的论述展开主题对话，内容精彩。在这个全球化商品消费的时代，人在知识汲取、职场竞争，甚至是每日的消费生活中，几乎天天都被各种信息快速追逐。沙老师指出，在混乱和忙乱中，世人应效法王阳明先生谈的"心"。心要能够活泼灵动地存在，就是在生活中要能够自在，把心中的障蔽除去，以解开压缩包裹人的束缚，进而利人。这不是一件容易的事。而"致良知"的"致"是生活中的践行历程，当"良知"为行动者日常行为的习性与现代社会形形色色的生活外相与思维乱流所遮蔽时，夏老师提出，行动者学习到一种双向发生的反映（reflection）历程，是十分关键的。借此，行动者得以自觉觉他且往外穿透洞察人我关系的心理探索历程，成就内外兼修之功的基本心智能力。

　　学者们互相欣赏的因缘，促使我有机会参与中国人民大学的博士培养项目，得以加入"沙门"弟子之列，也接续着"沙门"师兄师姐们的步伐，在环境迅速翻转的这些年，见识着中国心理学工作者在心理学学科中断与接续的历史发展中，如何迎接剧变中的社会。同时，在对社会差异的参看中，体会两位老师所言："交流"要想对接得好，

---

　　① 夏林清，现任四川文化艺术学院心理与教育学院院长，北京师范大学教育学部资深讲座教授，提出了"社会系统母子盒"和"斗室星空"家庭工作坊等方法，强调实践知识，在推动基层教师实践、学术交流、行动研究等领域均具有重大影响力。

对"差异"的看见和理解与"返身"的探究是基本要求。

　　沙老师仪态优雅、内涵深具、重视礼仪，也在日日的生活里保持着勤奋不倦与对事物的好奇。在我于 2015—2018 年读博期间，虽然沙老师没有组织读书会，但她固定一周一次到校接受学生咨询，对学生问暖嘘寒、无微不至。2015 年秋天，她带着我们几个博士生亲访当时郭慧玲师姐所在的机构资助的田野点——陕西宁陕县。我们自北京一路西行，路程遥远，抵西安后转车到处在山沟里的农村需时 3 小时。老师没有倦容，下车后亲切、热情地面对迎接我们的农村妇女，对村里的事物好奇探究，不时拿起她的手机拍照；村民们想与大教授合照，她也微笑着来者不拒。乐于与群众一起的平常与平等，是对"致良知"与万物一体的身体力行，这与她一贯的信念相关。在社会生活里，歧异的挤压存在于人我互动的经验痕迹里，也存在于分类评价、资源权力不均分配的体制轨道的刻痕里。文明生活的想象，若无涵容社会差异的公共性，则肯定易偏私于拥有特定资源、权力的人群，从而产生社会压迫的不文明后果。因此，老师在田野之中身体力行，践行着文明。

2015 年沙老师赴陕西开展田野调查

　　2016 年，她持续进行"北京公共生活个人心理取向研究"这个项目，我有机会在最后一年负责部分联系与项目核销工作。老师对于如何创造共

2015 年沙老师在西安

利的公共文明，有很多深刻的思索。在讨论研究方案时，她提醒我们对人们在公共生活不同事件中的行动进行分析，包括人们当时是怎么判断的，理解性的框架又是如何产生的，都要深入探究。老师认为，当代公共传媒无形中制造了群众焦虑，大家会担心成为那个被讹诈的受害者，于是快速选择以"法条入罪化"来制止；但是，"入罪化"将简化许多认识层次，而没看到个体如此行动的前因后果，进入了只用"恶"来对付"恶"的逻辑，可能导致制度性僵硬，以致造成资源、权力、机会的相对剥夺。她提醒，人的"善"要发展更多的包容，不要扼杀公共文明的自主空间，法律提供的应该是天花板效应，以防止恶的蔓延。理解与负责，是她认为的公共生活最重要的两个核心。她说道："'理解'在公共生活中是对抗不文明的心理纽带。在这种心理纽带的维系下，公共行为中那些文明的和不文明的大小人群才有可能比较平和地相处在一个'共同体'中，并有着欢乐或悲悯的公共生活。公共生活背负着责任，包含了生活在那里的每个人负有责任和个人之间相互负有责任。"①

这些观点，都是对当代公共文明深刻的思索，振聋发聩。在项目推进

---

① 参见沙莲香团队 2016 年"北京公共生活个人心理取向研究"结项报告。

2015 年沙老师在中国社会心理学会学术年会上

过程中，沙老师对待学生向来细致与疼爱。她会适度分配学习资源，提供访谈机会、社会关系给有需要的学生。沙老师的多元开放以及乐于提供学习机会，从她拥有来自世界多个国家和地区的博士学生就可得到验证，老师身教真的不用多说，身教就在眼前。

老师自 20 世纪 80 年代以来执笔《中国民族性》、主编《社会心理学》。她不以个体的心理特征而简化认识，而是主张从群体心理、社会认知与态度等要素去理解社会心理，其所采用的方法，是将中国人作为一个整体去考察所谓丑陋等民族性的问题①，这也使得她得以从自身的丰富经验出发，从大处着眼，从社会历史脉络来看待当代中国人的民族性问题，并随着快速的社会变迁，与时俱进地出版了《中国

---

① 潘宇，干春松.中通外直，不蔓不枝：沙莲香教授的学思追忆.中华读书报，2022－05－11（7）.

民族性》三卷本。

"沙门"弟子都知道沙老师对美的体悟与鉴赏，有其坚持与独到之处。记得老师曾经说过："美，是需要淬炼的。"是的，沙老师对美的看法，不关乎仪表外相。她看见的不是表象的美丑，而是生成的历程；是从大处着眼，深刻体悟到多年社会变迁以及现代性的压迫带给人类生活的新的变化形式与挑战，认为人们必须通过它、变化它，来成就对美的淬炼。这就是老师所言：美，若不经过一些真正的淬炼和磨炼，是很难产生的。

生命的美感是必须承担社会结构倾斜张力，力图不被压扁排除的抵抗力量，这是老师终其一生深有感悟的。在中国各地都有许多明心持志、践行生命美感的行动者，这也是老师为何那么敬重田野工作者以及那些在田野匍匐生活的人们，这些人的行动是历史重要转折的创造实践，亦是生命质美的淬炼之处。老师知道"文明"的亮光，不能缺少的是来自底边拮抗的发展力量。老师相信，行者无疆，身体所到之处，挥洒间便是生命的形状。她自己也是这么践行的。

2018 年博士论文答辩后与沙老师及答辩委员会的各位老师合影

[作者简介]

龚尤倩，中国人民大学社会与人口学院 2015 级博士，现任四川文化艺术学院心理与教育学院应用心理学专业教授，文化艺能与社会心理研究中心项目负责人，四川省绵阳市教育心理学会副会长。投入公益组织服务超过二十年，长期关注跨国流动人口议题，专长为行动研究、家庭关系与社区发展培力、心理健康与心理辅导培训。

附录 追思沙莲香教授
（根据录音整理）

2022 年 4 月 14 日，为缅怀改革开放新时期中国社会心理学学科的重要奠基人，中国人民大学社会学学科、社会学研究所和社会学系的重要创始人，著名社会心理学家、教育家沙莲香教授，中国人民大学社会与人口学院在人大逸夫楼举办了悼念沙莲香教授的追思会。

来自清华大学、北京大学、南京大学、中国科学院、中国社会科学院等大学及研究机构的来宾，中国人民大学的校领导，中国人民大学社会与人口学院院领导、教师与学生代表，以及沙莲香教授的女儿等参加了此次纪念活动。

下面是出席追思会的领导和来宾在会上的发言，特以文字形式辑录下来，用来纪念沙莲香教授以文载道、教书育人的平凡而伟大的人生。

1. 发言人：朱信凯教授，中国人民大学副校长，沙莲香教授治丧委员会主任

尊敬的各位来宾，老师们，同学们，大家早上好。今天我们怀着沉痛的心情举行沙莲香先生追思会，共同缅怀和追思沙先生的学术人生和优秀品格，寄托我们的哀思。沙莲香先生是中国共产党的优秀党员，是改革开放新时期中国社会心理学学科的重要奠基人，中国民族性研究的重要开拓者，以及中国人民大学社会学学科的重要创始人之一。她的去世是中国人民大学的重大损失，也是中国社会学界、心理学界和教育界的重大损失。

沙莲香教授 1956 年考入中国人民大学哲学系，1960 年留校任教，先后在中国人民大学哲学系和社会学系学习工作，至今已有 62 年。在 60 多年的学术生涯中，沙先生在多个方面做出了卓越的贡献，值得我们追忆和铭记。沙先生具有真挚的爱国情怀和高度的社会责任感，深切关注改革过程中的社会问题，积极寻求推动社会进步的解决方案，是学术服务社会、把论文写在祖国大地上的真诚实践者。

沙先生自 20 世纪 80 年代即开启中国民族性研究，当时学界和社会上普遍存在简单否定中国传统文化和中国民族性的错误倾向。在学术立场上，沙先生坚持从积极正面、动态发展的视角来研究民族性。她明确指出："虽然中国民族性中不同程度地存在一些问题，但我有一个愿望，就是希望国家能够发展得更好，我要通过自己的研究告诉人们国家是有力量的，中国社会的发展是万众一心共同创造的结果。作为教师，我们应该从正面的积极的角度来思考问题，探索传统和民族性传承与创新的途径。"沙先生不仅是这样想的，也是这样做的。在进行学术调查和研究的同时，她积极履行学者的社会责任。

20 世纪 90 年代，在深入河北省满城县龙居村进行调研期间，沙先生带领人大多名师生全程参与龙居村的扶贫帮困，推动村民教育和产业建设，引进社会资源，帮助龙居村开展小尾寒羊的养殖和乡村旅游，给当地带来了很大的变化。以龙居村的调查和社会参与为基础，沙先生牵头完成的《一个贫困村的变迁：龙居的昨天·今天和明天》一书成为乡村振兴的重要作品。

沙莲香先生长期致力于社会心理学的研究和教育，是中国社会心理学学科建设的重要奠基者。20 世纪 80 年代初，中国社会心理学开始恢复重建，沙先生积极参与其中。她在人大率先开设社会心理学课程，编写社会心理学教材。更重要的是，沙先生在《中国社会科学》上发表论文，阐释社会心理学的理论基础与总体框架。在论文中，她剖析了西方社会心理学各个流派的得失，明确提出了马克思的人论模式是中国社会心理学发展的理论基础，并对社会心理学的中层理论和学科框架提出了一系列的洞见。沙先生的理论观点对处于草创时期的中国社会心理学学科建设具有重要的贡献，产生了广泛的影响。钱学森先生特地给沙先生写信，对她的观点给予积极评价。沙先生基于我们中国人的研究，探析了中国民族性的变迁轨迹，她是改革开放以后中国民族性研究的开拓者。沙先生承担了国家社科基金重点项目，如"中国传统文化与中国人民族性格研究"等，对中国民族性持之以恒地进行了长达 30 余年的系统研究，以《中国民族性》三卷本为代表的系列成果，在国内外产生了广泛的学术和社会影响。

在研究中，沙先生及其研究团队强调历史与现实的理论对话，以及中国与国外的文明及理论与实践的密切结合，取得了理论上的重要突破，回答了一系列具有挑战性的学术难题。在实践层面，沙先生的研究成果为新时代民族性格的重建、国民素质的提升、民族自信心的增强提供了扎实的理论支持。

沙莲香先生积极参与中国社会心理学会的组织与建设，是中国社会心理学学术共同体创建和发展的重要贡献者。在积极推动中国人民大学社会心理学学科建设的同时，沙先生与国内外同行开展了广泛的学术交流。沙先生长期担任中国社会心理学会副会长，为学会的发展尽心尽力。至今传为美谈的是 20 世纪 90 年代初学会经费短缺，沙先生和几位老先生用自己的积蓄垫资，支持会刊《社会心理研究》的正常出版。

沙先生不仅立德树人，教书育人，桃李满天下，而且为国内很多高校的年轻学者提供无私的帮助。沙先生对学术共同体的卓越贡献得到学界的高度认可，2014 年荣获中国社会心理学会颁发的终身成就奖。

在 60 多年的学术人生中，沙先生不仅以卓越的学术成就获得尊敬，而且以优良的学风和温润的人格赢得师生们的爱戴。沙先生身上充分体现了中国人民大学实事求是的学风，为后辈学者树立了学习的典范。沙先生为人低调，待人真诚，她友善、仁爱、温润的人格，让同学和学生倍感亲切。虽然沙先生离开了，但她的人文关怀、学术思想和美好的人格会一直陪伴着我们，给我们启迪、温暖和力量。沙莲香先生永远活在我们心中。

2. 发言人：靳辉明教授，中国社会科学院学部委员，中宣部理论局原局长，沙莲香教授的大学同学

沙莲香去世令我十分悲痛，她的离去是社会学领域的一大损失。我们都是 1956 年考入中国人民大学哲学系学习的，当时哲学系有 7 个班，我在 1 班，她在 2 班，1959 年 7 个班合并为 4 个班，我们 1 班和 2 班合并为 1 个班，但很快我们就提前毕业留校工作了。回忆起来，有些事情令人记忆深刻，久久难以忘怀。人大哲学系特别强调学习经典著作，《费尔巴哈与德国古典哲学的终结》《唯物主义和经验批判主义》就成了我们的必读书。读这些著作如读天书一样，当时沙莲香和我有时到图书馆借阅有关参考书，认真阅读，还交流切磋，这段学习对我们来说是很好的入门的开端。

沙莲香很大的特点是乐于助人，关心同志，只要别人有困难，她就会去帮助，所以大家亲切地称她为沙大姐。她对我可以说关心备至。举一例说明，在 1961 年困难时期，中央派两个工作组下灾区，一个到湖南，一个到河北高碑店，主要是中宣部的同志。我们人大每个系出一个人，我代表哲学系。当时天气还比较冷，我带的被子比较薄，沙莲香就把自己的棉毯给我，并且帮我准备行李。因为当时灾区很艰苦，多月回来后我浮肿很严重，她又给了我一些补养品，帮我恢复身体，这些都给我留下了深刻的记忆，让我难以忘怀。

沙莲香对自己所从事的社会学领域的教学和研究也做出了卓越的贡献。在这个领域她锲而不舍，孜孜以求，刻苦钻研，开拓创新，特别是在妇女问题、社会心理学等方面，她有不少独特见解，成绩卓著。沙莲香将安息，她所开创的事业后继有人，会永远传承下去。

3. 发言人：陈光金教授，中国社会学会会长，中国社会科学院社会学研究所所长

尊敬的各位来宾，老师们、同学们，中国人民大学社会与人口学院教授、著名社会心理学家沙莲香先生于 4 月 8 日在大连去世。今天我们在这里共同缅怀沙莲香先生崇高的人格风范和卓越的学术贡献，我谨代表中国社会学会，也代表中国社会科学院社会学研究所以及我本人对沙莲香先生的逝世表示最深切的哀悼。

沙莲香先生是改革开放新时期中国人民大学社会学科的重要创始人之一，也是中国社会学恢复重建的重要参与者、见证者和杰出代表。她的逝世是中国人民大学和中国社会学界的重大损失。

沙莲香先生是改革开放新时期中国社会心理学学科的重要奠基人。20世纪 80 年代，在中国人民大学和清华大学从教十载以后，沙莲香先生东渡日本留学，师从辻村明先生学习社会心理学。辻村先生是社会学出身的社会心理学家，受其影响，沙莲香先生回国后，在中国人民大学建立的社会心理学学术团体，是社会学取向的社会心理学的重要代表。

沙先生在 1984 年学成回国后转到中国人民大学社会学系，从事研究和教学。当时正是中国社会心理学在新的历史条件下恢复发展的开创期。

沙先生积极参与其中，在中国人民大学开设了社会心理学课程，编写了社会心理学教材。她还在《中国社会科学》上发表论文，讨论社会心理学的理论基础和总体框架：提出社会心理学是研究社会心理现象的基本过程及其产生条件和发展规律的科学，在评析西方社会心理学各流派的得失之后，强调社会心理学的总体框架，是社会文化环境影响下的社会心理形态和过程。这篇论文引起了钱学森先生的关注，钱先生专门致信，与沙先生探讨社会心理学的基本研究对象和研究方法问题。沙先生对中国民族性的不懈探索和研究，前后延续 30 余年，贯穿其社会学研究生涯的全过程。

沙先生的中国民族性研究，一方面从历史上有关中国人研究的资料出发，沿着历史线索思考设计和构思研究，另一方面从现实生活中的当代中国人出发，通过问卷调查得到大量实证材料，再从历史文化中寻求解释，研究成果《中国民族性》三卷本被译成多种语言出版，在海内外产生了重大学术影响。我本人在学习社会学的过程当中，也认真拜读了沙先生的《中国民族性》三卷本巨作，深受启发，深受教育，也有很多的收获。

沙莲香先生还积极参与社会心理学学术共同体的建设，长期担任中国社会心理学会副会长，支持中国社会心理学会会刊《社会心理研究》的出版。沙先生对大陆与港澳台地区社会心理学领域的学术交流发挥了重要的桥梁作用。她参与组织多届华人心理学术研讨会，与香港和台湾地区的学者一起，在中华民族文化自觉的基础上，推动社会心理学的本土化研究。她利用留学期间在日本学界建立的关系，积极推动中日两国在社会学和社会心理学研究上的交流。沙莲香先生始终高度重视学生培养和对青年学者的奖励扶持，从教以来桃李无数，为全国的教学科研单位输送了大量人才。除中国大陆和港台学生以外，沙先生的学生还来自日本、韩国、美国、加拿大、法国、意大利、捷克等国家。他们将沙先生的学术思想和中国社会学研究的成果传播到全世界。

沙先生多年来在社会心理学理论体系建构、学术共同体建设、教学和人才培养上的努力，对处于恢复重建过程中的社会学学科体系的完善和发展做出了重大的贡献。2014 年中国社会心理学会授予沙先生的终身成就奖，是对沙先生为中国社会心理学学科发展所做出的巨大贡献的高度肯定。从沙莲香先生身上，我们看到了老一辈社会学家浓厚的家国情怀、崇高的思想品德和严谨的治学风范，这些都是中国社会学界的重要精神遗

产，也是值得后人学习的楷模。再次对沙莲香先生的逝世表达深切的
哀悼。

4. 发言人：张建新教授，中国社会心理学会会长，中国科学院心理研究所原副所长

各位尊敬的学界同人、老师们、同学们，沙莲香教授不幸逝世，中国
社会心理学会各位同人及我本人都不胜震惊，深感哀痛。沙教授的去世是
中国社会心理学界的重大损失。沙教授是我们大家十分尊重的当代杰出中
国社会心理学家，更是我国改革开放以来成长起来的一代中国社会心理学
人十分敬仰的社会心理学界前辈。

沙教授在中国社会心理学恢复重建期，以及随后的稳定发展期，都发
挥了无人可以替代的重要作用。她曾依据马克思人是社会关系的总和的理
论，提出中国社会心理学学科建设总体框架和社会心理学对人的本质的超
前思考，在其主编并多次再版的《社会心理学》一书中，她在比较中西文
化的基础上，尝试刻画出中国人特有的心理与行为特征。特别是她在三卷
本著作《中国民族性》中阐述和梳理了文化与民族性、群体特性与个体特
性等众多社会心理学重要概念之间的关系，为我国的社会心理学留下了一
笔十分宝贵的智慧财富。

沙教授从清华回到人大工作后，曾于 1978 年到 1982 年，到北京大学
心理学系进修心理学。我当时作为北大心理学系第一届[①]本科生，正在心
理学系学习，与当时的本科生同时上课的有十几位回炉生和进修生，年纪
比我们都长了十几岁，他们学习非常刻苦，我至今依然记得沙老师当年一
脸严肃地坐在我们身后，认真听课和记笔记的样子。这是我第一次结识沙
老师。

在之后的几十年中，我又在各种学术场合遇到和拜见过沙老师，特别
荣幸的是沙老师曾经邀请我在中国人民大学她主办的本土社会心理学研讨
会上做报告，当时台湾地区著名社会心理学家杨中芳、黄光国等都有出
席。通过与沙老师接触和拜读她的著作，我深深体会到她思辨中的深厚哲

---

　①　此处意指 1977 年恢复高考后。——编者注

学素养，以及她情感中的温暖、人文情怀。

比如她首创使用反差的概念来反映中国人民族性格的双重性。她认为，人们的理想人格与实际人格、自己人格与他人人格之间存在着明显的反差、对立、排斥和均衡、调和、弥补等关系。这种对民族性的认识与英语圈中的社会心理学知识存在着明显差异，它反映出沙老师对辩证思维的把握这一深厚的哲学功底。

又比如，沙老师十分强调，中国人特有的民族性格是中国文化积淀的结果。她说中国人之所以为中国人，重要的不在于有多少仁爱精神，而在于仁爱精神的核心地位和仁爱精神的表现方式，以及以仁爱为核心的各种性格要素的构成方式。因而仁爱的表现方式，构成了中国人区别于他国人的内涵。她对仁爱民族性的这种认识，正好反映出她内心深处潜藏着的中国学者的深厚的仁爱底蕴、哲学素养和人文情怀，这恰恰是当下社会心理学者应该孜孜以求的学术星空和大地。沙教授是中国社会心理学会长时期的重要领导者。2014年我会授予沙教授终身成就奖。作为沙莲香教授事业的继承者，中国社会心理学界的各位同事同人，要以学习沙莲香教授的精神和人品的行动来祭奠和永远怀念沙莲香教授。沙莲香教授千古。

5. 发言人：周晓虹教授，中国社会心理学会原会长，南京大学人文社会科学资深教授

各位老师、沙老师的女儿沙小荔、各位同学，大家上午好。我们今天在这儿非常悲痛地向沙莲香教授告别。沙老师和我有好几十年的交往，她也指导了我几十年。虽然我读研的时候，不是跟沙老师读的，但是因为我的老师孔令智教授跟沙老师是非常好的朋友，所以很早，在1988年左右，我就跟沙老师有了交往。而且当时我到北京的时候，无论做什么，我每次打交道最多的除了我在北京的几个同学——因为我们那时候从南开毕业的同学在北京的不少，包括今天我看到于显洋教授也出席了，还有张静教授，那时候他们都跟沙老师一起住在林园——我去得最多的就是沙老师家，林园的7栋。我记得在1990年，我想编一本社会心理学的名著精华，于是到北京跟沙老师汇报，沙老师给予了积极的支持。她当时做了两件事情，如果没有这两件事情，我想我那本书当时编不出来。一是她帮我落实了在中国人民大学的留学生公寓落脚，因为那时候科研经费很少，而留学生公寓是按学生公寓收费的，一晚上只要 5 块钱，所以我得以在北京待了一两个月。二是她请了她的学生，当时她最早的那批学生，包括今天来参加追思会的彭泗清教授，还有刘世能、罗毅这些同学一起帮我来做这件事情。所以沙老师真是给了我无私的帮助。

我刚才在看前面播放的沙老师的追忆视频的时候，又看到了那一张 1991 年我们在林园 7 栋 44 号沙老师的住宅里面聚会的照片。这张照片里没有沙老师，因为是沙老师拍摄的。当时沙老师看到我到北京来，专门请了李庆善老师（已故），还有现在大名鼎鼎的李国庆，以及她的两位学生——彭泗清和袁方一起到她家聚会，聚会的时候她给我们拍了这张照片。一直到 2019 年我编《重建中国社会学：40 位社会学家口述实录（1979—2019）》的时候，沙老师给了我这张照片。沙老师说："晓虹，我在家里找出来这么一张照片，你用吧。"我知道她给我的目的，她是为了怀念李庆善老师，因为李老师长期担任中国社会心理学会秘书长，所以这张照片后来就用在了《重建中国社会学：40 位社会学家口述实录（1979—2019）》沙老师的口述史里面。从这个角度来讲，我们可以看到沙老师对他人的关心、对老朋友的怀念都是非常真诚的。

我认为，沙老师是中国社会心理学界她那一辈人里面成果最为丰厚的。我们大家刚才都看到了，也听到了对沙老师的介绍，以及对沙老师成果的陈列。因为我也做社会心理学研究，所以我对沙老师的这些成果比较熟悉，我觉得沙老师起码在三个方面对中国的社会科学做出了非常大的贡献。

第一，我们大家都知道她是社会心理学家，刚才光金教授介绍的时候专门强调沙老师是在日本师从社会学的教授，所以沙老师一直坚持的是社会学的社会心理学道路。在这方面，她的成果包括发表在《中国社会科学》上面的文章，以及她几次再版的《社会心理学》，确实影响了相当多的人。

第二，沙老师独树一帜的，就是她关于中国民族性的研究。这项研究她坚持了几十年，从第一卷收集历史上中外人士关于中国人的民族性研究的各种论述，到后面两卷建构自己的学科体系和对中国人的认识。我觉得沙老师在自己人生的这 30 多年里，称得上呕心沥血，也为我们今后研究中国民族性留下了宝贵的历史素材。特别是我知道包括在 2008 年奥运会期间，沙老师还在做这项研究，她想用那样的一个机会继续留存中国人的民族性的这些历史瞬间。

第三，实际上沙老师对传播学既有兴趣也有研究，她还专门出过关于传播学的著作。所以我觉得如果有更多的机会，那么沙老师可能会在传播学方面一样做出精彩的研究。

这几年我跟沙老师的接触同样也很多，因为编撰《重建中国社会学：40位社会学家口述实录（1979—2019）》，彭泗清教授专门采访了沙老师，然后在编辑的时候，中间有一些问题，我也经常问沙老师、向她请教，这些细节都历历在目。我记得2019年11月是我最后一次见沙老师。2019年11月，中国人民大学主办了重建中国社会学40年的一个研讨会。沙老师住在北京的东三环，但是她知道我来了，专门从东三环自己坐地铁，到人大来见我，请我吃饭。所以我对沙老师的故去非常痛心。中国社会学界、中国社会心理学界都少了一个重要的有影响和思想性的学者。我们要接过沙老师手中的笔，继续努力。沙莲香教授千古！谢谢大家。

6. 发言人：李强教授，中国人民大学社会学系原主任，清华大学文科资深教授，中国社会学会原会长

各位领导，各位同人，老师们，同学们，今天我们怀着沉重的心情悼念沙莲香老师，由此也使我回忆起1978年我来到中国人民大学，直到1999年离开中国人民大学到清华大学，前前后后的21年。我跟沙老师共事大约是从20世纪80年代的中期开始。1984年，当时有三位老师在国外学习，郑老师在英国学习，沙莲香老师在日本学习，贾春增老师在欧洲学习，后来到了1985年、1986年前后，他们就都回国了。

中国人民大学社会学的建设，大家知道最早是在1984年，郑杭生老师从英国回来，那时候人大建立了社会学所。最初建所的时候，郑老师去英国学了两个专业，一个是社会学，一个是现代西方哲学，所以他还承担着哲学系的工作。后来郑老师就把主要精力放到社会学所的建设上来了。

1984年郑老师回国，当时我在国政系，学的是国际政治，写论文的时候写到了社会学的问题，去请教郑老师，并说希望毕业留校，郑老师欣然允诺。所以我从1985年开始留校，当时系里、所里的人还很少，有郑老师，有高佳，还有（林）克雷。在郑老师的领导下，后来沙莲香老师从日本学社会心理学回国，贾春增老师在欧洲获得博士学位，所以当时中国人民大学社会学系的最初建立，实际上是靠这三位非常重要的学者从海外学成回国以后完成的。建立社会学所以后，我记得社会学系是到1987年才成立的，所和系的区别在于所实际上当时只招收研究生——我印象里最初大概是1985年或1986年就开始招收研究生了。1987年正式建立社会学系，当时还让于显洋做第一届班主任，本科生是从1987年开始招生的，在这段时间里，沙莲香老师、贾春增老师和郑杭生老师为中国人民大学的社会学学科建设做出了贡献。

恢复社会学之初做了三件大事。第一件大事就是纪念和重印李景汉先生的《定县社会概况调查》。李景汉、吴景超都是老前辈了，他们在1952年调入中国人民大学，但是他们当时没有从事社会学，直到1984年中国人民大学建立社会学所，做的第一件大事就是重印《定县社会概况调查》，这在学界产生了很大影响，因为《定县社会概况调查》很有名。那时候是我们亲自去办的这事儿，李景汉先生告诉我们说，他把他的所有文献资料都捐给了中国人民大学社会学所，所以社会学所得好好整理这些资料。

第二件大事就是当时出版了一本教材，叫《社会学概论》，后来叫《社会学概论新编》，这个就等于说是全所的主要工作。因为当时没有教材，这本教材在今天的社会学界可以说是影响力第一位的。《社会学概论新编》在最近的国家教材奖上又获得了一等奖，而且它印了说不清多少万册了——可能得有上百万册，在全国社会学教材里面是印数最多的。在写这本教材的过程中，沙莲香老师就积极地参与了社会心理学部分的撰写。

第三件大事就是形成了中国人民大学社会学派。关于社会学是研究什么的，郑老师提出社会学是研究社会良性运行和协调发展的。社会学是研究社会运行的这个思想，在以往的社会学里确实没有，所以从此就有了社会运行理论。

沙莲香老师把她的社会心理学思考也纳入了社会学教材中，2021年这本教材又获得了全国一等奖，好像社会学的教材也就是这本获得了一等奖。

可见当时中国人民大学恢复社会学的时候，它的一个重大的意义在哪里。大概是1985年前后，沙老师从哲学系调入了社会学所，然后贾春增老师也是这一时期在欧洲拿到了博士学位，回到了社会学所，所以这个时候所里的力量开始发展壮大。

刚才晓虹教授也提到了，比如说像南开毕业的很多人，包括于显洋、张静、景跃进等人，应该是在 1986 年或 1987 年前后，纷纷加入了人大社会学系。李路路本来是在北京市委工作，后来他辞去北京市委的工作来到人大社会学系（所），所以这个时期的人大社会学发展还是非常迅猛的。人大的社会学今天在中国社会学界排名第一，应该承认这与郑老师、沙老师、贾老师当年对社会学的贡献是有直接关系的。最近全国评教材基地，中国人民大学又成为社会学唯一的教材建设平台，所以更体现出中国人民大学社会学在全国的地位，它确实是居于第一的地位。

那么，这个地位的形成确实跟中国人民大学的老师们的贡献，特别是沙莲香老师在社会心理学方面的贡献分不开。最初一代的老师是"文化大革命"以前的大学生——就是郑杭生老师、沙莲香老师和贾春增老师三位老师。后来的老师，像我们，都是恢复高考以后重新上学的大学生。

我是 1978 年中国人民大学复校后入学的。中国人民大学社会学的发展确实非常迅猛。首先，它确立了自己的理论——它的发展基础，同时也形成了自己的学派。大家可以从发表作品上看，人大社会学系后来就发表了一系列重要的、有影响力的著作，这样的发展给学界（不仅是社会学界、理论界）奠定了坚实的基础。

中国人民大学社会学学科的建设还是很有步骤的。它有理论建设，我刚才提到了它有自己独特的理论体系，而且这个理论体系所形成的教材成了全国现在很有影响力的教材。

很多人用这个教材，而且它适用于应用学科，比如说社会心理学、人类学、人口学等。过去中国人民大学的人口学也很厉害，当时刘铮老师及老一代的学者创建了中国人民大学人口研究所，后来是人口学系，现在是人口学和社会学共同建设。

大家知道社会学学科目前有 7 个二级学科，也就是理论社会学、应用社会学、人口学——所以说人口学很重要——然后是文化人类学、社会工作，还有社会政策与社会管理。这是社会学的 7 个大分支，而中国人民大学在这 7 个大分支的建设上应该说是比较全面的了。

最近中国人民大学又开始专门建设社会政策，新一代学者冯仕政现在已经主掌社会学学科发展的大旗，在此也祝愿中国人民大学的社会学在老一代社会学家和心理学家郑杭生、沙莲香、贾春增老师等奠定的基础上，能够继续发扬光大，建设成国际一流的社会学学科。好的，谢谢大家。

7. 发言人：李路路教授，中国人民大学社会学院教授，社会学系原主任

大家上午好，首先我对因为疫情无法到现场参加沙老师的追思会感到非常遗憾，对沙老师因病去世表达深深哀悼，向沙老师的家属表达深切慰问。作为在中国人民大学社会学系工作的教师，作为沙老师他们这一辈人的后辈学者，我觉得我几乎是社会学系跟沙老师共事时间最长的后辈同事了。沙老师学术上的成就和贡献，前面的几位老师都给了高度的评价，给了全面的评价，所以我就不多说了。此时此地，我想特别谈一谈沙老师对我的影响或者说给我印象最深的另外一个方面。什么方面呢？就是沙老师对学术的特别追求，对学术的那种始终坚持，并且一直保持非常强有力的学术热情。自从 20 世纪 80 年代中期以来认识郑老师和沙老师并与他们共事，一直到她去世，我认为沙老师始终保持着一种对学术的强烈的热情，并且历久弥坚。我觉得，她不是把学术仅仅作为一个职业，仅仅作为一份工作，不是这样的，她是从心里头热爱和追求学术。所以我觉得，沙老师就像韦伯所说的，把学术研究作为一种天职，对学术有着强烈的追求和信仰，所以她一生保持着学术热情，我以为这是沙老师能够取得学术成就的重要原因。

我个人觉得我们做学术研究工作的有两个最基本的素质。第一，学术能力，就是你要能做这件事，你要有做这件事的能力和资格。第二，我觉得也许更重要的是你要有学术热情，你要真心地热爱这个事情，你真心地追求这个事情，你只有全心全意地去做它，可能才能做出成就，才能发挥能力。我觉得沙老师对于学术的追求、对于学术的热情就给我做出了非常好的榜样，给我留下了非常深刻的印象。

上述这种学术热情，我觉得不仅表现在她的学术研究上，而且刚才几位老师都提到，还表现在她对学生的关心、关爱和热情帮助、热情培养上。其实不仅仅是沙老师的研究生，即使是我们这些沙老师的学术后辈，或者说是人生晚辈，我觉得我们在几十年中也能深深地感受到沙老师的这种关心和关爱。

我为什么想在此时此刻谈谈沙老师的学术热情？不仅是因为沙老师给我们在这个方面做出了表率，而且我觉得还有一个很重要的原因，就是说实在的，随着自己年龄的增长，工作时间的增多，对学术热情的感受，其实是越来越淡的。自己年龄增长、工作时间增多以后，懈怠之心就越来越频繁地出现，觉得累了、觉得该歇一歇了、觉得差不多了等等。但是去看一看沙老师，包括沙老师那一辈，老一辈的学者、老一辈的社会学家都保持了极为旺盛的学术热情，我觉得这是支撑他们做学术贡献的最重要的动力、最基本的原因，这也是他们取得成就的最重要的原因。

这也是今天我们来怀念他们，来追悼他们的原因。我觉得这是一个需要我们特别给予关注的，也是给我印象最深的地方。他们身上的这种学术热情对我们这一辈学者来说是弥足珍贵的。我觉得只有像老一辈的学者那样，像沙老师那样，一直保持着高涨的、坚定的学术热情，我们才能够保持我们的学术生命，才能够保持我们的学术青春，才能够做出贡献。所以，借着追思沙老师的机会，我希望沙老师的这种非常崇高的学术热情能够影响我们，并且能够通过我们这一代人传承下去。

大家在从事工作的时候，真的不要仅仅把它看作一个职业，看作一个工作任务，看作一个考评指标，或者说看作一些帽子、一些什么其他的评价，而要把它作为我们的一种天职。我刚才说，当你真心热爱它，像沙老师那样真心喜欢它，那么你无论在什么情况下，无论在什么条件下，都能做出更好的研究来，都能更好地实现对学术的追求。所以我想今天来追思沙老师，来缅怀沙老师，她的学术热情是她给我的一个最深刻的印象，也是我觉得最可贵之处。好的，谢谢大家。

8. 发言人：杜鹏教授，中国人民大学原副校长，人口与健康学院教授

大家好，我更多的还是从学生的角度来追思沙老师，因为朱信凯副校长代表治丧委员会已全面地回顾了沙老师的学术贡献，刚才前面几位老师又都从各个方面立体地反映了沙老师在学界、在学术、在为人方面的影响，跟他们有一点不同，我是听过沙老师的课的。1986年我上研究生，当时沙老师开"社会心理学"课程，我们班和社会学的班，当时就一起来听这个课，给我留下了很深的印象。

　　所以，我想说三个方面。第一个方面就是学术上的创新。如今《社会心理学》教材已经再版了多次，包括中国民族性的研究已经产生了很大影响，但是在当时我们特别如饥似渴地想了解这方面的知识，而沙老师有着多学科的背景，她讲授的社会心理学，既有很扎实的哲学基础，又是社会学取向的社会心理学。

　　沙老师讲这门课时刚刚从日本留学回来，所以带给了我们许多新的视角、新的知识。那个时候的社会面临的是什么呢？改革开放以后，很多知识涌入中国，有一些描述日本的国民性，有一些讲其他国家的国民性，那么讲到中国的民族性时可能就有一些不同的视角，比如"丑陋的"或者"酱缸"。所以说在改革开放的过程中，我们在看到国内外这种差异的同时，到底怎么去看待中国的传统文化，看待中国人的特性？在这方面，沙老师是很创新的，在这个时候进行了相关的研究，使我们获得了最新的知识，也及时地回答了在那个时代很重要的一个问题，就是在改革开放的过程中，在追求经济发展的过程中，如何反思我们的传统文化和现代中国人。这中间就有怎么样去继承这样一个优势，特别是怎么样把民族性准确地表达出来这样一个问题。我觉得在这方面沙老师做出了很大的贡献，我们也非常受益。

　　在学术方面，沙老师后来的一些研究对我们也有很大的引领作用，比如说对贫困村的研究。沙老师深入实地调查，而且亲身参与扶贫，不仅是做学术的描述，而且主动地参与这样一个扶贫、脱贫的过程。比如说在20世纪90年代沙老师就开始对女性人口进行研究，因为我们是做人口研究的，后来做老龄研究，所以沙老师这些创新的学术领域，对我们都有很大的启发，有很大的引导作用。

　　第二个方面是沙老师教书育人的方面。沙老师非常谦和，对学生也非常关心。刚才李老师也提到，在我们上课的过程中，一方面这是一个新的研究领域，另一方面大家来自不同的学科，所以课堂上也有许多讨论，沙老师也鼓励我们从人口研究的角度，从人口结构、人口素质、人口的地域分布等方面来发表自己的看法。我印象很深，每次下课以后沙老师都会留出很多时间和我们交流讨论，我们提出一些不同的想法，沙老师也会给我们非常大的鼓励。而且沙老师非常关心我们以后的学术发展，每次课后见到沙老师的时候，每次学院里有活动见到沙老师的时候，沙老师都会问我现在做什么研究，我觉得这是她在关心学生，像对待自己家的孩子一样。我家特殊一些，我爱人当时也是沙老师给她上"社会心理学"的课，指导她的社会实践。我们在不同的系，我在人口研究所念研究生，她念本科生，但沙老师是我们共同的老师，所以我们在谈到沙老师教书育人的时候，印象是共同的。沙老师的谦和，沙老师对学生的关心，我觉得也是我们在缅怀她时需要学习的地方。

第三个方面我想是脚踏实地，就是扎根中国大地做研究。前面几位老师也提到，其实沙老师在那样一个年代，特别是有过国外留学经历，经历过中国的这样一个发展过程，因此她的教学研究其实都给我们带来了一种精神、一种发展的力量，而且发展不仅是经济方面，还包括在精神方面、文化方面去推动社会的发展，所以她的许多研究深入基层，深入农村，关心困难群体，我觉得这些都对我们有很强的示范作用。

从这三个方面来说，我们缅怀沙老师、追思沙老师。我觉得我们可以继续去发扬光大的，第一个就是立德树人。我们现在不仅仅要传授知识，更重要的是在教书育人的过程中体现老师的人格魅力。对学生的关心不仅是讲好课，而且包括对学生的未来产生影响，对学生的人生观产生影响。

第二个就是在学术上要更加开放，特别是现在也提倡交叉学科的研究。沙老师那会儿，从哲学到社会心理学、社会学，包括刚才讲到的传播学，其实那个时候是随着社会时代的发展而发展的，需要不断地去进行这样一种交叉研究。我觉得不能仅仅局限在一个学科，而要以问题为导向，在学理上去进行多学科研究。

第三个就是学术研究要扎根中国大地，特别是在我们这个时代的发展过程中，还会遇到许多新的挑战、新的问题，我觉得把我们的专业知识和对时代问题的回答更加紧密地结合在一起，更能够继承沙老师在教学研究中体现出的精神，也更能够促进社会心理学的发展。

我就从这三个方面来表达我的追思、缅怀，也代表我们这些听过沙老师课的学生，表达我们深切的悼念。

9. 发言人：彭泗清教授，沙莲香教授学生代表、北京大学光华管理学院教授

尊敬的各位来宾、各位领导，亲爱的各位老师、各位亲友、各位同学，大家好！

　　谢谢学院安排我代表沙老师的学生发言。沙老师 1960 年从中国人民大学哲学系毕业后留校任教，60 多年为人师表，桃李满天下。得知沙老师病逝的不幸消息，海内外的同学都非常悲痛，大家以各种方式表达自己的怀念，寄托自己的哀思。

　　当沙老师离我们而去的时候，我们感觉到离沙老师更近、更亲。

　　这些天来，沙老师的音容笑貌在同学群里、在我们的脑海里不断浮现，大家都在追忆在中国人民大学跟随沙老师学习、调研的美好时光，都在感怀沙老师的学问人品和卓越贡献。远在大洋彼岸的罗新、许风海，在泰国工作的王欢，在日本任教的三桥，在台湾的龚尤倩，还有其他好多好多同学，他们虽然不能来北京悼念，但是都一直在微信群里与大家共同缅怀沙老师。

　　当沙老师离我们而去的时候，我们同样感觉到离母校中国人民大学更近、更亲。

　　作为沙老师的学生，我们衷心感谢母校对沙老师的关心和爱护，感谢各位校领导、院领导在百忙之中亲临追思会现场与我们一起纪念沙老师。母校培养了沙老师，沙老师和母校的各位老师一起培养了我们。虽然我们已经毕业多年，但是我们依然记得在中国人民大学学习的美好时光。此时此刻，我们感觉到中国人民大学是一个整体，社会与人口学院是一个整体。与我们一起怀念沙老师的，不仅有沙老师的弟子，还有郑老师、贾老师、李老师、林老师等各位老师的弟子。我们是一家人。在这里，我也代表沙老师的学生，深切缅怀前几年不幸离世的郑杭生教授，表达对郑老师的敬意和怀念。我相信，这也是沙老师的心声。2014 年 11 月，当听到郑杭生老师逝世的消息时，沙老师正在南京大学参加中国社会心理学会学术年会，当时我正在沙老师身边，沙老师非常悲痛，她连声说："我要去看看郑老师。"

　　我们是一家人。当我们看到线上线下的各位老师，尤其是我们尊敬、爱戴的李强老师、李路路老师、于显洋老师、廖菲老师等各位老师时，我们感到特别亲切。对母校的深厚感情、对各位老师的崇高敬意，是沙老师留给我们的精神财富。

　　当沙老师离我们而去的时候，我们同样感觉到离社会学、社会心理学到她的时候，她总是在伏案疾书。我有时也会劝她，年纪大了就别带学生了，但她每次都说："学生已经跟了我这么久，我还是得让他们顺利毕业。"值得欣慰的是，她的成就依然影响着后人，她的著作依然发挥着价值，这也是她活在我们心中的另外一种方式。

母亲对我的爱是无私的，每每想起都觉得像阳光照在身上一样温暖。在我父亲去世的 20 年后，我的父母终于能够在天上相聚了。今生我们是一家人，我们还会再见。请母亲安息。再次感谢各位领导、老师和同学对我母亲、对我们的关心，以及所做的一切。谢谢大家。

11. 发言人：冯仕政教授，中国人民大学副校长，社会学院院长

尊敬的各位领导，各位来宾，老师们，同学们，大家早上好。今天我们在这里隆重举行沙莲香先生追思会，共同缅怀沙莲香先生光辉的一生。

沙莲香先生生于 1936 年，1956 年进入中国人民大学哲学系学习，后留校任教，先是在哲学系后又转入社会学系任教，长期在我校和我院工作，为学校、学院和学科建设殚精竭虑，终身奉献，迄今已逾 60 载。沙莲香先生是改革开放新时期中国社会心理学学科的重要奠基人，中国民族性研究的重要开拓者和中国人民大学社会学科的重要创始人之一。她以卓著的学术贡献和高尚的学术品格，为我校社会学学科和社会人口学院奠定了坚实的基础，赢得了崇高的声誉。

拥有沙莲香先生是我们的骄傲和荣幸，失去沙莲香先生是我们的巨大损失，全院师生都深感悲痛。对于沙莲香先生的去世，学校甚为痛惜，校党委书记张东刚同志，（原）校党委副书记、校长刘伟同志，请学院立即转达对沙莲香先生逝世的深切哀悼和对家属的亲切慰问，第一时间成立了以联系学院的副校长朱信凯同志为主任的治丧委员会，张东刚同志就治丧事宜做出明确指示。杜鹏副校长也出席追思会向沙老师致哀。

我本人虽然不是沙先生的入门弟子，但多次聆听沙先生的教诲。我进入社会学，接触最早的社会学教材之一，便是沙老师主编的《社会心理学》和《传播学》，也多次聆听沙老师娓娓道来的授课。最后一次见到沙老师是在 2019 年中秋节社会学系老同志的聚会上，当时沙老师身体尚好。2021 年中秋节前夕，我感觉好像有些地方不对劲，当时就给沙老师的学

生王卫东老师打了个电话，王卫东老师告诉我说沙老师确实情况不太好，摔了一跤有点问题。

后来就听说沙老师回到了老家大连康养。再听到消息的时候，沙老师已去世。作为学生来讲，这确实是一件非常令人悲痛的事情，但可以告慰沙先生的是，经过学院一代一代的接续努力，她参与开创的中国人民大学社会学学科，已经成为中国社会学名列前茅的教学科研和社会服务重镇，学科门类齐全，培养体系完整，师资力量雄厚，在学科建设、科学研究、人才培养、思政启明等方面均具有重要影响，在教育部历次学科评估中均排名第一，获得 A＋，2017 年入选国家首轮双一流建设学科名单，2020 年、2022 年又以首轮成效评估第一档的最优成绩再次进入第二轮建设名单，是全国社会学仅有的两个双一流学科建设点之一。她所开创的社会心理学也开枝散叶，成为组建中国人民大学心理学系的重要动力和基础。

当前我院正以马克思主义为指导，以人才培养为中心，以立德树人为根本任务，以内涵建设为宗旨，面向中国社会转型和社会治理的重大战略需求和现实问题，不断创新人才培养、科学研究、社会服务、文化传承创新和国际交流合作模式，着力打造高水平的社会学人才培养基地、科学研究高地、社会服务阵地、文化传承创新园地和跨文化沟通交流的桥梁，力争到 21 世纪中叶建成中国特色、世界一流、独树一帜的社会学学科。我们一定化悲痛为力量，继往开来，薪火相传，在沙先生精神的鼓舞下，把中国人民大学社会学学科建设得更好，把沙莲香先生开创的事业不断推向前进。沙莲香先生永远活在我们心中。

图书在版编目（CIP）数据

中国民族性研究与社会心理建设：沙莲香纪念文集 /
中国人民大学社会心理学研究所组编 . --北京：中国人
民大学出版社，2025.4. --ISBN 978-7-300-33827-9

Ⅰ．C955.2-53

中国国家版本馆 CIP 数据核字第 2025U4Y599 号

中国民族性研究与社会心理建设：沙莲香纪念文集
中国人民大学社会心理学研究所　组编
Zhongguo Minzuxing Yanjiu yu Shehui Xinli Jianshe：Shalianxiang Jinian Wenji

出版发行	中国人民大学出版社	
社　　址	北京中关村大街 31 号	**邮政编码**　100080
电　　话	010－62511242（总编室）	010－62511770（质管部）
	010－82501766（邮购部）	010－62514148（门市部）
	010－62511173（发行公司）	010－62515275（盗版举报）
网　　址	http://www.crup.com.cn	
经　　销	新华书店	
印　　刷	北京尚唐印刷包装有限公司	
开　　本	720 mm×1000 mm　1/16	**版　　次**　2025 年 4 月第 1 版
印　　张	22.25 插页 8	**印　　次**　2025 年 4 月第 1 次印刷
字　　数	351 000	**定　　价**　128.00 元

学术共同体更近、更亲。

作为沙老师的学生，我们衷心感谢社会学界、社会心理学界各位师长对沙老师的尊敬和关心，感谢靳辉明教授、陈光金教授、周晓虹教授、张建新教授、佐斌教授亲自与会、致辞。沙老师一直鼓励我们向各位老师学习，鼓励我们积极参与学术共同体的各种活动。

当沙老师离我们而去的时候，我们特别感觉到离沙老师的家人、亲友更近、更亲。

沙老师为了关心、教导我们这些学生，可能不得不减少了对家人和亲友的照顾，对此，我们衷心感谢和怀念已经离世的操老师，衷心感谢沙老师各位家人的无私奉献。请各位亲友节哀。

沙老师虽然已经离世，却离我们更近、更亲，让我们更加团结、更加珍惜在中国人民大学的师生情、同学情，更加珍惜社会学、社会心理学学术共同体。

更加重要的是，沙老师的学术思想、爱国情怀和人文关怀，让我们更加热爱我们的文化、我们的国家，更加意识到共同建设美好人格、美好生活、美好社会的责任。

我们相信，一个更加美好的中国人民大学、一个更加美好的社会学和社会心理学、一个更加美好的中国、一个更加美好的世界，是沙老师期待的最好的礼物，也是我们共同努力的目标。

谢谢大家！

10. 发言人：沙小荔女士，《时尚芭莎》杂志主编，沙莲香教授女儿

尊敬的各位领导，各位老师和同学，我谨代表我们全家深深地感谢大家为我母亲所做的一切。我母亲于4月8日凌晨2：50，因为脑中风引起的昏迷抢救无效，在大连去世。之前我们一家人依然无法相信她的离开，总觉得她还在那里等着我。我母亲从去年8月开始出现中风的现象，去大连进行疗养，至今也不过8个月的时间。虽然其间有过几次中风，但我们一直相信她会好起来，没有想到这一次就成为永别了。

我母亲一生都在勤奋学习，专注于研究。在我儿时的印象里，都是和我的父亲出去，和我的母亲在家里读书。这么多年当中，我发现我每次见